W0182212

Adolf Sanders

Ostfriesland von A bis Z

Ostfreesland-Nakieksel

Adolf Sanders

Ostfriesland von A bis Z

Ostfreesland-Nakieksel

1. Aufl. 2008
ISBN 978-3-939870-49-4

Bibliografische Information der Deutschen Bibliothek:
Die Deutsche Bibliothek verzeichnet diese Publikation
in der Deutschen Nationalbibliografie;
detaillierte bibliografische Daten sind im Internet über
‹http://dnb.ddb.de› abrufbar

Verlagsanschrift:
Stellmacherstraße 14, 26506 Norden
Internet: www.skn.info
E-Mail: verlag@skn.info

Lektorat und Gestaltung: Inge Straatmann
Umschlaggestaltung und Produktion:
Reinhard Former, Dr. Lübbert R. Haneborger
Fotos: Martin Stromann
Grundschrift: Candida Roman

Druck und Gesamtherstellung:
SKN Druck und Verlag GmbH & Co.
Printed in Germany

Adolf Sanders

Ostfriesland von A bis Z

Ostfreesland-Nakieksel

Verlag Soltau-Kurier-Norden

Moin, leev Leesders!

Das ostfriesische Plattdeutsch steckt voller Merkwürdigkeiten. Das fängt schon beim ersten Wort an: Sagen Sie das Grußwort „Moin" nicht doppelt, denn das tun nach ostfriesischer Meinung nur Schwätzer!

Wer versteht schon die Ostfriesen? Sie haben seltsame Begriffe, eigene Bräuche und Ausdrücke, die man nicht wörtlich übersetzen kann. Und es gibt einige Wörter, die vielfältige und manchmal auch durchaus gegensätzliche Bedeutungen haben. Manche Nichtostfriesen („Bovenlanners" oder schlicht „Dütsen") geben sich gar nicht erst die Mühe, die Sprache der Ostfriesen zu verstehen, andere meinen, sie könnten bei genauem Hinhören schon begreifen, was gesagt worden ist.

„Eigenartig", sagte ein Ostfrieslandbesucher, der schon glaubte, das ostfriesische Platt verstehen zu können, „mir hat ein Einheimischer auf Platt erzählt, dass er Brücken aus Käse in den Arbeitspausen isst, dass er zu Hause auf Mühlen beim Ofen sitzt und dass er sich Schafe in die Hosentasche steckt, wenn er ins Wirtshaus geht." Und weiter: Pastoren predigen aus „hölzernen Hosen", Menschen „bürsten über die Straßen" oder „nähen ihn hindurch" und bekommen zur Geburt eines Kindes „Kinderzehen oder Bohnensuppe", einige wohnen sogar in einem „Herd" und so weiter.

Solche Missverständnisse kommen auf, wenn man die ostfriesisch-plattdeutschen Begriffe nicht kennt. *Keesenbrüggen* sind Butterbrote mit Käse, *Mülen* nennt man lederne Pantoffeln ohne Hackenleder und *Schapen* waren kleine Geldstücke. Diese Geldstücke gibt es schon lange nicht mehr, in den Redewendungen – ähnlich wie bei *Stüver* und *Deiten* – sind sie aber noch erhalten geblieben. Übrigens wird in dem Zusammenhang häufig voller Stolz auch das berühmteste und meistgesprochene plattdeutsche Wort der Welt genannt, nämlich „Dollar", was angeblich aus dem norddeutschen *Daaler* (Taler) abgeleitet sein soll. *Holten Büxen* sind Kanzeln, *over d' Straat bösseln* heißt eilig über die Straße gehen, *hum d'r van döörnaihen* ist wegrennen, *Kinnertööntjes* oder *Bohnsopp* bedeuten Branntwein mit Rosinen und ein *Heerd* ist ein großer Bauernhof.

Plattdeutsch ist eine eigene anerkannte Sprache. Sie weist Ähnlichkeiten mit dem Englischen und Friesischen auf, wenngleich unsere Vorväter im 15. und 16. Jahrhundert, in der Hansezeit, das Friesische schon zugunsten der damaligen Welthandelssprache „Hansedeutsch" (im Wesentlichen aus dem Niedersächsischen entwickelt) fallen gelassen haben. Unser ostfriesisches Platt hat aber noch einige Elemente des Friesischen behalten und verschafft ihm so eine Sonderstellung im allgemeinen norddeutschen Platt. Bedauerlicherweise lässt jedoch der ständige Einfluss des Hochdeutschen in der Schule und in den Medien die ursprünglicheren plattdeutschen Ausdrücke immer mehr verblassen, sie werden ersetzt durch „verplattdeutschtes" Hochdeutsch.

Grammatikalisch ist unser Plattdeutsch zum Teil dem Englischen ähnlicher als dem Hochdeutschen. So benutzen Ostfriesen z. B. sehr häufig das Hilfsverb „tun“, z. B.: *Do mi man noch 'n Appel* (= Gib mir bitte noch 'nen Apfel). Ostfriesen stehen nicht auf, sie *gahn upstahn* (= gehen aufstehen) oder sie *gahn sitten* (= gehen sitzen), sie gehen nicht ins Bett, sie gehen *up Bedd,* aufs Bett, und sie sagen nicht etwas zu, sondern gegen jemanden (= *dat hebben s' tegen mi seggt*). Das Bildhafte und die Anschaulichkeit des Plattdeutschen spiegelt sich in einer Unzahl von Redensarten und Sprichwörtern, z. B. *He löppt mit een Been in Drafft* (= Er ist ständig geschäftig, immer in Eile) oder *Dat Kind hett 'n Padd bi 't Levend daal* (= Das Kind hat sich bekleckert) oder *Klei mi an d' Hood* (= Du kannst mich mal ...“) und so weiter.

Auch an anrüchigen und teilweise obszönen Ausdrücken oder Schimpfwörtern gebricht es den Ostfriesen nicht, sie sind nur gelegentlich aufgenommen, wo es notwendig erschien. Jedoch sind auch dabei die Grenzen fließend. Zudem klingen gerade solche Worte im Plattdeutschen wesentlich harmloser als im Hochdeutschen.

Wenn hier nun typische ostfriesische Begriffe vorgelegt werden, so musste das zwangsläufig eine Auswahl bleiben. Darin lag das Hauptproblem: Wo muss angefangen werden und wo ist der Begriff schon zu allgemein oder andersherum zu speziell? Demzufolge erhebt die vorliegende Zusammenstellung nicht den Anspruch, ein Lexikon des gesamten ostfriesisch-plattdeutschen Sprachschatzes zu sein, auch keine Enzyklopädie, sondern eine Sammlung mehr oder minder kurioser und – für hochdeutsch geschulte Ohren – nicht so leicht verständlicher Ausdrücke des ostfriesischen Plattdeutsch. Sie sollen mithelfen, das, was Ostfriesen sagen, besser verstehen zu können. Es bleibt nur die Hoffnung, wenigstens die Begriffe, die „das Salz in der Suppe“ einer Sprache sind, eingefangen zu haben. Nebenbei soll es auch ein Anreiz für all diejenigen sein, die nicht täglich Platt sprechen, dieses wieder mehr und gezielt aufzunehmen und auch öfter mal plattdeutsche Literatur zu lesen.

Eine verbindliche plattdeutsche Rechtschreibung gibt es leider (noch) nicht. Ostfrieslands Dialekte sind so verschieden, dass viele lokale Schriftsteller eine lautmalende Schreibweise bevorzugen, die dann nur in deren engerer Region verstanden wird. Das Autorenteam Jürgen Byl und Elke Brückmann hat für das überörtliche Platt Regeln aufgestellt, die in allen Ecken Ostfrieslands gelesen werden können. Diese Regeln liegen im Wesentlichen auch dieser Veröffentlichung zugrunde.

Zum Schluss sei dem Verlag Soltau-Kurier-Norden, seinem Chefredakteur Herrn Reinhard Former, seiner Lektorin Frau Inge Straatmann und seinem Fotoredakteur Herrn Martin Stromann und vielen anderen Mitarbeitern herzlich gedankt für jegliche Art von Beratung, Mithilfe, Unterstützung und Verständnis.

Adolf Sanders, im August 2008

A-a

Aal ist ein beliebter schlangenförmiger Speisefisch, den ein *Aalker* (Aalhändler) verkauft. Er kann als *Grönaal, Schieraal* (Frischaal) – in der Pfanne gebraten – oder als *Speckaal, Smuddaal* bzw. *Rökelaal* (Räucheraal) gegessen werden. Besonders beim Speckaalessen gibt es einige Riten, der Aal wird nämlich mit den Händen enthäutet und dann mit den Zähnen abgeknabbert. Die Hände werden mit einem klaren Schnaps wieder von dem Fett des Aals befreit. Tatsächlich hat das Wort „Speck" gar nichts mit dem Fett zu tun, sondern es kommt von dem Mittelniederdeutschen „spicken", was dasselbe bedeutet wie *smudden*, nämlich räuchern. Natürlich ist der Klare allein für die Hände zu schade, er muss ja auch die schwere Speise im Magen verdauen helfen. Dazu gibt es dann Rede und Gegenrede vom Gastgeber und den Gästen:
Geber: *Ik seh di* – Gast: *Dat freit mi* – Geber: *Ik drink di to* – Gast: *Dat do* – Geber: *Proost* – Gast: *Proost* – Geber: *Ik hebb di tosopen* – Gast: *Hest den Rechten dropen.*
(Ich seh dich – Das freut mich – Ich trink dir zu – Das tu – Prosit – Ich hab dir zugetrunken – Hast den Richtigen getroffen.)
Aale werden mit Reusen (plattdeutsch *Fuken*) vor allem in den Wattenprielen gefangen. Es gibt aber auch Fischer, die mit einer *Aaltuuk* (gabelförmiges eisernes Aalfanggerät mit Widerhaken) in der Hand die Priele durchschreiten und die Tiere damit aufgabeln. Bei Ditzum im Rheiderland gibt es eine kleine Siedlung, die deshalb den Namen „Aaltuukerei" trägt. Ein Aal ist schwer zu fassen, weil er sehr glatt ist – aalglatt, weil er sich selbst dann noch aus den Händen windet, wenn er schon seines Kopfes entledigt und ausgenommen ist. Beim Fangen muss besonders aufgepasst werden und die Ostfriesen sagen nicht ohne Grund: *Een sall neet ehrder van Aal ropen, as bit een hum bi d' Steert hett* (man soll nicht eher rufen, dass man einen Aal gefangen hat, als bis man ihn sicher hat). Im übertragenen Sinne: Man soll den Tag nicht vor dem Abend loben. Aale leben zwar einige Jahre in den europäischen Flüssen, Süß- und Brackwassern, werden

Räucheraal ist ein beliebter Speisefisch.

aber im Sargassomeer, in einem atlantischen Tanggebiet vor Mittel- und Nordamerika, geboren. Sie kommen dann als Glasaale – durchsichtig –, später als sogenannte Weidenblättchen (wegen ihres Aussehens) nach Europa, steigen die Flüsse aufwärts, um nach einigen Jahren zum Laichen wieder ins Sargassomeer zurückzukehren, wo sie danach auch sterben.

Aantje ist eine kleine Ente. Wenn man in Ostfriesland allerdings bei einem Menschen – meistens sind es die Männer – von einem *Aantje* spricht (in einigen Bereichen hat sich der Begriff zu *Ontje* gewandelt), dann meint man damit seinen Bierbauch. Will man die Tatsache eines Fettbauchs noch ein wenig verharmlosen, bezeichnet man ihn auch als *Aani.*

Aantjebitt, Aantenbitt nennt man ein Entenloch im Eis, das durch das ständige – auch nächtliche – Paddeln der Enten mit ihren Füßen offen bleibt. Und da an einer solchen Stelle immer die typischen Entengeräusche zu hören sind, vergleichen die Ostfriesen gerne eine fröhlich schnatternde Damengesellschaft damit; es heißt dann: *'t geiht d'rher as in 't Aantjebitt!*

Aantjeflott, -fliert, -flurt, -pliert sind Bezeichnungen für die grünen „Teppiche", die sich auf Gräben und ruhigen Gewässern bilden. Die hochdeutsche Bezeichnung lautet Entengrün, Entengrütze, Wasserlinsen.

Aantjeflüggt Wie bei dem Vergleich mit der Damengesellschaft, wird auch *Aantjeflüggt* (Entenflug, Entenjagd) für die Charakterisierung einer Schar lustiger, lauter Mädchen herangezogen: *Daar is Aantjeflüggt unnerwegens.* Damit sind allerdings weniger die eigenen Dorfmädchen gemeint, sondern Städterinnen, von wo sie auch immer kommen mögen, wenn sie auffällig auf dem Land einfallen.

Aap In Ostfriesland kommen – zumindest freilebend – keine Affen (als Tiere) vor. Trotzdem ist das Wort sehr geläufig, denn es dient zu allerhand Vergleichen mit den Menschen. So gibt es *Aap* als Schimpfwort im Sinne von hässlicher oder alberner Mensch, aber auch von einer eitlen Person, einem *Tieraap* (*sük tieren* = sich zieren). *Aapi up Stocki* bezeichnet jemanden, der sich gerne aufspielt und *'n Aap up Sliepsteen* ist ein unbeholfener, ein verklemmt oder verkrampft sitzender Zeitgenosse (z. B. auf einem Fahrrad). Dieser Spruch hat damit zu tun, dass früher Scherenschleifer mit einem angebundenen, aber doch turnenden und fratzenziehenden Rhesusäffchen von Ort zu Ort zogen, wobei die bedauernswerten Tierchen nicht immer einen glücklichen Eindruck machten.
Jede Person – vor allem ein Kind, das gerne andere nachäfft oder sich als Narr aufspielt, ist somit ein *Aapke* oder liebevoller *Aapi*. Sein Gesicht verzieht sich manchmal zur Grimasse oder Fratze, also zu einem *Apengesicht*. Auch *Treckaap* ist ein passender Ausdruck dafür. *Apenkraam* ist eine alberne Sache, die man nicht ernst nehmen muss, und *Apenspill* ist eine pure Narretei, eine Dummheit oder schlicht nur Unfug, mit einem Wort: ein Affentheater. *Apenkopp* oder *Apenmors* drückt abfällig und drastisch das Urteil über einen albernen, unsympathischen, einen sich aufspielenden Menschen aus. Ein *Snöttaap*, wörtlich ein Rotzaffe, ist ein Gelb- oder Grünschnabel. Ob auch der Ausdruck *Aavke*, der eine dumme, alberne und linkische Person kennzeichnet, vom Affen abzuleiten ist, bleibt zu vermuten.

Aas gehört zu den unangenehmeren Erscheinungen, somit dient es als Bezeichnung von allerlei verabscheuungswürdigen Gegebenheiten. Ein *Aasknaak* oder *Aasbunk* (Aasknochen) ist ein Schimpfwort für einen niederträchtigen, gemeinen Menschen. *Aaskraam* bedeutet Dreck, Schmutz, Mist, Schweinerei, Unflat und übertragen eine ablehnenswerte Sache. Ähnlich verhält es sich mit dem Begriff *Aaspans* als Schlitzohr und hinterlistiger sowie gerissener Mensch. Der *Pans* (Pansen) ist ein großer Teil eines Kuhmagens, damit wird immer, etwas abwertend, ein aufgeblähtes Gebilde benannt. Nun sind aber die Ostfriesen stets auch ein wenig widersprüchlich, so wird ein kluger, pfiffiger Mensch genauso als *Aas* (und nicht etwa As!) bezeichnet, wie andererseits ein biestiger und gerissener Mensch. Sogar scherzhaft anerkennend für ein kleines Kind – *lüttjet Aas* – überträgt er den eigentlich negativen Ausdruck zum Positiven.

Acht Jeder Hochdeutsche glaubt sicherlich, *Acht* erklären zu können, es ist tatsächlich auch die Zahl 8. Die Ostfriesen benutzen das Wort aber noch für wesentlich andere Darstellungen. Im Hochdeutschen lässt sich der Zusammenhang mit „Aufmerksamkeit" als Kurzform von „Obacht" noch erkennen, Acht und Bann bedeutet es aber in diesem Ländchen nicht. Man benennt hier eine Genossenschaft, einen Verband mit dem Begriff *Acht*, darauf trifft man z. B. bei der Deichacht, Sielacht, Theelacht (siehe dort). Dabei kann dann sicherlich auch der Zusammenhang mit „Obacht" hergestellt werden, denn die Aufgaben der *Achten* sind die Beobachtung und Instandhaltung der Deiche, Siele usw. Letztendlich wird auch ein Gericht bzw. eine Gerichtsversammlung hierzulande als *Acht* bezeichnet.

achter benennt auch wieder die Zahl, jetzt in der Ordnungsform. Aber im Plattdeutschen ist damit in erster Linie hinter oder nach gemeint. *Achter well (of wat) ansitten* meint hinter jemandem (oder etwas) her sein, *achter wat komen* heißt begreifen, dahinterkommen. *Achteran* besagt hinterher (räumlich) und *achtereen, achternanner* hintereinander, ununterbrochen oder aufeinanderfolgend. *Achtern* ist hinten, *achterna* hinterher (zeitlich).

Achteroff (abgelegen, abseits) kann ein Hof oder ein Versteck liegen, *achterto* bedeutet hinterher (aber nicht zeitlich). Muss jemand irgendwo *achterto,* bedeutet das, dass er etwas zu erledigen hat bzw. sich um etwas kümmern muss, und *achterup* ist jemand, der rückständig oder (auch geistig) zurückgeblieben ist. *Achterut* (nach hinten heraus) schlägt z. B. ein Pferd oder jemand steht in der Reihe zurück. *Achterweg(en)s laten* bedeutet etwas oder jemanden zurücklassen bzw. vergessen oder etwas unterlassen.

Achterdeel bedeutet zunächst Hinterteil. Das kann für den menschlichen Körperteil, den Hintern (auch *Achtersten*) gelten, der dann auch mit weiteren *Achter*-Variationen umschrieben wird: *Achterenn* [*Enn* = Ende], *Achtergatt* (*Gatt* = Loch), *Achterpoort* (*Poort* = Pforte), *Achtersteven* (*Steven* = Teil eines Schiffes), wobei sie mehr oder minder drastisch herüberkommen. Andere Ausdrücke sind beispielsweise *Mors, Ars, Neers, Pupert. Achterenn, Achtersteven* und *Achtergatt* sind auch Bezeichnungen von hinteren Schiffsteilen, die beiden ersteren benennen das Hinterteil, *Achtergatt* ist ein hinterer Stauraum auf einem Schiff. Beim Haus werden diese Worte als *Achterenn*, womit der Stall- und Scheunenteil gemeint ist, sowie als *Achterköken*, d. h. Wirtschaftsküche, Waschküche, benutzt. Für beides gilt auch *Achterhuus. Achterpoort* ist die Hinterpforte, ein Aus- oder Eingang vom/zum Garten bzw. auch für das Haus selbst, dann auch *Achterdöör. Achterkamer* ist ein Hinterzimmer, ein Raum zwischen dem Wohn- und Wirtschaftsteil. *De Achterst(e)* ist neben seiner Übertragung auf jenen menschlichen Körperteil auch das, was es eigentlich bedeutet, nämlich der, die oder das Letzte.

Ackermanntje heißt die Bachstelze, siehe auch unter *Wippsteert*.

Ackerpeerd ist ein Ackergaul, ein Kaltblut, ein Pferd für schwere Feldarbeit, übertragen auf den Menschen ist es eine arbeitsame Frau/ein arbeitsamer Mann.

Agge oder **Arge** nennt man eine Reuse. Ein anderes plattdeutsches Wort dafür ist *Fuuk* (s. dort). Dabei handelt es sich um einen trich-

Ackerpferde sind heute selten noch zu sehen.

terförmig angelegten, bis etwa 600 m langen Fischzaun, häufig aus Birkenreisern, in den Prielen des Wattenmeeres. Die breite Öffnung liegt landwärts, an der seewärtigen Spitze wartet ein Fangnetz (Fangkorb). Die Fische, die mit dem Ebbstrom ins Meer wollen, verfangen sich im Netz. Sie werden bei Niedrigwasser von den Wattenfischern eingeholt, die mittels eines *Kreyers* (s. dort) dahin gelangen. *Argen* gibt es z. B. noch im Dollart und bei Norddeich.

Aker bezeichnet ein metallenes Henkelgefäß, einen sogenannten Henkelmann.

Allmannsfründ kann mit Jedermannsfreund übersetzt werden, gemeint ist jemand, der sich anbiedert, ein Schmeichler, ein nicht charakterfester Mensch. Ähnlich bezeichnet man mit *Allmannswicht* ein Jedermannsmädchen, das heißt auch eine Hure oder ein Mädchen mit schlechtem Ruf.

Anböter Ein *Anböter* heizt an oder ein, er entfacht das Feuer, womit in erster Linie an eine Fabrik, einen Handwerksbetrieb, eine Wohnanlage oder auch ein Osterfeuer o. ä. gedacht ist. Übertragen wird der Ausdruck auf jemanden, der einen Streit anzettelt.

Angel ist zunächst wieder wie im Hochdeutschen eine Angel oder ein Haken. Darüber hinaus wird eine schlechte Angewohnheit, ein unangenehmer, verletzender Charakterzug damit kundgetan, deutlich in der Redewendung: *Daar sitt 'n Angel in hum*, was mit „ihn reitet der Teufel" am besten wiedergegeben werden kann. *Luurangel* [Luur-angel] ist ein heimlicher Lauerer und stärker noch ein hinterlistiger, heimtückischer Mensch, aber auch ein Duckmäuser oder einer, der schielt.

anhalen bedeutet anhauen, anrempeln, ansprechen, heranholen, heranziehen; *sük wat anhalen* heißt für Ostfriesen, sich eine Krankheit zuzuziehen.

ankleien steht für anschwärzen, beschuldigen, jemanden schlechtmachen.

anlappen ist das Wort für anschlagen, es bedeutet aber auch jemandem etwas auftragen oder aufbrummen. Ebenso sagt man, wenn jemandem etwas angelastet werden soll.

anner Kummheer Wörtlich heißt *'n anner Kummheer* ein anderes Erscheinen, ein anderes Herkommen, es hat in der Redewendung *dat is 'n anner Kummheer* die Bedeutung von: das ist viel besser, das ist etwas anderes.

antüddern Vieh, Boote etc. werden *antüddert*, d. h. angebunden, festgemacht, befestigt. Aber auch der Ostfriese selbst muss sich *antüddern*, nämlich dann, wenn er im Auto oder Flugzeug der Angurtpflicht unterliegt.

Anwendsel oder **Anwennsel** sind Gewohnheiten bzw. Angewohnheiten – im positiven wie auch im negativen Sinne.

Appelboomke *Appelboomkes* (Apfelbäumchen) haben die Ostfriesen nicht nur im Obstgarten, sondern manchmal auch im Kopf *(Appelboomkes in d' Kopp)*. Gemeint sind damit sogenannte Grillen oder Schrullen, wunderliche kleine Hirngespinste.

Appelsnuut kommt nicht vom zu vielen Apfelessen, sondern es dreht sich um ein Kosewort im Sinne von „Rosenmund".

Arbeiderforell ist die scherzhafte Umschreibung für einen Hering (siehe auch *Lüttje-Lü-Forell*). Heute ist der Hering – nicht nur als Matjes oder Bismarckhering, sondern auch als Grüner Hering für die Pfanne – schon eine Delikatesse. Aber noch um 1900 wurden im Dollart- und Emsmündungsbereich so viele Heringe gefangen (sie waren übrigens kleiner als ihre Nordsee- und Atlantikkollegen), dass sich die Emder Dienstmädchen in ihren Arbeitsverträgen schriftlich bestätigen ließen, nicht öfter als zweimal in der Woche Heringe zum Mittag essen zu müssen. Jetzt gibt es die Dollartheringe schon längst nicht mehr.

Arr(e) bezeichnet Stolz und Überheblichkeit. Von einem hochnäsigen und eingebildeten Menschen sagt man: *He hett 'n Arr in d' Kopp.*

Ars bedeutet Hintern, Arsch (s. a. *Achterdeel, Neers, Mors, Gatt, Pupert* u. a.).

Arvbuur Ein *Arvbuur* (Erbbauer) genießt in Ostfriesland großes Ansehen, er ist derjenige, der einen Hof, vor allem einen Marschenhof (s. *Plaats*), geerbt hat. In Ostfriesland gibt es schon seit Urzeiten das Anerbenrecht, d. h. nur <u>ein</u> Nachfahre eines Bauern bekommt das gesamte Gut mit allen Ländereien. Normalerweise war dafür der jüngste Sohn auserkoren, die anderen Kinder wurden abgefunden. Dies geschah z. B. mit einer guten Ausbildung – besonders für Jungen – etwa zum Pastoren, Mediziner, Apotheker, Beamten oder Rechtsgelehrten, später auch – als der Beruf attraktiver wurde – zum Lehrer. Zusätzlich musste der Alleinerbe alljährlich ein Schwein, eine Kuh oder einen kleinen Teil der Ernte für die Geschwister zur Verfügung stellen, dies aber immer so, dass die Substanz des Hofes nicht darunter litt. Hier und da wurde auch mal einer der Brüder mit dem Hof eines kinderlosen Verwandten beglückt, er konnte irgendwo einheiraten oder der Vater war in der Lage, noch einen Hof zu kaufen. Handwerker sind jedenfalls nur äußerst selten aus diesem Bauernadel hervorgegangen. Mit dem Erbrecht bleiben die Höfe oft jahrhundertelang im Besitz einer Familie – in direkter Blutslinie –, denn darauf legt man besonderen Wert (s. a. Theelacht).

Auerker Beentjes werden auch als *Beenken, Beenbunken* (z. B. im Jever- oder Harlingerland) bezeichnet. Es handelt sich um eine Spezialität, um längliche Weißbrote mit verdickten, gelenkförmigen Enden, was zu ihrem Namen *Beentjes* (Beinchen) geführt hat.

Aufstreckrecht s. Upstreekrecht

Ausdeichung, Auskolkung s. Utdieken, Utkolken, Utland

Außengroden ist der Ausdruck im östlichen Ostfriesland für Deichvorland, s. *Heller*.

Außen(siel)tief s. Butendeep

Avkaat ist der Advokat, Rechtsanwalt, Rechtsbeistand. Da die Ostfriesen immer recht eigensinnig und ausgesprochen rechthörig waren, hatten Rechtsanwälte stets ein gutes Auskommen und auch ein entsprechendes Ansehen. Viele von ihnen kamen aus dem Bauernstand (s. *Arvbuur*), sie studierten an renommierten Universitäten in Deutschland und in den Niederlanden. Nicht alle, aber doch viele von ihnen, sind in die Heimat, in die Städte zurückgekehrt. Da sie in den Universitätsstädten das typische Studentenleben kennenlernten, behielten sie später einige ähnliche Gepflogenheiten bei. So sprach man unter anderem auch von besonderen Alkoholika als *Avkatenbuddels*, die natürlich bei kleineren Angestellten ebenso begehrt waren und hoch im Kurs standen. Im Emder Raum verstand man unter *Avkatenbuddel* eine Art Eierbranntwein, ein Getränk, das zu Neujahr gereicht wurde.

„Baljen" heißen die Flutrinnen im Watt.

B-b

Baak hochdeutsch Bake, ist ein Orientierungszeichen für die Schifffahrt. Es handelt sich um ein hohes, auffälliges Gerüst verschiedener Gestalt im Watt oder auf den Inseln (häufig aus Holz, der Sockel kann auch aus Stein sein). Teilweise enthält es Leuchtfeuer oder eine Notunterkunft für Schiffbrüchige und unvorsichtige Wattläufer (z. B. Mellumbake).

Baalje, Ballje, Balge sind drei Variationen – je nach Region – für Badewanne, Wanne, Kübel, Waschzuber. Ein z. B. durch Mauern eingeengter Wasserlauf wird ebenfalls so bezeichnet, mitunter ist er auch nur noch als Namensteil einer Straße oder einer Flur geblieben. Darüber hinaus wird ein breiter Wasserlauf im Watt, der auch bei Niedrigwasser noch Wasser führt und als Fahrrinne dienen kann, so bezeichnet (z. B. Neßmersieler Balje, sie mündet in das Seegatt „Wichter Ee". Ein *Balgentreder* oder *Balgenpaasder* hat allerdings nichts damit zu tun, das ist jemand, der den Orgelblasebalg in der Kirche betätigen musste, bevor elektrische Mechanismen ihn überflüssig machten (oft erst nach dem Zweiten Weltkrieg). Übertragen wird das Wort auch für einen Lakaien gebraucht.

Baartschraber [-skraber] Immer noch wird ein Umstandskrämer oder ein Zappelphilipp mit dem Spruch konfrontiert: *He hett dat drock as 'n Baartschraber mit een Kunn* (er hat zu tun, wie ein Bartscherer (ein Frisör) mit einem Kunden). Zum Frisör muss letztlich jeder einmal, früher aber waren es bei der nicht begüterten Gesellschaft fast ausschließlich die Männer, die sich zu ihm hinbegaben, um sich die Haare und den Bart schneiden zu lassen. Die Frisöre hantierten häufig ein wenig aufgeregt herum, sie liefen um den Kunden, von der linken zur rechten Seite und umgekehrt, wetzten ständig die Messer oder schnipsten auch dann mit der Schere, wenn gar keine Haare dazwischen waren. So mag der Vergleich zustande gekommen sein. Ein immer noch gebräuchlicher Ausdruck ist *Babutz*, was der Frisör selbst gar nicht gerne hört, denn ein *Bartputzer*, ein *Putz-*

büdel ist er schon lange nicht mehr. Nebenbei waren die Frisöre eine Art Informationsbörse, weil sie immer die neuesten Nachrichten und Gerüchte hörten und schließlich auch weitergaben.

Baas ist ein beliebtes Wort bei den Ostfriesen. Es benennt eigentlich einen Meister oder, wie man heute sagt, einen Chef. Inzwischen bezeichnet man jeden Anführer einer – wenn auch noch so kleinen – Gruppe oder ein Oberhaupt bzw. den Vorsitzenden einer größeren Gemeinschaft so. Immer wieder hat der Begriff eine Erweiterung erfahren, so dass mittlerweile jeder hervorragende Mensch als *Baas* betitelt wird. Infolgedessen klingt es manchmal schon fast ironisch, vor allem, wenn man jemanden anspricht, von dem man eine positive Reaktion erwartet.

Babbel benutzt man abwertend für Mund, Maul, Klappe. Bei: *Holl dien Babbel!* klingt es sogar derb, etwa: „Halt dein Maul!" Ein *Babbeltje* ist bei aller Verniedlichung ein freches, loses Mundwerk, das einem Schwätzer, einem *Babbeler* zukommt, und die *Babbelsnuut* meint ein Plappermaul, ein Klatschmaul bzw. einen dumm redenden Plauderer. *Babbelgüütjes* sind Albernheiten, Faxen. Ein *Babbelgüütje* ist – personifiziert – ein lockerer Geselle, ein Spaßvogel und eben auch ein Schwätzer. *Babbelwater* oder *Babbelgüütjewater* ist die Bezeichnung für wässrigen, blassen und wenig ergiebigen Tee.

Back heißt Rücken, Gesäß, auch Wange, Backe und Napf, Gefäß. Beim Schiff ist *Back* der Decksaufbau, *Backboord* ist die in Fahrtrichtung linke Schiffsseite. Ein *Backje* dagegen ist entweder ein Kästchen oder – verniedlichend umschrieben – eine Gefängniszelle.

Bahntje bezeichnet zum einen Posten, Anstellung, Tätigkeit, zum anderen wertvollere Kleidung und auch eine kleine Bahn.

Balleree ist jede Art von Ballerei, Knallerei, also auch Feuerwerk und Gepolter. Entsprechend heißt *ballern* a) poltern, lärmen, b) toben, herumschreien, c) knallen, klatschen und d) schießen. Ist es der Mensch, der da poltert oder krakeelt, spricht man von *Ballerbüx*. Auch ein Kuss kann *ballern*, dann ist es ein *Ballerduutje*, ein schallender Kuss. Ob auch die Worte *Balstüür* und *balstürig* mit *ballern* zu tun haben, ist nicht deutlich, sie bedeuten widerspenstiger, trotziger, ungehorsamer Mensch bzw. aufsässig, widerspenstig, ungestüm, wild. Dass sie mit nur einem „l" geschrieben werden, muss kein Indiz sein, aber es ist schon eher die Abstammung von dem heute nicht mehr gebräuchlichen Wort „bal" zu vermuten, was so viel wie übel, schlecht, böse heißt.

Bambuse beschreibt einen polternden, erregten, viel Lärm und Unruhe verbreitenden Menschen, auch *Wambuse oder Rusebuse.*

Bandrekel [Band-rekel] oder **Bankrekel** [Bank-rekel] sind zwei ähnlich zu verstehende Begriffe. Ersteres bedeutet Rabauke, Tunichtgut, grober Mensch, aber ebenso Kettenhund. Die zweite Version meint auch einen Kettenhund, wird aber dann mehr für einen Faulenzer angewandt, einen, „der sich auf der Bank rekelt".

Bangbüx heißt wörtlich „Angsthose", wobei die Frage ist, ob in der hochdeutschen Form „Angsthase" der zweite Teil des Wortes vielleicht doch von „Hose" abzuleiten ist. Schließlich spricht der Ostfriese auch von *Trillerbüx* bzw. *Beverbüx* (wörtlich in beiden Fällen: Zitterhose), was diese Deutung stützen würde. Andererseits sind Hasen flüchtende Tiere, wenn ihnen Gefahr droht, was ihnen den wissenschaftlichen Namen „Lepus timidus" eingebracht hat (aus dem Lateinischen: lepus = der Hase, timidus = furchtsam). Gemeint ist auf jeden Fall eine Memme, ein Feigling oder Hasenfuß (wieder der Hase!). *Bang* heißt Angst, was ja auch in dem hochdeutschen „Bange" noch erhalten ist. Die plattdeutschen Abwandlungen beginnen alle mit *bang*, z. B. *Bangblood* (wörtlich: Angstblut), *Bangschieter* (Angstscheißer) und die eher modern klingende Form *Bangindbüx* [Bang-in-d'-Büx].

Bank ist eigentlich kein plattdeutsches Wort. Trotzdem verstehen es alle Ostfriesen wie die Hochdeutschen als (Sitz-)Bank, als Geldinstitut und als Sandbank. Die Sandbank ist auch der Grund, warum dieses Wort hier überhaupt aufgenommen ist, denn an Ostfrieslands Küsten gibt es sehr viele Sandbänke, die aller-

Die Sandbänke an Ostfrieslands Küste sind bevorzugte Ruheplätze von Seehunden.

dings unter ganz anderen Namen bekannt sind, nämlich *Rügg, Steert, Plaat, Riff, Hörn, Barr* (s. dort) und eben *Sand* (s. dort) – aber ohne Bank. Es gibt auch eine *Töönbank*, das ist der Ladentisch in einem Geschäftsraum.

Barg Der Hochdeutsche erkennt natürlich in *Barg* sofort den Berg. Er mag sehr erstaunt sein, wie viele Berge es, danach gemessen, hier gibt. Schließlich ist der höchste ostfriesische Berg der Plytenberg bei Leer. Er erhebt sich imposante 9 m über das Umfeld und mit etwas mehr als 12,50 m über NN (s. *Plytenbarg*). Höher noch sind einzelne Dünen auf den Inseln, als höchste gilt die Melkhörndüne auf Langeoog mit rund 21 m, aber die Dünen werden gar nicht als Berg bezeichnet. Dafür nennt sich fast jede kleine Anhöhe, jeder Hügel stolz *Barg* und auch so manche Warf (s. dort) wird als *Barg* oder *Borg* bezeichnet. Dazu gibt es eine nette Episode über die Namensgebung von der kleinen, 1783 gegründeten Moorkolonie Zwischenbergen bei Wiesmoor, das es als Ort zu der Zeit aber noch nicht gab. Als nämlich die ersten Siedler bei den damals preußischen Behörden irgendeine Urkunde benötigten, fragte sie der korrekte Beamte, wo sie denn wohnten. Sie versicherten, dass ihr Wohnort keinen Namen habe. Es kam die Frage, wo der Ort denn liege. Antwort: „Zwischen Windbarg und Voßbarg." „Nun schön", erklärte der Hochdeutsch sprechende Beamte, „zwischen zwei Bergen? Dann nennen wir es doch einfach ‚Zwischenbergen'."
Der Ostfriese benutzt den Ausdruck *Barg* häufig auch in anderen Zusammenhängen. Wenn er sagt: *Dat is 'n heel Barg* oder *daar wassen 'n Barg Lü,* dann meint er keinen Berg, auch keinen aus Menschenleibern (*Lü* = Leute), sondern eine große Menge bzw. eine große Ansammlung. Und wenn bei der Hofbesichtigung ein Schwein als *Barg* betitelt wird, dreht es sich um einen verschnittenen (kastrierten) Eber.

Bark nennt man ein (meist) dreimastiges Segelschiff, auch die Rinde oder Borke einer Holzpflanze und schließlich eine Birke, einen Birkenbaum.

Barm ist der plattdeutsche Ausdruck für Berme und auch für Hefe (s. a. *Gest, Gerst*). Eine Berme ist der schwach geneigte Randstreifen des Deichfußes innen und außen. Sie dient teilweise als Katastrophenweg bei Gefahren für den Deich und ist deshalb häufig befestigt (z. B. mit Asphalt).

Barr(e) nennt man einen fächerförmigen Bogen aus Riffen und Sandbänken seewärts in den Seegatten zwischen den Inseln und im Mündungsbereich der Ems. Die Anordnung entsteht dadurch, dass das durch die Seegatten ein- und – vor allem – ausströmende Wasser des Tidestroms und das vom Festland abfließende Wasser die ostwärts gerichtete Sanddrift stört. Nach etwa sieben Jahren ist ein Riff – durch den überwiegenden Westwind verursacht – von einer westlicheren zur östlichen Insel gewandert. Weser- und Elbestrom bringen den Sand im Scheitelpunkt der Deutschen Bucht wieder in die Nordsee zurück. Vereinzelt wird eine *Barr(e)* auch als Name für eine einzelne Sandbank genommen.

Beck steht – etwas abschätzig – für Mund, Schnabel, Schnauze. *Holl dien Beck!* besagt klipp und klar: „Halt den Mund!" oder drastischer: „Halt's Maul!". Das Wort *Beck* ist aus dem Französischen gekommen, „le bec" = der Schnabel.

bedaart, bedest – das heißt bedächtig, maßvoll, ruhig, auch beruhigt, besänftigt – geht ein Ostfriese die meisten Aufgaben an, im Allgemeinen regt er sich auch dann nicht auf, wenn unerwartete Probleme auftauchen.

Beddpann Um allen Mutmaßungen gleich vorzubeugen, es handelt sich nicht um eine Panne im Bett. Richtig ist, dass das Bett plattdeutsch *Bedd* heißt, die *Pann* aber ist eine Pfanne. Da sie heute, im Zeitalter der Zentralheizungen nicht mehr notwendig ist, hängt eine solche *Beddpann* als Zierde in vielen Häusern. Es handelt sich um ein schalenartiges Messinggefäß mit einem langem Stiel *(Steek)* zum Vorwärmen des in den alten Häusern oft klammen *Beddgoods* oder *Beddtüügs* (Bettzeug). In das Gefäß wurde durchgeglühter Schwarztorf (später auch Brikett, plattdeutsch *Bricken*) getan und das Ganze so unter die Bettdecke geschoben. Damit die Decke nicht anbrennen konnte, wurde (im Abstand) ein Weidengeflecht darübergestülpt. Für die Füße gab es zusätzlich noch eine Wärmflasche, genannt *Boltstoov* (s. dort). Nach dem langen Stiel wurde die Bettpfanne auch als *Steekpann* bezeichnet.

Beddmieger sind Bettnässer. Kinder, die so etwas tun, reagieren damit oft auf seelische Probleme. Eher instinktiv haben auch die Ostfriesen diese Probleme erkannt, somit ist *Beddmieger* übertragen auch ein Wort für Muttersöhnchen geworden.

Bedelee (Bettelei) mag der Ostfriese überhaupt nicht, es käme ihm auch nicht in den Sinn, selbst zu betteln, wenn er in Not geraten ist. So mag er auch keine Bettler (im Plural: *Bedellü, Bedelvolk,* Singular: *Bedelmann*) in seinem Haus dulden. Auch gegenüber den früher häufig anzutreffenden „Landfahrern" blieb er immer skeptisch. Selbst bei den eigenen Landsleuten, den Moorkolonisten, die ja gar nicht betteln wollten, hielt die Skepsis an, wenn sie in die Dörfer und Städte kamen, um geflochtene Strohmatten, Heidebesen *(Bentbessems, Böhnerbessems,* s. dort) oder Weidenkörbe, aber auch Honig oder Ziegenkäse zum Verkauf oder Tausch anzubieten.

bedoon *sük bedoon* bedeutet sich beschmutzen oder sich besudeln.

Bedriev hat mehrere Bedeutungen: a) Betrieb, Unternehmen, b) Bauernhof, c) Akt (gemeint ist der von einem Theaterstück, s. a. *Törn*) und d) lebhaftes Treiben.

bedrüppt ist derjenige, der bekümmert ist, *bedrüppelt* oder *bedröppelt* besagt Ähnliches: Er ist dann besorgt, betrübt oder verzagt.

beduust heißt betäubt und benommen. Ebenso drückt dieses Wort aus, dass man angeheitert ist. Beide Ausdeutungen unterscheiden sich allerdings nicht so sehr voneinander, denn der Angeheiterte ist normalerweise auch immer benommen, oder, wenn es schlimmer wird, auch betäubt. Einer, der *antütert* ist oder *'n Snee in d' Nöös hett* (wörtlich: einen Schnitt in der Nase hat) ist allerdings in erster Linie angeheitert oder beschwipst.

Been ist hochdeutsch Bein oder Gebein. Wer *to Been kummt*, erhebt sich bzw. richtet sich auf. Dasselbe heißt *beenig worden. Beenig* als Wort allein bedeutet, dass jemand gehfähig ist, dass jemand „auf den Beinen" ist und nicht bettlägerig, es bedeutet auch, dass jemand (noch) rüstig ist.

Beenken, Beenbunken, Beentjes s. Auerker Beentjes

Beest ist ein Rind, insbesondere ein solches, das noch nicht gekalbt hat. Weiterhin benennt man so auch ein Biest, Untier und Ungeheuer oder, noch allgemeiner, ein plumpes, dickes Etwas, z. B. *'n Beest van Fatt* (ein riesiges Fass). Der Mensch kann auch ein *Beest* sein, dann ist es ein Schimpfwort und beschuldigt irgendjemanden, eine unanständige, gemeine und bissige Person zu sein oder ein unsauberes Schwein: *He sücht d'r van off as 'n Beest* (Er sieht dreckig wie ein Schwein aus).
Die *Beestmelk* ist die erste, sehr fetthaltige Milch eines Rindes nach dem Kalben, aus der man eine spezielle Speise, einen ohne Hefe *(Gest, Gerst)* angerührten *Mehlpüüt* namens *Beestmelkpüüt, Piddel-in-d'-Püüt, Pirr(e)l-in-d'-Püüt* (s. dort) bereiten kann.

Beet bedeutet, wie im Hochdeutschen, Gartenbeet, Blumenbeet u. ä. Plattdeutsch ist es jedoch auch Biss, Bissen oder Beißen, Jucken. In der Form eines Gartenackers oder Gartenbeets sind auch die *Meedjes* (s. dort) angelegt, somit werden auch sie als Beet bezeichnet.

beet kriegen heißt etwas gewahr werden, etwas verstehen oder auch etwas schaffen.

begahn ist ein vielseitiges Wort. Es kann mit a) begehen, b) prügeln, c) betrügen, hintergehen übersetzt werden. *Sük begahn* bedeutet sich begatten.

Begripp ist zunächst auch wieder dasselbe Wort, wie das hochdeutsche „Begriff". Im Plattdeutschen ist es allerdings vielschichtiger, es bedeutet dort ebenso Begriffsvermögen und Verstand sowie Zusammenfassung.

begrootsnuten Der Ostfriese mag sich überhaupt nicht *begrootsnuten* lassen, das würde nämlich heißen, er wird bevormundet. Gerade Hochdeutsche neigen manchmal dazu, wenn sie die etwas wortkarge Art der Menschen an der Küste nicht verstehen und dies als Unsicherheit und Verlegenheit missdeuten. Die zweite Auslegung des Wortes, nämlich bekritteln bzw. kritisch über etwas reden, das lässt er sich auf keinen Fall nehmen, nur Fremden gegenüber hält er sich lieber zurück. Er würde bei zu großer Offenheit zu schnell seinen Seelenzustand offenbaren und das schätzt er nicht, wenn ihm die Leute wenig bekannt sind.

Beheerdischheid [Be-heer-disk-heid] gibt es heute so gut wie nicht mehr. Man trifft aber noch oft, vor allem in der Marsch, auf diesen Begriff. Er hängt damit zusammen, dass man einen wirklich großen Marschenhof als *Heerd* bzw. *Herd* bezeichnet. Es ist dies von dem althochdeutschen Wort „herd", d. h. Erdboden und „Erde als Feuerstätte", abzuleiten. Der Besitzer eines *Heerdes* war dazu verpflichtet, über ein bestimmtes Stück des Deiches zu wachen und den Einsatz zu leiten, wenn Gefahr drohte.
Die *Beheerdischheid* besagt nun zweierlei. Einmal war es eine frühere Art der Verpachtung in den Marschen, um bei dem ehemals weit verbreiteten Streubesitz wirtschaftlich arbeiten zu können (für Heerdbesitzer und auch für sogenannte *Huuslü* – Hausmänner –, die in der Hierarchie eine Stufe unter den Heerdbesitzern standen). Dazu wurden entfernter liegende Flächen an günstiger liegende Hofinhaber verpachtet und nahe liegender Fremdbesitz selbst in Pacht genommen.
Zum Zweiten handelt es sich um ehemaligen Grundbesitz von Klöstern, Kirchen oder adeligen Familien (die, wenn sie Landwirtschaft betrieben, dann zumeist *Heerde* hatten). Stückweise ist der Landbesitz in eine Art Erbpacht übergegangen (Erbzins von Stücklanden), was später aber gar nicht mehr recht bewusst wurde, so dass – als sich diese Besitzverhältnisse auflösten – entsprechendes Land als Eigentum der Pächterfamilie angesehen wurde. Natürlich führte das letztendlich auch zu Besitzstreitigkeiten.

Beiern nennt man das rhythmische Schlagen (Läuten) einer oder mehrerer Glocken an festgesetzten Feiertagen. Dazu gibt es regelrechte „Beierlitaneien", die dem Ausführenden helfen, das Richtige zu tun. Inzwischen kann man das *Beiern* nur noch an wenigen Orten verfolgen (z. B. in Aurich mit vier Glocken vom Kirchturm der Lambertikirche am Heiligen Abend, am ersten Weihnachtstag, an Silvester und am Neujahrstag). *Beiern* wird auch ganz allgemein als Ausdruck für das Läuten benutzt, obwohl dafür – als Unterschied – noch das Wort *Lüden* genommen wird.

bekakeln s. Kakelee

Bela ist die Bezeichnung für eine Puppe, das Wort hat einen leicht abschätzigen Unterton und beschreibt eher eine selbst gebastelte Stoffpuppe als eine feine Käthe-Kruse-Puppe. Auch für ein junges Mädchen benutzt man den Begriff, vor allem, wenn es von sich selbst sehr überzeugt ist und sich schöner dünkt, als es mit den Augen der anderen tatsächlich gesehen wird. Übertriebene Eitelkeit und daraus resultierende Albernheit (siehe auch *Trulla*) ist ebenfalls ein Grund, ein solches „Gänschen" als *Bela* zu bezeichnen. *De oll Bela* geht dann noch einen Schritt weiter und besagt, dass die so titulierte Person liederlich ist. Das Wort ist von *Beel* abzuleiten, *'n mallen Beel* ist ein albernes, verrücktes Geschöpf, ein lächerliches Wesen, ein übertrieben stolzer Mensch.

Beleevsel heißt Erlebnis. Ostfriesland ist immer und für jeden ein Erlebnis.

Bellhamer Als *Bellhamer* bezeichnet man einen Polterer oder ein Großmaul (*Bell* = Schelle, Klingel, Glocke; *Hamer* = Hammer). Das Wort ist so lautmalend, dass man förmlich den *Hamer bellen* hört. Ein *Bellslee* sollte in diesem Zusammenhang nicht unerwähnt bleiben (*Slee* = Schlitten). Damit ist ein kutschenartiger Pferdeschlitten mit Glöckchen gemeint, der früher, bevor die Autos sich verbreiteten, recht häufig vorkam. Zu Anfang des 20. Jahrhunderts müssen die Winter im Allgemeinen strenger und schneereicher gewesen sein als in den letzten Jahren.

Bellmer Dieser Ausdruck könnte durchaus in die Verwandtschaft von *Bellhamer* gehören. Er bezeichnet zunächst einmal ein Krokodil, d. h. also einen furchterregenden Brocken, einen Kaventsmann, obwohl ein solches Tier gar nicht in diesen Breiten vorkommt. Möglicherweise sind die Erzählungen der Seefahrer daran schuld, wenn sie von solchen fremden Tiergestalten berichteten und um des ungläubigen Staunens willen auch noch etwas dazumogelten (Seemannsgarn). Jede große und kräftige Gestalt wird somit *Bellmer* genannt. Da aber auch die Skepsis über das Berichtete immer mitschwingt, ist *Bellmer* auch gleich ein Synonym für einen Prahlhans, für einen Großkotz, für einen, der sich überall aufspielt, geworden.

Benautheid kommt bei dem Ostfriesen auf, wenn er Beklemmung oder Angst empfindet.

Bentbessem oder **Bentbessen** Ein Besen aus Pfeifengras wird so genannt. Das Pfeifengras (plattdeutsch: *Bentgras, Bentpijünt* oder *Bentspier*) ist eine typische Moorpflanze, tatsächlich ein Gras, mit einem glatten, unverzweigten, dünnen und doch recht festen Halm. Den hochdeutschen Namen hat es erhalten, weil diese Halme hervorragend als Pfeifenputzer geeignet sind, indem sie keinerlei Fussel hinterlassen und die Rauchkrautrückstände hervorragend aus dem engen Pfeifenhals herausgestochert werden können. Die Moorkolonisten fertigten aus dem *Bentgras* schöne, gleichmäßige und verhältnismäßig breite Besen, die besonders gut geeignet waren, Steinböden, wie man sie früher häufig in den Wohnküchen und Wirtschaftsräumen hatte, sauber zu halten. Solche Besen gibt es heute immer noch, sie werden aber sicherlich längst fabrikmäßig hergestellt.

Benüll *Du büst wall neet heel bi Benüll!* Wenn das ein Ostfriese sagt, dann zweifelt er an dem Verstand seines Gegenüber. Erweiternd verwendet er den Begriff jedoch zusätzlich für Besinnung und für Bewusstsein.

beömmeln Freut sich ein Ostfriese heimlich oder möchte er sich vor Lachen schütteln, dann gebrauchen vor allem die Jüngeren und die Junggebliebenen den Spruch: *Ik kunn mi beömmeln* [be-öm-meln]. In allen einschlägigen Lexika fehlt dieser Begriff, das deutet darauf hin, dass er erst in jüngerer Zeit in den Sprachschatz übernommen wurde. Möglicherweise kommt er aus der Jugendsprache, von dem Wort „Eumel", womit man etwas Kurioses, eine Kunstfigur, kennzeichnet.

Berme s. Barm

Besan, Besanmast Die große Zeit der ostfriesischen Schifffahrt lag vor dem Ersten Weltkrieg, als noch gesegelt wurde. Die Namen der Schiffstypen und der Segel sind noch in aller Munde, werden auch in den beliebten Shantys immer wieder begeistert besungen. Dabei rückt aber die Kenntnis der Bezeichnungen in immer größere Ferne. Ein Besanmast ist der hintere Mast eines sogenannten Anderthalbmasters (auch wohl der hintere Mast eines Schoners – Brigantine – mit drei beziehungsweise zweieinhalb Masten), er ist stets kleiner als der vordere Großmast. Das Segel heißt Besansegel oder einfach nur Besan. Schiffstypen mit Besanmasten sind beispielsweise die Kufftjalk, die Toppmastkuff und die Spitzpünte.

Bescheed [Be-skeed] bedeutet nicht nur Bescheid bzw. Auskunft, sondern in Ostfriesland auch Anordnung: *Geev hum de Bescheed!* (Gib ihm die Anordnung!). Ist jemand im Bilde, so sagt man: *He weet van Bescheed.*

Bessen- oder **Bessemsmieten** ist in Ostfriesland ein Brauch im Winter. Gruppen veranstalten *Bessemsmieten*, indem sie – nach Boßelregeln und zwei Parteien gegeneinander – den Strauchteil eines Stallbesens (also ohne den Stiel) vorwärtswerfen. Die Partei, die eine festgelegte Strecke mit weniger Würfen durchmisst, ist Sieger.

„Bessensmieten" ist ein winterlicher Brauch.

Bessmoder, Bessvader sind Großmutter und Großvater oder noch Generationen davor: weiblicher Vorfahr bzw. männlicher Vorfahr.

Besteck Eigentlich haben die Ostfriesen kein Wort für das, was man im Hochdeutschen „Besteck" nennt, nämlich einen Satz von Ess- oder von bestimmten anderen Werkzeugen, die feinere Aufgaben der Hände übernehmen (z. B. Arztbesteck). Erst in neuerer Zeit wurde es aus dem Hochdeutschen integriert. Die Ostfriesen verstanden unter dem Begriff vielmehr eine faule und liederliche, manchmal auch dumme Person; und *'n old Besteck* war die Umschreibung für ein hässliches Frauenzimmer. Jedoch muss zugegeben werden, dass diese Version mehr und mehr aus dem heimischen Sprachschatz verschwindet.

Bestmann Bei den Engländern kennt man den „best man", den Freund z. B. eines Bräutigams, der diesem zur Hand geht. In Ostfriesland und in weiteren Bereichen der Nordseeküste versteht man unter *Bestmann* jedoch ganz allgemein einen Matrosen.

Bestüür bedeutet Führung, Herrschaft, Leitung. Denkt man ein wenig weiter, so ergibt sich dann von selbst auch die Benennung einer gesamten Verwaltung damit.

Beswaar ist im Plattdeutschen eigentlich nicht das Beschweren, das Unzufriedensein, sondern vielmehr die Beschwerde im Sinne von Last und Mühe. Darüber hinaus drückt man, ohne anzuklagen, sein Bedenken aus.

betüddern oder **betütern** lässt sich vor allem gerne jeder männliche Ostfriese. Das bedeutet nämlich, dass er gern bemuttert wird – das kann von der Mutter selbst ausgehen, aber auch von jeder anderen (weiblichen) Person. Trotzdem wird er sich heftig dagegen wehren, als Muttersöhnchen abgestempelt zu werden, denn so ist das Wort nicht zu verstehen.

Betüss ist Beruhigung, Besänftigung (s. auch *bedaart).*

betüün bedeutet knapp und spärlich, das kann z. B. auch für die moderne, offene und lockere Bekleidung vor allem junger Frauen und

Mädchen genauso gelten, wie für Bedürftigkeit und Armseligkeit in früherer Zeit (s. auch *naar*). Letzteres sagt man nicht nur von der Kleidung, sondern auch von der Versorgung mit Lebensmitteln und von der Lebensqualität wie vom Lebensstil überhaupt.

Beurtschippfahrt [gesprochen Bört-skipp-fahrt] spielte in früheren Zeiten eine große Rolle. Es war der linienmäßige Schiffsverkehr auf den Tiefs und Kanälen der Marsch; besonders vor dem Ausbau von Landstraßen und Eisenbahnen. In dieser Form fand der Hauptgüter- (teilweise auch Personen-)verkehr statt (s. a. *Loogschippfahrt*). Das war z. B. in den Hammrichen noch nach dem Zweiten Weltkrieg üblich, weil manche Höfe nur Anschluss an das Ortswegenetz über eigene Ländereien hatten, die in regnerischen Wintern mitunter kaum zu befahren waren. Milch musste aber von den Höfen täglich geholt werden und auch ein großer Teil der sonstigen Versorgung wurde per Milchboot erledigt. Dazu zählten beispielsweise Tierarztbesuche, die Versorgung mit Brot und speziellen Düngemitteln, Besuche von Textilreisenden der Konfektionshäuser aus der Stadt oder dem nächstgrößeren Flecken usw.

Beverbüx s. Bangbüx

bewennt Wenn etwas *bewennt* ist, bedeutet das für einen Ostfriesen, dass die Sache lohnend und der Mühe wert ist.

Bickel sind die würfelförmigen Gelenkknöchel (insbesondere) eines Schafes, die einen hohen Stellenwert als Spielgerät innehatten (s. *Bickelspill*). Die Bickelknochen haben auf mehreren Seitenflächen eine unterschiedliche Anzahl von kleinen rundlichen Höckern.

Bickelspill Das *Bickelspill* geht so vor sich, dass jeder Mitspieler seinen *Bickelbunk* (Gelenkknöchel) vor sich liegen hat. Dann lässt man einen kleinen Ball, z. B. einen Tennisball, auf den Boden fallen. Dieser springt wieder hoch, erreicht den Scheitelpunkt und strebt wieder zur Erde zurück. Während dieses Falls muss der Ball gefangen werden. In der Zeit, die zwischen dem ersten Loslassen und dem Wiederauffangen des Balles vergeht, muss der Bickel gedreht oder gewürfelt werden. Wird der

Ferkel oder junge Schweine heißen „Biggen".

Drehvorgang nicht rechtzeitig abgeschlossen oder wird der Ball nicht gefangen, muss der Mitspieler, dem das passiert, wieder von vorn beginnen. Die bei ordnungsgemäßer Ausführung erkennbaren Höckerzahlen werden als Punkte zusammengezählt. Wer nach einer vorher festgelegten Zahl von Ball-Aktionen die höchste Punktzahl erreicht hat, gewinnt das Spiel.

biester bedeutet böse, garstig, hässlich, wild wüst, schlimm, schrecklich, schauderhaft.

Bietelgoos s. Pellgoos

Bieter Der Ausdruck *Bieter* hat gleich mehrere Bedeutungen: a) Beißer, bissiges Tier, b) bissiger, zynischer Mensch und c) Zahn, Milchzahn. Mit dem hochdeutschen Wort „Bieter" im Sinne von einem, der etwas anbietet oder ein Gebot abgibt, hat es aber nichts zu tun. Das Hochdeutsche „Wer bietet mehr?" heißt im Plattdeutschen: *Well deit d'r Bott för?*

Bietje *'n Bietje* besagt, dass es sich um eine Kleinigkeit, um etwas Geringfügiges, eine Bagatelle handelt.

Bifang Fischer holen nicht nur den Fang ein, den sie haben wollen, sondern sie fangen – je nach Netzstärke – auch eine oftmals größere Menge an *Bifang*, hochdeutsch Beifang. Alles, was beim Fischfang nicht für die menschliche Ernährung genutzt werden kann oder – beim Granatfang z. B. – über das absetzbare Maß hinausgeht, wird zu Tierfutter oder Dünger verarbeitet (s. *Gammel*).

Bigg [gesprochen Birg] ist ein Ferkel, ein junges Schwein. In den östlicheren Bereichen Ostfrieslands spricht man auch von *Farken*. Man vergleicht Menschen, die sich leicht besudeln, oder die, die schmuddelig wirken, gerne mit Schweinen oder eben mit Ferkeln, mit *Biggen*: *De hett sük vullkleit as 'n Bigg* (Der hat sich bekleckert wie ein Ferkel).

Biggenmöter Ein *Biggenmöter* oder *Biggenfanger* ist ein Ferkelfänger. Bei einem Menschen mit O-Beinen würde sich das schwierig gestalten. Und so umschreibt man im Plattdeutschen diese Tatsache gerne mit den Worten: *He is neet good to Biggen möten. Möten* hat u. a. die Bedeutung, etwas oder jemanden aufhalten.

Bigloov ist der Aberglaube und *bigloovsk* bedeutet also abergläubisch. Viele Menschen in Ostfriesland haben einen Hang zum Aberglauben. Es mag sein, dass die einsamen Moorkolonate oder die weit verstreut liegenden Bauernhöfe den Aberglauben sehr gefördert haben. Denn immer waren dort Geräusche zu hören, die man nicht definieren konnte, oder es waren unerklärliche Naturerscheinungen zu beobachten. Dann übernimmt gerne der Aberglaube die Ausdeutung, und stets erinnerte man sich bei Unglücken oder Missgeschicken auch an unheilverkündende Vorzeichen. Die Tradition gibt solche angeblichen Erfahrungen weiter, und bei Menschen, die für solche Dinge empfänglich sind, gedeihen sie unvermindert bis heute.

Biligger bedeutet Beischläfer. Diesen Ausdruck verwendet man allerdings kaum für einen Ehemann, sondern für jemanden, der außerehelich den Geschlechtsverkehr ausübt. Die entsprechende weibliche Person ist dann die *Biliggerske*.

Bill ist kein ostfriesischer Cowboy, sondern eine Pohälfte oder drastischer ausgedrückt eine Arschbacke (auch *Bille* oder *Morsbill* genannt). Wenn Kinder immer wieder mit dem Satzanfang kommen: *Ik will …*, antwortet man ihnen: *Kinner, de wat willen, kieg'n wat vör de Billen* (bekommen Schläge auf den Hintern). In der mitunter etwas respektlosen und zotigen Art, in der Jugendliche auch früher schon untereinander redeten, heißt *de Billen bi 'n Wicht utmeten,* dass über Geschlechtsverkehr die Rede ist.

Billhamer Nach einer gewissen Betriebszeit werden die Mahlsteine einer Mühle durch Abrieb „stumpf" und der Müller muss die Furchen oder Rillen der Steine nachschlagen. Das *Billen*, d. h. das Schärfen dieser Rillen, geschieht mit dem *Billhamer*. Beide Mühlsteine, der festmontierte untere, der *Ligger,* und der bewegliche obere, der *Loper,* werden mittels einer Hebevorrichtung voneinander getrennt, so dass der Müller sie auch beide bearbeiten kann.

Biloper Das Urteil, dass jemand ein *Biloper* ist, ist nicht gerade schmeichelhaft. Man tituliert so einen Mitläufer, ein sogenanntes fünftes Rad am Wagen. Es gilt das Motto: *As Biloper kann he wall bruukt worden, man för vull kannst hum neet nehmen* (Als Mitläufer kann man ihn wohl gebrauchen, aber voll einzusetzen ist er nicht). Verstärken kann man das Negativurteil noch, indem man von einem *Hundje-Biloper* (einem, der wie ein Hund nebenher läuft) spricht.

Binnendeep bezeichnet den Teil eines Tiefs (*Deep,* s. dort), der binnendeichs von der Geest oder von der höheren Marsch her bis zum Siel (s. dort) fließt, daher auch *Sieldeep*. Ein *Binnendeep* wird auch Fleet (Fleeth) genannt (z. B. das Fleet bei Wirdum).

Binnendiek wird der Deich im Landesinneren genannt, auch *Achterdiek* (s. a. *Sietwende*). Er hat die Funktion, die niedrige Marsch gegen das von der Geest abfließende Wasser zu schützen.

Binnendüün ist wissenschaftlich eine Düne auf dem Festland, die am Ende und nach den

Eiszeiten zusammengeweht wurde, als die Vegetation sehr spärlich war (z. B. Hollsand bei Remels, Meerhusen bei Hesel). In Ostfriesland spricht man darüber hinaus auch bei den Dünen im Inneren der Inseln von Binnendünen, es sind die so bezeichneten Grauen und Braunen Dünen, die ihre Farbe der Einarbeitung durch natürlich entstehenden Humus verdanken. Gegensatz dazu sind die Weißen Dünen zur Seeseite hin.

Binnengroden ist der Ausdruck im östlichen Ostfriesland für das, was im westlichen Teil Polder (s. dort) genannt wird. Es ist Land zwischen zwei Deichen, dem neueren Hauptdeich und dem älteren Schlafdeich.

Binnenwater ist der Sammelbegriff für das Oberflächenwasser aus dem Binnenland, das durch Schöpfwerke und Siele ins Meer oder in die Ems gelangt.

Binnerenn Den Wohnteil eines ostfriesischen Gulfhauses, und zwar den Innenteil und nicht den Gebäudeteil, nennt man das *Binner-enn.*

Biss [gesprochen Birs] *De Kohjen hebben d' Biss in d' Steert* (Die Kühe haben die Rennlust im Schwanz – der Schwanz kommt in die Redewendung, weil sie meist mit aufgestellten Schwänzen losrennen). Mit diesem Spruch kennzeichnet man in Ostfriesland die Rennlust und das Herumjagen mancher Haustiere, wie z. B. der Kühe, wenn sie auf eine frische Weide gebracht werden oder wenn sie in Brunftstimmung geraten.

Bitt hat mehrere Bedeutungen: Es kann ein mit Wasser gefülltes Loch, ein Loch im Eis (für das Angeln oder für Enten, s. *Aantjebitt*), ein Gebiss oder eine Pfeifenspitze sein. Mit dem hochdeutschen Wort „Bitte" hängt es aber nicht zusammen. Es gibt jedoch die schöne Geschichte von dem fremden Viehhändler, der einen jungen Bauern fragt, ob der wohl für einen Augenblick sein Pferd am Zügel halten kann, weil er einem dringenden Bedürfnis nachgehen muss. *„Biddeee?"*, fragt der Bauer. Die Frage wird erneut gestellt und wieder wird entgegnet: *„Biddeee?"* Das Frage-und-Antwort-Spiel wiederholt sich noch einmal, bis es dem Frager zu viel wird und er ungeduldig aufgeben will. Da bequemt sich der Bauer, ein bisschen deutlicher zu sprechen: *Ik fraag man blot, bitt de?* (Ich frage doch nur: beißt es?).

Bitz(e) *So 'n Bitz*, schimpft so mancher Ostfriese, wenn er in die Fänge eines schnippischen, zänkischen Weibes, einer Xanthippe, geraten ist. Unter Umständen kann damit sogar die eigene Frau gemeint sein, wenn er beispielsweise – angeheitert – ins heimische Nest zurückkehrt und *de Wind van vörn kriggt* (den Wind – die Schimpfkanonade – direkt ins Gesicht geblasen bekommt). Ursprünglich galt der Ausdruck für einen bissigen Hund *(de is bitzk).*

Blaag, Blage ist ein abwertender Begriff für ein ungehorsames, lästiges Kind (wie er auch in der hochd. Umgangssprache zu finden ist). Erweiternd spricht man über jeden Lümmel und unreifen Menschen von einem *Blaag.*

Blaashoorn ist die Bezeichnung für ein Musikinstrument wie Trompete, Horn oder Posaune. Ein entsprechendes Kinderspielzeug, eine Tröte, nennt man *Tuuthoorn.*

Black Dieses Wort versteht man besser im östlichen Ostfriesland, dort ist es die Tinte. Im westlichen Ostfriesland spricht man von *Enkt.* Bei diesen beiden Ausdrücken wird die Verwandtschaft zum Englischen besonders deutlich, wo „black" = schwarz und „ink" = Tinte bedeutet.

Bladd(je) *'n Bladd* heißt ein Blatt, *'n Bladdje* ist ein Blättchen. Beides bedeutet auch Zeitung, Zeitschrift und Vereinszeitschrift. Ein *Bladdjeschriever* ist ein Journalist.

Bladder hätte ja auch ein Journalist sein können, aber es ist in Wirklichkeit etwas ganz anderes, nämlich eine Pustel, Blase oder ein Ausschlag. Dabei mag es durchaus Menschen geben, vor allem, wenn sie durch journalistische Recherchen in unrechtem Tun entlarvt worden sind, die dieses Wort in seiner realen Bedeutung am liebsten auch für einen solchen *Bladdjeschriever* anwenden wollen.

Blaffert ist ursprünglich ein ständig bellender Hund (*blaffen* = bellen). Der Ostfriese wendet *Blaffert* auch etwas abschätzig für Mund oder

Schnauze an und er überträgt das Wort auf einen Radaumacher bzw. auf ein Großmaul.

Blainbieter ist ein Name für die Libelle.

Blarrderee steht für Geheule und Weinen, aber auch abschätzig für Gesinge. Ein *Blarrpott* bzw. *Blarrsnuut* ist eine Heulsuse oder gar ein Schreihals und übertragen ein häufig klagender Mitmensch.

Blaumors Ein leicht und ständig frierender Mensch ist ein *Blaumors* (s. a. *Klöömdott*).

blausangen sind häufig die Nasen von Säufern, aber mitunter laufen ja auch im Winter die Nasen von frierenden Menschen entsprechend an. *Blausangen* ist lila und violett oder eben rot und blau angelaufen.

Bleeimors *Dat Kind hett 'n Bleeimors,* sagt man, wenn ein kleines Kind schon ein ordentliches Gewicht aufweist. *Bleei* bedeutet Blei oder Bleistift (s. a. *Lood; Pottlood*). Diesen Ausdruck überträgt man aber auch wohl auf einen schwergewichtigen Menschen oder auf ein kräftiges Hinterteil (s. *Achtersteven* u. ä.).

Bleihtied ist die alljährlich wiederkehrende Blütezeit bzw. der Frühling (auch *Vörjahr*) und auf den Menschen übertragen die Jugendzeit.

Blick Zwar kann *Blick* auch mit Blick, Anblick oder Ausguck übersetzt werden, das ist aber offenbar erst eine neuere Entwicklung aus dem Hochdeutschen. Vielmehr verstand der Ostfriese früher, wie auch heute noch, darunter Blech und in Anlehnung daran ein metallenes Henkelgefäß, zumeist mit Deckel (s. a. *Aker, Bumm*). Dazu gibt es eine nette kleine Geschichte: Als nach dem Krieg ein Lehrer aus dem deutschen Osten in einer Dorfschule in Ostfriesland eingesetzt worden war, ließ er die Schüler den Inhalt mancher Weihnachtslieder aufmalen. Bei dem Lied „Am Weihnachtsbaum die Lichter brennen ..." hatten sie fast alle einen Christbaum mit davorstehenden Kindern gemalt, aber alle hatten ein solches blitzblankes Henkelgefäß in ihrer Hand. Weil der Lehrer das nicht verstand, fragte er nach. Die Antwort kam fast einstimmig: „Die Kinder stehen mit hellen Blicken ..."

Bliedskupp ist Freude, Fröhlichkeit, und das wünscht so mancher Gast den oftmals etwas gleichmütig dreinschauenden Ostfriesen. In Wirklichkeit sind die meisten von ihnen aber gar nicht so ernst oder gar schwermütig, sie zeigen es nur nicht immer gleich auf den ersten Blick.

Bliertje ist ein albernes, empfindliches, weinerliches Mädchen (s. a. *Pliertje*). Wenn das „tje" am Wortende weggefallen ist, bleibt *Blier*, damit meint man auch wohl eine reifere Frau, die albern (und auch weinerlich) ist.

blieven ist als erste Übersetzung leicht zu verstehen mit „bleiben". Wenn der Ostfriese aber sagt: *He muss in een Stück stahn blieven*, dann heißt das, dass er sehr erschrocken war, wie gelähmt vor Schreck, vor Schreck erstarrt.

Blind heißt keinesfalls, dass die Ostfriesen blind sind, obwohl ihnen die *Blinnen* (Singular neben *Blind* auch *Blinn, Blinne* oder *Blend*) durchaus die Sicht nehmen können, wenn sie geschlossen sind. Es handelt sich nämlich um Fensterläden oder um Fensterklappen. Mittlerweile wendet man diesen Ausdruck auch schon für die moderneren Rollläden an.

Blixem ist noch immer ein sehr häufig ausgestoßener Fluch, wenn etwas schiefgelaufen oder wenn etwas sehr staunenswert ist. *Blixem, Blixen* oder *Blix* heißt Blitz und da man die Blitze oft als Teufelswerk ansieht, nennt man auch den Teufel selbst so. Dabei wird er in diesem Falle gar nicht so abwertend gesehen, sondern mehr anerkennend positiv: z. B. *He löppt as de Blixem* sagt, er läuft ungemein schnell, wie ein geölter Blitz. Auf die Widersprüchlichkeit der Bedeutung mancher Worte wird vielfach in dieser Zusammenstellung von ostfriesischen Begriffen hingewiesen. Es gehört zu den Merkwürdigkeiten der ostfriesischen Sprache, dass negative Aussagen sich durchaus in positive Anerkennung umwandeln können.

Blood hochdeutsch Blut, wird in allen Sprachen als etwas Ehrfurchtgebietendes angesehen. In Ostfriesland bedeutet es außer Blut selbst auch armer Schlucker und Hilfsbedürftiger *(arm Blood)* oder allgemeiner: Wesen,

Kreatur, Seele, wenn es mit Bedauern gesagt wird auch: Dummkopf. Es gibt eine Reihe von Zusammensetzungen mit *Blood*, von denen hier nur ein paar Beispiele angeführt werden sollen. *Bloodbladder* ist Blutschwäre, Blutmal und Bluterguss, *Bloodfinn* ein Blutgeschwür. *Bloodsuger* wird ein Blutegel genannt, aber übertragen auch ein Mensch, der einen anderen Menschen rücksichtslos ausbeutet oder schikaniert.

Bloodklütje ist eine dickere Blutwurstart aus Blut mit Mehlschrot. Ähnlich ist die *Bloodwurst*, die man ebenfalls mit Mehlschrot andickt und – im Gegensatz zu süddeutschen Gepflogenheiten – kaum mit Speck anreichert (das wäre in Ostfriesland eine *Roodwurst* (s. dort). Die *Bloodwurst* wird in zentimeterdicken Scheiben gebraten und zu Bratkartoffeln gegessen. Manche Ostfriesen essen die *Bloodwurst* sogar mit darübergestreutem Zucker oder mit Sirup.

Bloomtuuntje ist die Verkleinerungsform von Blumengarten, man kann es mit Blumenbeet gleichsetzen. Spricht aber ein Ostfriese davon, dass jemand *in't Bloomtuuntje liggt*, dann meint er nicht etwa einen betrunkenen Nachbarn im heimischen Gartenbeet, sondern ein Grab eines Verstorbenen, das ja häufig auch einen reichen Blumenflor trägt.

Blootmorsgesicht Ein ausdrucksloses Gesicht, ein Allerweltsgesicht ist ein *Blootmorsgesicht* (*bloot Mors* = blanker Hintern). Der Ostfriese liebt solche drastischen Vergleiche, die im Plattdeutschen immer ein wenig harmloser klingen als im Hochdeutschen.

Blubber gehört zu den Ausdrücken mit einer großen Bedeutungsbreite. Es ist zunächst eine Blase beziehungsweise eine Luftblase. In der Fischerei bezeichnet man so den mächtigen Walspeck, der den warmblütigen großen Meerestieren als Isolierungsschicht gegen die kalten Wassermassen dient. Die Bauwirtschaft kennt *Blubber* als Wasserwaage, die eine waagerechte Lage garantiert. Beim Menschen wendet man den Begriff für einen großen, dicken Kopf, für einen Saufkopf und auch recht despektierlich für einen Wasserkopf an, ebenfalls als *Blubberkopp*. Weiter ist ein jähzorniger Choleriker ein *Blubber(-kopp)* und last but not least nennt man einen großen Schwätzer und Angeber einen *Blubber* oder auch *Blubberkopp*.

Blüüs Die Blüse (Seemannssprache) bezeichnet einen Leuchtturm mit offenem Feuer.

Bockmöhlen oder **Bockwindmöhlen** ist ein alter ostfriesischer Windmühlentyp, bei dem das Mühlengehäuse auf einem *Bock* (kräftige, sich gegenseitig stützende Balken in einer pyramidenähnlichen Form) steht. Beim Drehen der Flügel in den Wind wird das ganze Gehäuse mit gedreht. Letztes Beispiel für diesen Mühlentyp in Ostfriesland ist die Bockwindmühle von Dornum.

Die Bockwindmühle von Dornum.

Bödel oder **Bötel** ist im Ostfriesischen ein Knirps, kleiner Junge oder Zwerg, weiterhin die Schwanzspitze von Tieren, vor allem, wenn sie in Quastform (wie bei der Kuh) vorkommt. Somit hat das Wort einen Bedeutungswandel für diesen Landstrich durchgemacht, denn ursprünglich ist er ein Henker oder Henkersknecht bzw. wenigstens ein Gerichtsdiener (gleichzusetzen dem Büttel). Später nahm man ihn auch für jede Art von Behördendiener. Mitunter hört man noch den Ausdruck *Bööl* für einen rücksichtslosen, groben oder gar für einen grausamen Menschen. Dieses Wort hat denselben Ursprung wie *Bödel.*

Bohlenweg [plattdeutsch gesprochen: Bohlenwegg] nennt man einen Knüppeldamm aus Quer- und Längsstämmen mit einer Plaggenbedeckung (s. *Plagge*), um unwegsame Moorpartien zu überwinden. Sie wurden schon in vorgeschichtlicher Zeit angelegt (zum Beispiel südöstlich des Ewigen Meeres im Tannenhausener Moor).

Bohnegroot ist der Abfall, der beim Bohneneinmachen anfällt, z. B. die früher so unvermeidlichen Bohnenstrüppsel. Gönnt ein Ostfriese einem anderen Mitmenschen nicht einmal *dat Bohnegroot*, dann heißt das, dass er demjenigen überhaupt nichts Gutes gönnt. Ein *Bohnenstöter* ist ein Gemüsestampfer bzw. Bohnenstampfer, wie man ihn zur Zubereitung bestimmter Speisen benötigt, übertragen ist die Bedeutung „kräftiger, klobiger Junge". *Een Bohnenstang* ist eine dünne Latte, an der die Bohnen hochranken sollen, dieser Begriff kennzeichnet auch einen besonders langen und dünnen Menschen, insbesondere eine so aussehende Frau.

Böhnerbessem Ein *Böhner* oder *Böhnerbessem* ist eine kleinere Bürste, ein handlicher Schrubber (meist aus Heidestrauch, s. Besenheide). Der Ausdruck *Böhner* hat nichts mit dem Bohnengemüse zu tun, vielmehr stammt er von dem mittelniederdeutschen Wort „bohnen" ab, was so viel heißt wie blank reiben.

Bohnsopp ist Bohnensuppe. Wenn aber die Ostfriesen von *Oostfreeske Bohnsopp* schwärmen, dann meinen sie damit *Brannwien mit Rosinen*, auch *Kinnertööntjes* genannt. Es ist ein – durch die Süße – schweres alkoholisches Getränk, bei dem sich die Rosinen mit Branntwein vollgesogen haben (s. a. *Kinnertöön* und *Sinbohntjesopp*).

Böi *Böjen* kommen in den Küstenbereichen der Nordsee immer wieder vor. Eine *Böi* ist ein plötzlicher Windstoß, vorwiegend aus westlicher Richtung.

Boje nennt man ein schwimmendes, verankertes Seezeichen zur Kennzeichnung von Untiefen. Es gibt Leuchtbojen, Heulbojen und Glockenbojen u. ä. (s. a. *Tünn*).

Bojer Ein Schiffstyp, der im 16. Jahrhundert aufkam, war der *Bojer* mit eineinhalb und zwei Masten. Er gilt als der Vorläufer der Tjalken, Smacks und Kuffs (s. dort).

Bök ist der Pflanzenname für Buche. Das Wort Buch ist aus Buche entwickelt worden, denn auf Buchenholz oder in die Buchenrinde ritzte man schon in vor- und frühgeschichtlicher Zeit gewisse Zeichen, die man Buchstaben nannte, daraus entstand allmählich das Buch als Sammlung von beschrifteten Papierblättern. Das Buch ist *Book*, Plural *Boken* oder *Böker*.

Bölkeree bedeutet Geschrei, Gerufe, Krach, Radau u. ä. Ein *Bölker(t)* oder *Bölkhals* ist ein Schreihals oder Brüller.

Bollen ist die prosaischere Form von *Bolltje* (s. dort). Der Ostfriese versteht darunter – wie oben – ein rundes Weißbrot, eine Zwiebel oder Knolle und weiter das dicke rundlich-gestumpfte Ende vom Ei, einen Flachsknoten und eine Samenkapsel. Zum Oldersumer und zum Pewsumer Markt gibt es sogenannte *Warme Bollen*, eine Marktspezialität, das ist eine Art weiches Brötchen.

Bollschatt Bei den Heiratswilligen sehr begehrt ist der *Bollschatt*: Es ist die Aussteuer der Braut, der Brautschatz. Heutzutage ist eine solche Mitgift nicht mehr üblich, aber willkommen bleibt sie dennoch.

Bolltje Kinder denken bei diesem Wort zuerst an einen Bonbon, eine Süßigkeit in „knolliger" Form. Dies ist aus dem gemeinsamen Wortstamm der niederländischen und der ostfriesisch-plattdeutschen Sprache gekommen, wo *Bolltje* oder *Bolletje* so viel wie kleine Zwiebel oder Knolle heißt. Ebenso wird ein kleines rundes Weißbrot als *Bolltje* bezeichnet. Es gibt für *Bolltje* auch den Ausdruck *Bontje* (hochdeutsch Bonbon), was den französischen Ursprung gut erkennen lässt, einer der Kindersprache entstammenden Wiederholungsform von bon = gut.

Bollwarker ist der Ausdruck für einen schwer schuftenden, ungestümen und laut arbeitenden Menschen.

Boltstoov Ein *Bolt* ist ein Bolzen oder eine Wärmflasche aus Messing, Kupfer oder Zinn, in der Regel hat sie Flaschenform. Die *Boltstoov* oder *Boltstove* ist ebenfalls aus Messing, Kupfer oder Zinn, kann aber auch aus Stein sein. Sie hat normalerweise eine mehr flachovale Form. Die Wärmflaschen, mit warmem Wasser gefüllt, dienten dazu, die Füße im Bett zu erwärmen. Das war vor allen Dingen notwendig, als die Feuchtigkeit im Winter die Häuserwände noch leicht durchdrang und das Bettzeug klamm wurde.

Boogmaker In Ostfriesland ist es Sitte, zu Hochzeiten, Einzug und vielen anderen Feiern am Vorabend einen sogenannten Bogen in den Haustürrahmen zu setzen. Er besteht in der Regel aus einem Lattengestell, das mit Nadelbaumzweigen umflochten (Aufgabe der *Boogmaker*-Männer) und anschließend mit selbst gebastelten Papierblumen verziert wird (Aufgabe der *Boogmaker*-Frauen). Die eigentliche Haustür bleibt immer den Nachbarn zur Ausschmückung vorbehalten. Wenn auch andere Gruppen (z. B. Vereine) einen Bogen bringen wollen, nehmen diese Nebentüren oder stellen einen freien Bogen im Vorgarten auf. Nach dem Aufstellen gibt es lediglich einen Schnaps unter dem Bogen, abgefeiert (dann zünftig) wird er zwei bis vier Wochen nach dem Ereignis.

Bogenmachen hat in Ostfriesland Tradition.

Bookweit ist der Buchweizen, eine recht anspruchslose Knöterichpflanze, aus der man eine mehlartige, leicht herbe Substanz gewinnen kann. *Bookweit* wächst auch auf kargen Moorböden, vor allem, als die Moor-Brandkultur in Mode war (von 1716 bis hinein ins 19. Jahrhundert). Man säte dann in die etwas mineralreichere Asche der abgebrannten oberen Torfschicht, aber auch diese Prozedur ließ sich nur etwa fünfmal wiederholen (siehe *Moorbrandkultur).* Aus dem Buchweizen konnte man die *Bookweitenschubber* (Buchweizenpfannkuchen) backen, die zu damaliger Zeit ein Arme-Leute-Essen waren, heute aber (mit Sirup) als Delikatesse gelten.

Bööl s. Bödel

Boontje ist eines der vielen plattdeutschen Wörter für einen Bösewicht oder Verbrecher. Der Begriff klingt zwar recht harmlos, eher vertrauenerweckend, kommt aber aus dem Altfriesischen, in dem „bona" = Mörder, Missetäter bedeutet. *Boontje* sollte deshalb nicht mit *Bontje* (s. a. *Bolltje*) verwechselt werden.

Bootsrack ist ein Bootssteg, von dem aus oder mit dessen Hilfe man auf Schiffe gelangen kann.

Boovke ist die Verkleinerungsform von *Boov*, was Spitzbube und Lümmel bedeutet, ein *Boovke* muss mit Lausbub, Lausebengel, Schelm, Spitzbübchen übersetzt werden.

Borg heißt wörtlich Burg. Dieser Begriff taucht sehr häufig als Ortsnamensteil in Ostfriesland auf, hat dabei aber auch die Bedeutung von Hügel oder Warf (z. B. Terborg). Eine ehemalige Burg ist beispielsweise auch Namensgeber von Oldeborg *(Ollbörg)* oder Friedeburg *(Freeborg).*

Börkumer Riff Das *Börkumer Riff* hat einen nicht gerade schmeichelhaften Ruf. Namensgeber ist eine Sandbank (ein Riff) im Brandungsbereich vor Borkum, auf dem schon etliche Schiffe gestrandet sind. Das Wortspiel, Riff ist Sandbank und auch Gerippe, und das Stranden von Schiffen und von manchen (See-) Männern auf je einem der Riffe hat dazu geführt, auch eine Hure als *Börkumer Riff* zu bezeichnen.

Borst oder **Bost** [in beiden Fällen meistens „Bosst" gesprochen] bedeutet Brust, sowohl breite Brust als auch gesamter Brustkorb. Wie im Hochdeutschen spricht man damit ebenso von der Frauenbrust. Der dafür im Hochdeutschen doch recht vulgär anmutende Begriff *Titt, Titten* verliert im Plattdeutschen jedoch seine Obszönität. Will man deutlich machen, dass jemand beim Nachbarn in der Wohnküche sitzt, so sagt man *He sitt daar mit Bo(r)st vör d' Tafel* (er sitzt dort am Tisch). Ein *Bo(r)stkluntje* ist brauner Kandis, der gegen Erkältung gelutscht wurde. Und ein *Bo(r)strock* ist ein gestricktes Wollhemd als Unterbekleidung, das in der Zeit, als es noch keine Zentralheizungen gab, ein sehr beliebtes Kleidungsstück war und das auch heute noch bei all denjenigen, die bei Wind und Wetter draußen arbeiten müssen, sehr begehrt und nützlich ist. Die empfindsameren Städter nehmen ihn seltener, weil viele das Kratzen der Wolle auf der Haut angeblich nicht vertragen können.

Börtschippfahrt s. Beurtschippfahrt bzw. Loogschippfahrt

Böskupp ist eine Nachricht, eine Mitteilung oder Botschaft. Wenn aber ein Ostfriese *up Böskupp stüürt word,* dann wird er nicht etwa Botschafter seines Landes irgendwo in der Welt, sondern er hat den Einkauf oder eine Besorgung zu erledigen.

bösseln bedeutet bürsten oder reinigen, aber auch schnell laufen, jagen, rennen.

Boßeln ist ein altes friesisches Volksspiel, eine Hartholzkugel (aus *Pockholt;* s. Abb. auf S. 103) von ursprünglich 12,56 cm Durchmesser wird dabei flach „aus der Hüfte" auf der Straße geworfen. Inzwischen sind auch Gummi- und Kunststoffkugeln in Gebrauch, je nach Klasse zwischen 9,5 und 12 cm Durchmesser und 1000

„Boßeln" ist Ostfrieslands Volkssport Nr. 1.

bis 1200 Gramm Gewicht. Spielgegner sind zwei Mannschaften, die mit möglichst wenig Würfen eine bestimmte Strecke durchmessen müssen. Es gibt außerdem noch das Weideboßeln. In Ostfriesland finden in der kühleren Jahreszeit allwochenendlich unzählig viele sportliche Wettkämpfe in verschiedenen Klassen und Ligen mit Meisterschaft, Auf- und Abstieg, mit Pokalwettbewerben usw. statt. Nebenbei betreiben auch viele Vereine ganz anderer Sparten als Freizeitbelustigung und weniger ernsthaft gelegentlich das *Boßeln* (dann oft mit anschließendem Kohlessen).

Bötel s. Bödel

Bott ist Platz im Sinne von Raum, Zwischenraum und Spielraum. Auch bei einer Versteigerung fragt der Auktionator *(Utmiener),* wenn er ein Gebot haben möchte: *Well deit d'r Bott för?* Weiterhin ist *Bott* auch ein Strick, ein Seil, ein Tau oder die Länge eines Seils. *Elk Bott* heißt jedes Mal, *all Bott* bedeutet alle Mal.

Botter-Brood-un-Kees (Butter-Brot-und-Käse) ist die volkstümliche Bezeichnung für ein ehemaliges Hünengrab bei Aurich-Tannenhausen. Die freigelegten, großen Steine haben die Form dieser Lebensmittel. *Botter-Brood-un-Kees* ist ein Megalithgrab aus der Jüngeren Steinzeit, das inzwischen auch archäologisch erforscht wurde. Leider war es aber vorher schon zerstört worden, trotzdem konnten dort mindestens zwei Grablegungsperioden ermittelt werden (Abb. s. S. 68).

Botterhex ist eine Fantasiegestalt, eine Butterhexe, von der man glaubte, dass sie das Buttermachen erschwerte. Möglicherweise sind die Nachtschmetterlinge ihre Boten, denn auch die werden u. a. *Botterhexen* genannt. Selbst eine kecke Göre wird als *Botterhex* bezeichnet.

Botterliest war ein Brauch zu Trauerfällen. Zum Leichenschmaus wurde von den Nachbarn eines Verstorbenen je ein Pfund Butter bereitgestellt.

Bottervögel ist einer der allgemeinen Namen für einen Tagschmetterling (s. auch *Filapper, Schohlapper, Flinderk*).

Bovenlanner Der Ostfriese lebt auf dem platten Land, das sich nur wenig über den Meeresspiegel erhebt. Fast alle anderen, die Nichtostfriesen, vor allem aber die Süddeutschen, leben in höheren Regionen, so werden sie als *Bovenlanners* (Oberländer) bezeichnet.

Braasker kann ein Ostfriese nicht gut leiden, er mag solche Angeber, Maulhelden, Polterer und Prahler nicht (*braasken* = prahlen, sich brüsten, sich aufspielen, lärmen).

Brack oder **Brak** ist ein Kolk, Tümpel oder Teich hinter dem Deich. Solche häufig sehr tiefen Löcher entstanden bei Deichbrüchen und Wasserverwirbelungen. Früher mussten solche *Bracks* oft ausgedeicht werden, der Deich wurde binnenwärts herumgezogen. Vereinzelt wird auch bei Wattflächen von *Brack* gesprochen.

Brackwater nennt man das Mischwasser aus salzigem Meer- und „süßem" Binnenwasser. Es hat einen Salzgehalt etwa zwischen 0,5 und 3 Prozent. Brackig ist vielfach das Grundwasser der Marsch oder das Wasser im Mündungsbereich von Flüssen und Tiefs.

Brand ist ein hoch- und zugleich ein plattdeutsches Wort. Es bedeutet Brand, Feuer und auch Heizmaterial. Sagt man von einem Menschen, dass er einen *Brand* hat, dann attestiert man ihm, dass er einen Rausch hat, also ordentlich einen über den Durst getrunken hat. *Brandsel* nennt man Angebranntes.

Brandbitt oder **Branddobb** ist ein Feuerlöschteich oder Dorfteich.

Brannwien, Branntwien (hochdeutsch Branntwein) ist ein einfach gebranntes alkoholisches Getränk – nicht aus Wein! Es ist vielmehr durch Destillation aus einer gegorenen Kornflüssigkeit (Maische) entstanden. In Ostfriesland nimmt man ihn als alkoholisches Einmischungsgetränk. Branntwein spielt eine große Rolle im Brauchtum um die Geburt eines neuen Erdenbürgers. Dazu wird Branntwein mit Rosinen (s. *Bohnsopp, Kinnertööntjes*) angesetzt und im *Brannwienskopp* (s. dort) dargereicht. Besucher, die das Kind sehen wollen, bekommen *Kinnertööntjes* nur in der Zeit zwischen Geburt und Taufe.

Brann(t)wienskopp nennt man eine weite Schale aus Silber, Zinn oder Glas, aus der zur Geburt eines neuen Erdenbürgers *Brannwien mit Rosinen, Kinnertööntjes, Bohnsopp* (s. d.) an alle Kindsbesucher ausgegeben wird. Dazu wird ein Esslöffel in den Inhalt der Schale getaucht, die Schale *(de Kopp)* geht von Gast zu Gast und jeder nimmt sich einen Löffel voll branntweingetränkter Rosinen heraus. Natürlich darf der *Brannwienskopp* auch mehrere Runden kreisen (ein ostfriesischer Brauch).

Brast oder **Brass** Ist ein Ostfriese *in Brast*, heißt das, dass man ihm besser aus dem Wege geht, denn er hat Wut, er ist sehr erregt.

Bratts oder **Bratz** ist eine Bruchbude, eine simple Hütte, aber auch Gerümpel, Plunder, Tand.

Braundüne Braundünen, *Bruundünen,* werden die Dünen im Inselinneren genannt. Sie sind schon älter und haben durch die lange natürliche Humuseinmischung eine bereits dunklere Farbe angenommen (Name!). Sie tragen eine dichte Vegetationsdecke.

Breeipott ist zunächst einmal ein Breitopf. Dann ist es ein Name für einen guten Marschbauernhof (z. B. in Norden-Ostermarsch). Als drittes sagt man über jemanden, der eine sehr undeutliche oder breite Aussprache hat, dass er ein *Breeipott* ist (*brejen* = fehlerhaftes, undeutliches Aussprechen des Buchstabens „r“, sozusagen „hinten im Hals“).

Bregen oder **Brägen** ist ein plattdeutsches Wort für Gehirn und Verstand. *Die Bregenpann* ist die Schädeldecke. Bedeutet man aber einem Menschen, dass er irre, hirnrissig, sehr zerstreut und geistig ein wenig durcheinander ist, so nennt man ihn *bregenklütrig*. Dies ist ein Ausdruck, der sich mittlerweile im ganzen norddeutschen Raum verbreitet hat.

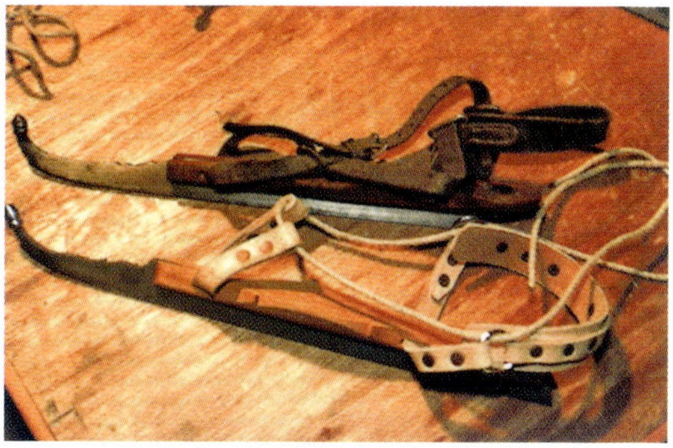

„Breinermörker Schöfels“ – oben ein altes Modell, unten ein moderner Nachbau.

Breinermörker Schöfels sind berühmte Langlaufschlittschuhe, die in Breinermoor bei Leer hergestellt wurden. Diese Art von Langlaufschlittschuhen kennt man in Ostfriesland auch als *Döörloper,* siehe dort.

Brick(je) ist der plattdeutsche Ausdruck für Brikett, Brett(chen), Tablett und in gewissen Zusammenhängen ist es auch eine Bezeichnung für Backstein (Ziegelstein).

Brigg wird ein zweimastiges Segelschiff aus dem 19. Jahrhundert genannt mit Fock- und Großmast, auf beiden Seiten sind Rahsegel. Briggs sind vielfach in Papenburg gebaut worden. Sie benötigten viel Besatzung und fuhren lange Segelstrecken, oft in die Passat-Regionen der Weltmeere.

Bröddellapp oder **Bruddellapp** Dieser Ausdruck ist noch in vieler Munde. Es war ein Übungstuch, ein Fehlerlappen, beim Nähen oder Sticken, als noch alle jungen Mädchen für ihre Aussteuer handarbeiten mussten. Sagt man heute: *'t is sien Bröddellapp*, so ist damit eine Sache gemeint, die ein Anfänger noch nicht beherrscht, worin er sich noch üben muss. *Bruddels* sind Fehlerstellen beim Sticken.

Bröder ist nicht etwa ein Bruder, der würde *Brör* heißen. Vielmehr handelt es sich um einen Träumer, einen langsamen Menschen. Im Ursprung versteht man einen Brüter darunter.

Brook bedeutet auch Bruch, in diesem Falle ist aber ein Niederungsmoor gemeint, ein sumpfiges, mooriges Gelände mit Büschen und lockerem Baumbewuchs (Birken, Erlen, Eschen, Weiden u. ä.). Von dem *Brook* um Oldeborg zwischen Aurich und Marienhafe hat die Häuptlingsfamilie Kenesna, die unter dem Beinamen tom Brook im 14. und 15. Jahrhundert geschichtliche Bedeutung erlangte, sich ihren Namen genommen. Das entsprechende Gebiet heißt bis heute Brookmerland (s. dort).

Bröök ist allgemein ein Bruch, speziell ein Leistenbruch oder Eingeweidebruch. Weiterhin ist ein *Bröök* eine Strafe, insbesondere eine Geldstrafe.

Brookmerland ist heute der Name einer Samtgemeinde (= Verbandsgemeinde) südlich von Norden. In diesem Gebiet und in der angrenzenden heutigen Einheitsgemeinde Südbrookmerland erreichte die Häuptlingsfamilie tom Brook ihre geschichtliche Bedeutung (siehe *Brook*).

Brösel bezeichnet eine kurze Tabakspfeife.

BRT ist die Abkürzung für Bruttoregistertonne. Mit diesem Raummaß gibt man den Raumgehalt der Schiffe an. Eine Registertonne entspricht 2,8316 cbm. Die Bruttoregistertonnen umfassen sämtliche Schiffsräume (inklusive Maschinen- und Mannschaftsräumen), die Nettoregistertonnen berücksichtigen nur die Räume für die Ladung. Die neuere Bezeichnung lautet Brutto- bzw. Nettoraumzahl (BRZ bzw. NRZ).

Brügg bedeutet Brücke und darüber hinaus auch belegtes Butterbrot (z. B. *Keesenbrügg* = Käsebrot).

Brummpahl nennt man einen Telefon(draht)-mast. Heute kann man solche kaum noch finden, früher wurden alle Telefonleitungen mittels Masten oberirdisch von Haus zu Haus gezogen. Die Masten an den Straßen und Wegen, die zu den weitverstreuten Höfen führten, gaben oft brummende Geräusche (möglicherweise durch die ständige Windeinwirkung) von sich. Der *Brummpahl* ist dann zum Synonym für einen mürrischen, unzufriedenen und ständig grantelnden Menschen geworden. Andere Ausdrücke dafür sind *Brummpott* oder *Brummpeter*.

Brutt(er) oder **Brott(er)** sind Worte für Groll, Grantelei, Maulerei, Knurren.

Bruttoregistertonne s. BRT

Bubbelke, Bubbeltje klingt nach einem Wort für ein niedliches kleines Kind. Zugegebenermaßen sind auch sie schön anzusehen, die See- bzw. Teichrosen.

„Bubbelkes" werden die Seerosen genannt.

Buck bedeutet Bock, dann aber übertragen steifer, ungelenker Mensch, weiterhin Schemel und sowohl widerborstiger Mensch als auch lüsterne und geile Person. Wer *'n Buck schoten [sk-] hett*, hat einen Fehler gemacht oder einen Fehlgriff getan.

Buckerstohl oder **Bockerstohl** Damit hatte es folgende Bewandtnis: Zur Beruhigung eines Kleinkindes wurde dieses auf einen Stuhl mit Lehnen gesetzt oder gestellt, die Mutter (Vater, Großmutter) stellte sich dahinter, hielt Kind und Stuhl umarmend fest und schaukelte beide nach Art des „Kippelns"; dabei wurde dem Kind ein *Buckervers* ins Ohr geflüstert.

Budde oder **Burr(e)** ist eine Angel (besonders die zum Aalfang). Dazu nimmt man ein zusammengebundenes Wurmknäuel *(Buddspill, Truske)* – ohne einen Haken – als Köder. Die Aale verbeißen sich so sehr in den Wurmklumpen, dass sie aus dem Wasser gezogen werden können.

Buddelee bezeichnet ein kleines, an der Wand hängendes Schränkchen mit Glasscheiben, das erlesenes Porzellan oder andere wertvolle Gegenstände präsentieren soll. Das Wort *Buddel* = Flasche hat sich aus dem französischen „bouteille" entwickelt und geht auf das spätlateinische „but[t]icula" = Fässchen zurück.

Budel oder **Bodel** steht für Sache, Angelegenheit, auch Zustand, Anfall und Nachlass, Erbmasse. Der erschreckte Ausruf: *Wat för 'n Budel!* heißt „Was für ein (verheerender) Zustand!"

Büdel oder **Büül** ist Ausdruck für einen Beutel und für den Hodensack. Ein *Büdeljager* und auch ein *Büdelsnieder* haben ein und dieselbe Bedeutung, es sind keine Männermörder, was man nach dem Vorhergehenden vermuten könnte, sondern es sind Taschendiebe.

Budi ist die liebevolle Umschreibung für Bübchen oder Lausbub.

Buhne ist die Bezeichnung für einen vom Ufer ins Watt vorstoßenden bis etwa meterhohen Schutzwall aus Steinen, Buschfaschinen u. ä., um das flutauflaufende Wasser zu beruhigen und damit auch das Vorland aufzulanden.

Buise oder **Büse** nennt man ein sehr seetüchtiges, breites, hinten und vorne rund gebautes Nordseefischereischiff (Heringsfang) mit eineinhalb Masten oder mit einem Mast, dann ist der hintere „Spiegel" gerade.

Bullenbieter ist eine Bulldogge, jene kräftige Hunderasse. Übertragen auf den Menschen versteht man darunter einen Grobian, einen ungehobelten Menschen oder einen Querkopf.

Bullerballer Ähnlich wie *Bullenbieter* (s. dort) sind zwei andere *Buller*-Worte zu verstehen: Der *Bullerballer* ist, sehr lautmalend, ein Grobian, ein Polterer, ein Bangemacher, und der *Bullerjan(n)* ist ebenfalls ein Polterer, ein Hitzkopf. *Bullerjan(n)* ist auch der Name für den Baldrian, der – als Arzneimittel – ja nun genau das Gegenteil von *bullern* bewirkt, nämlich Beruhigung.

Bulster hat wieder zwei Ausdeutungen, deren Zusammenhang nicht erkennbar ist: a) Hülse, Schale (von Obst oder Korn) und b) Polster, Kissen.

Bült bedeutet Haufen oder Anhöhe. Dieser Begriff kommt in verschiedenen Orts-, Hof- und Geländenamen vor, aber auch in Zunamen (*Bülthuus, Builthuis* u. ä.). Weiterhin versteht man darunter eine Masse oder Menge. *'n heel Bült* meint sehr viele und *'n lüttje Bült* ist ein kleiner Mann. Damit ist in der Regel nicht ein kleinwüchsiger Erwachsener gemeint, sondern ein unbeholfenes kleines Kind, ein Knirps.

Bumm ist eine größere Kanne, die 10, 20 oder mehr Liter Milch fasst (auch *Melkbumm*), wie sie früher auf jedem Bauernhof zu finden waren. Nach dem Saubermachen kamen sie auf das *Melkrack* [Melk-rack] (= Kannengestell) zum Trocknen. Die verkleinerte Ausgabe für den Haushalt ist das *Bummke*, ein metallenes Henkelgefäß – meist mit Deckel (s. a. *Aker, Blick*).

Bummbamm bedeutet Schaukel, in der Kindersprache ist damit auch eine (Kirchen-) Glocke gemeint. Des Weiteren versteht man *Bummbamm* als eine unsichere oder nicht entschiedene Situation.

Bummeljan(n) ist der Bummelant, die Bummelantin ist die *Bummeltrien*.

Bummert bezeichnet eine typische ostfriesische Hausform, die aber mehr und mehr verschwindet. Es ist ein Landgebräucher- (s. dort) und Arbeiterdoppelhaus. Die beiden Wohnteile

„Melkbummen" zum Trocknen aufgehängt.

stoßen in der Mitte zusammen und haben dort nur einen gemeinsamen Schornstein. Durch diese Bauweise konnte Baumaterial gespart werden. Die zur Seite etwas erweiterten Stall- und Scheunenteile befinden sich an den Außenenden. Auch ein einfaches Wirtshaus nannte man in verschiedenen Landstrichen *Bummert*.

Bums hat im Plattdeutschen ähnliche Bedeutung wie in der Umgangssprache des Hochdeutschen: a) Zusammenstoß, b) Stoß, Fall, c) Auseinandersetzung und d) abschätzig für „billiges" Tanzlokal und nicht gut beleumundetes Tanzvergnügen.

Bündsel oder **Bünzel** Darunter versteht man einen Kothaufen, auch kleines Kind, einen Knirps, ein Bündel und eine Windel.

Büngel an 't Been *Büngel* bedeutet Klotz, Holzklotz und dicker Stock bzw. Prügel. Ein *Büngel an 't Been* (Klotz am Bein) wird manchen allzu wilden Haustieren angelegt, um sie in ihrem Bewegungsdrang einzuschränken. Auch mancher Mensch ist an der freien Bewegung gehindert, wenn er z. B. eines kleinen Kindes wegen das Haus nicht verlassen kann. Derjenige hat dann *'n Büngel an 't Been*. Mit dieser Formulierung bezeichnet man auch ein sehr stark mutterbezogenes Kind.

Bunk heißt Knochen und auch die oberste (helle) Torfschicht, die nicht als Brennmaterial benutzt wird. „Rum mit Bunk" ist ein beliebtes Getränk, nämlich Rum mit einem Zuckerwürfel darin. *Bunk-in-'t-Been* ist die scherzhafte Beschreibung eines Menschen, der steif geht oder sich steif gebärdet.

Bunkenbietershörn wird ein Elendsviertel oder ein Wohnbereich sehr armer Menschen (die nichts – allerhöchstens Knochen – zu beißen haben) genannt. In diese Ecke (*Hörn* = Ecke, Gegend) gehört auch der *Bunkenkluver*, derjenige, der Knochen abklauben muss, also ein armer Hungerleider ist.

Bunkerde ist die oberste Schicht über dem brauchbaren Torf im Moor. Sie wird mit dem abgetorften Untergrund vermischt und bietet so ersten bescheidenen Dünger (s. Torfstich).

Bünzel s. Bündsel

Burserdöör, Bussdöör, Buusdöör, Messeldöör wird die kleine Viehhaustür genannt, durch die hindurch z. B. der Stallmist zum Misthaufen gekarrt wird.

Buschbake Eine Buschbake oder Pricke ist das, was die Insel-Fährkapitäne den neugierigen Touristen als „Stammbäume für die Seehunde" verkaufen. Dazu meint Fritzchens Vater: „Das kann nicht, die Seehunde haben ja gar keine Beine!" Nun ja, Beine haben sie schon, genau wie (fast) alle Säugetiere, nämlich vier. Die Pricken, wie die Buschbaken hierzulande meistens genannt werden, sind in Wahrheit bis zu 8 m hohe junge Birken- oder Eichenstämmchen, die im Wattboden befestigt werden und eine Fahrrinne im Watt markieren.

Buschplaats oder **Buschhaus** ist nicht etwa ein Domizil für den amerikanischen Präsidenten, sondern ein Hof (*Plaats* = ostfriesischer Bauernhof) mit einer Lagerstelle für Buschwerk und Reiser, die bei Deichschädigungen oder für den vorbeugenden Deichschutz – auch für die Herstellung neuer Pricken (s. dort) – schnell zur Verfügung stehen müssen.

Busebeller oder **Buusbeller** ist ein Bangemacher, Kobold, eine Phantasiegestalt, die als Kinderschreck dient, wenn diese nicht hören wollen. Auch den Teufel bezeichnet man so.

Buseruuntje oder **Bresuuntje** ist ein Arbeitshemd (vor allem der Fischer). Es besteht meist aus festem, blau kariertem oder gestreiftem (Friesen-)Stoff und hat keinen Kragen. Es ist heute ein sehr beliebter Touristenartikel.

„Buseruuntje" wird das Fischerhemd genannt.

Bussdöör s. Burserdöör

Butenbeenskind Ein *Butenbeenskind* ist ein außereheliches Kind. Man glaubt zunächst – volksethymologisch – das Wort erklären zu können. Aber die Herkunft ist anders, denn „been" soll in diesem Falle von dem germanischen „barn" (= Kind) kommen. Nur das *Buten* verrät, dass da etwas vorgegangen ist, was nicht mit den (früheren) Moralgesetzen zu vereinbaren war.

Butendeep wird der vor dem Hauptdeich liegende Teil eines Sieltiefs genannt, der in die Ems oder in die Seegatten (s. dort) führt und auch bei Niedrigwasser noch befahrbar ist (auch Außensieltief oder Muhde). Das *Butendeep* dient in den Sielorten häufig als Hafen.

Butendiek heißt Außendeich, Vordeich (s. a. *Sömmerdiek*). Ein *Buten-* oder *Sömmerdiek* ist ein kleiner Deich im Vorland (selten höher als 2 m). Er schützt vor den schwächeren Sommerfluten.

Butengroden s. Außengroden

Butenkeerl ist der Ausdruck für einen Menschen, der nicht aus Ostfriesland kommt, ein Hochdeutscher bzw. jemand, der nicht Plattdeutsch spricht.

Butensieldeep s. Butendeep oder Muud

Butenwark nennt man eine Arbeit außerhalb des Hauses, im Freien, z. B. Feldarbeit.

Butt ist eine Knospe und ein Tiername, nämlich: Scholle, Plattfisch, Butt.

butt Benimmt sich jemand *butt,* so heißt das, dass derjenige zweideutige und obszöne Reden führt und dementsprechend sein Verhalten als anstößig, unanständig und unverschämt zu bezeichnen ist.

Buttgrabbeln ist eine Art Sport vor allem im Dollartgebiet oder auf der Wattenseite der Inseln. Die Kinder, aber auch die Fischer selbst, tasten mit den Händen in Prielen nach Schollen, die sich bei ablaufendem Wasser gerne in den Prielgrund einbuddeln.

Buttjer Damit kann ein Buttfischer oder Wattfischer gemeint sein, aber auch ein Herumtreiber, Strolch, Grobian, ein Lausbub und eine liederliche Person. Zudem bezeichnet man einen kleinen Wattschlitten so, weil mit diesem die *Butts* aus den *Fuken* (Reusen) geholt werden (s. a. *Kreyer*).

Butz oder **Butze** ist ein Wandbett (Alkoven, Schlafkoje), wie es früher sehr beliebt war in den engen kleinen Häusern. Tagsüber waren die Türen geschlossen, nachts wurden sie geöffnet, so hatte man Anteil an der Wärme des Wohnraumes. Ein freistehendes Bett wird in Ostfriesland als *Ledekant (s. dort)* bezeichnet.

Büül s. Büdel

Buurkeree oder **Buurderee** ist ein Bauernhof, ein landwirtschaftlicher Betrieb und die Landwirtschaft insgesamt.

Buurmester ist der Bürgermeister der mehr ländlichen Bereiche, in den Städten neigt man eher dazu, *Börgmester* zu sagen.

Büüsdook Ein *Büüsdook* ist nicht etwa das Büßerhemd für reuige Ostfriesen, sondern schlicht und ergreifend ein Taschentuch (*Büüs* = Hosentasche); andere Ausdrücke sind *Sackdook, Snuuvdook, Snöttdook.*

Buuskeerl, Buusjööd heißt ein böser Geist, ein Mann mit schlechten Eigenschaften oder eine Vogelscheuche.

Büüslopers nannte man auch *Hollandlopers,* sie waren sozusagen schon frühe Gastarbeiter in den Niederlanden. Viele Ostfriesen arbeiteten vor allem zwischen dem 16. und 19. Jahrhundert in den wirtschaftlich stärkeren Niederlanden. Diejenigen, die sich dort für den Wal- oder Heringsfang verdingten, nannte man *Büüslopers,* die Tätigkeit selbst den *Büüsgang* (s. *Buise, Büse*).

Büüt ist Tausch, Umtausch und Beute. Ein *Büütjebaas* ist ein tauschwütiger Mensch.

Büx, Büxen bedeutet Hose. Hosen haben zwei Beine, deswegen werden sie in vielen Sprachen im Plural genannt, im Plattdeutschen ist *Büxen* die Mehrzahl. *Jungs in leeren Büxen,* wörtlich: Jungens in ledernen Hosen, ist der Ausdruck für „Pferdebohnen", die in der früheren ostfriesischen Küche eine große Rolle spielten. Die Redewendung: *Wi hebben hum bi de Büx* besagt: Wir haben ihn erwischt bzw. ihn gefangen. *Büx(en)piep* ist das Hosenbein.

Büxen-Anna ist die scherzhafte Übersetzung für „Hosianna".

D-d

Daalslag hat die Bedeutungen a) Niederschlag, b) Zusammenbruch (eines Menschen) und Schlaganfall, c) Bodensatz und d) niederschmetternde Nachricht.

Daar luur up! ist eine im Plattdeutschen häufig vorkommende Redewendung im Sinne von: „Darauf kannst du lange warten!"

Dag heißt der Tag. *Een of anner Dag* bedeutet jeden zweiten Tag oder ein über den anderen Tag. *Vör Dag un Daag* [Aussprache beachten], auch *vör Dag un Dau* (Tau), besagt: vor Sonnenaufgang, sehr früh. Ein *Dagdeev* ist ein Tagedieb, ein Faulenzer und die *Daghüür* ist der Tagelohn.

Dalben, Duckdalben, Duukdall befinden sich überall, wo Schiffsanlegestellen sind. Es handelt sich um schräg in das Wasser gerammte Pfahlgruppen vor Brücken, Schleusen, im Hafen- oder Vorhafenbereich, an denen Schiffe festmachen können. Der Name soll von Herzog von Alba (Duc d'Alba), einem spanischen Statthalter in den Niederlanden im 16. Jahrhundert, abgeleitet sein, was jedoch nicht verbürgt ist. Herzog Alba war übrigens auch in Ostfriesland, er besiegte in der Schlacht bei Jemgum 1568 die Niederländer, die um ihre Freiheit rangen (s. *Geusen*).

Daler ist nicht nur der Taler (Joachimstaler) und in der plattdeutschen Form der Namensgeber für den US-amerikanischen Dollar, sondern auch eine rundliche Scheibe (zum Beispiel Wurst).

Dämel oder **Dämelack** heißt so viel wie Tollpatsch, Narr, Hohlkopf.

Dann ist Tanne, Nadelbaum, Fichte und das (Garten-)Beet. *Dannappel* wird der Tannenzapfen genannt (auch *Pienappel*).

Danzdeel, Danz up de Deel Ursprünglich fand der Tanz (von Knechten und Mägden sowie der Dorfjugend) tatsächlich auf der Tenne *(Deel)* statt. Als dann – viel später – die Gaststätten Tanzsäle bauten, nannten sie diese auch Tanzdielen und das Geschehen verlagerte sich dorthin.

Dardedagskoll ist eine unangenehme Krankheit, das Wechselfieber, das immer im Abstand von drei Tagen erneut deutlich wurde.

Darg bezeichnet eine übel riechende, schlickdurchsetzte, brackige Torfschicht im Marsch- oder Wattboden, die beim Pflügen nicht an die Oberfläche geholt werden darf, wenn man die Fruchtbarkeit des Bodens erhalten will.

Darre nennt man eine Anlage zur Trocknung und Weiterverarbeitung von Gammel (= Beifang, s. *Bifang*).

darten Fent Ein Bursche, der als *darten Fent* tituliert wird, ist eigentlich wohlgelitten, obwohl er auch schon mal über das Ziel hinausschießt, wenn er seine übermütigen und ausgelassenen Spielchen treibt.

Dassel wird etwas abschätzig für den Kopf gebraucht. Eine *Dasselfleeg*, die Dasselfliege, hat ihren Namen gewiss nicht davon. Sie ist ausgesprochen unbeliebt, weil sie ihre Eier in die Haut des Viehs (Rinder, Pferde etc.) ablegt, damit Beulen *(Drulen)* verursacht und die Haut als Rohmaterial für Leder abwertet.

Deck kann Schiffsdeck bedeuten, das kennt inzwischen jede Landratte. Die Ostfriesen verstehen darüber hinaus den Begriff auch als Decke, d. h. Woll- oder Bettdecke, auch als Plane für das Vieh, wenn im Herbst Schutzmaßnahmen angebracht sind.

deeg ist ein Ausdruck, der mehrere Bedeutungen hat: a) gut, tüchtig, brav, zuverlässig, b) sicher, c) ganz, vollständig. Heißt es allerdings: *Du büst woll neet heel deeg!,* so ist damit gemeint, dass jemand nicht ganz bei Trost, nicht ganz bei Sinnen ist.

Deel bedeutet Diele (als Flur im Eingangsbereich, als Tanzsaal und als Dreschdiele), Flur und Fußboden. *Mitnanner over d'Deel leven* besagt, dass man zusammen in einem Haushalt wohnt. Wenn der Ostfriese sagt,

Deiche schützen Küste und Inseln vor dem Blanken Hans.

dat daar een over d' Deel steiht, dann heißt das, dass ein Trauerfall eingetreten ist und der Tote noch nicht beerdigt worden ist. Darüber hinaus bedeutet es Teil oder Anteil.

Deenst oder **Dennst** bescheinigt einen Dienst oder eine Dienstleistung, auch eine Stellung und ein Dienstverhältnis. *De Dennsten* sind die Dienstboten, das Gesinde.

Deep heißt Tief. In Ostfriesland versteht man etwas anderes darunter als im Hochdeutschen, nämlich ursprünglich ein natürliches Flüsschen (z. B. Fehntjer Deep). Inzwischen ist das aber nicht mehr allgegenwärtig und so kommt es, dass auch manche Kanäle als *Deep* bezeichnet werden, z. B. der Berumerfehn-Kanal, der in Norden *Moordeep* genannt wird. *Deepd, Deepde* oder *Düpde* sagt etwas über die Tiefe eines Gewässers aus.

Deern ist ein Wort, das hauptsächlich im östlichen Ostfriesland gebraucht wird und für Mädchen, Magd, Tochter steht. Im übrigen Ostfriesland verwendet man dafür *Wicht*.

Deets, Döts sind abschätzige Worte für Kopf.

Deichacht s. Diekacht

Deichfuß s. Berm

Deichgeschworener ist die Bezeichnung für ein Mitglied des gewählten Vorstands einer Deichacht (s. *Diekacht*).

Deichkrone ist der Gipfelgrat des Deiches, die Spitze des Deiches. Normalerweise besteht darauf ein Trampelpfad, in den Touristenbereichen auch ein gepflasterter Weg. Der Ostfriese hat kein eigentliches Wort dafür, er kann wohl *de Topp van de Diek* sagen, auch wohl wörtlich übersetzen in *Diekkroon*, aber in der Regel spricht er nur davon, *boven up Diek to lopen* oder *to stahn*.

Deichlast s. Dieklast

Deichrecht Das Deichrecht ist in einer Deichordnung festgelegt. Die Deichverbände zwangen damit die Deichanwohner, den ihnen

Der Ratsdelft in Emden.

zugehörigen Deichteil im Interesse der Allgemeinheit in Ordnung zu halten. Derjenige, der nicht mehr in der Lage war, seinen Abschnitt zu warten oder wiederherzustellen, hatte einen Spaten in den Deich zu stecken und verlor damit sein gesamtes Hab und Gut an denjenigen, der den Spaten herauszog (s. Spatenrecht: *Well neet will dieken, mutt wieken,* das heißt, wer die Deichlast nicht tragen kann, muss weichen). Heute gibt es ein Amt, das von den Deichverbänden beauftragt wird, entsprechende Deichbaumaßnahmen auszuführen.

Deichrichter s. Diekrichter

Deit Obwohl es die *Deiten* schon lange nicht mehr gibt (so etwas wie ostfriesische Pfennige, eine recht kleine Münzeinheit), wird der Ausdruck noch viel benutzt, vor allem in allgemeinen Redewendungen, z. B. *dat is mi keen Deit wert* = keinen Deut, gar nichts wert. Eine größere Münzeinheit ist *Stüver* und noch größer der *Daler.*

Deiweer [Dei-weer] Tauwetter sehnt sich der Bauer im Frühjahr herbei. Im Winter dagegen ist *Deiweer* oft mit Unannehmlichkeiten verbunden, weil es dann leicht nasskalt ist. Nasskalte Witterung um den Gefrierpunkt herum läßt mehr frösteln als eine trockene Kälte mit wesentlich niedrigeren Temperaturen.

dejen bedeutet gedeihen, wachsen, sich gut entwickeln. Kleinen Kindern sagt man gerne, dass sie gut essen müssen: *Du musst d'r noog van wassen un dejen* (du musst davon noch wachsen und gedeihen).

Delft oder **Dilft** ist ein gegrabener Kanal, ein Hafenbecken (z. B. der Ratsdelft in Emden, der Neue Dilft bei Bensersiel).

Dell(e), Delling oder **Dobb(e**) nennt man eine flache Bodenvertiefung, die häufig mit Wasser gefüllt ist.

Dickbuuksavend, Dickebuuksavend *Dickbuuk, Dickpans, Dicksack* sind Ausdrücke für einen dickleibigen Menschen, einen Dickwanst oder auch für einen Schmerbauch. Der *Dickbuuksavend* ist der Silvesterabend (mehr scherzhaft gemeint wegen des guten Essens); siehe auch *Olljahrsdag.*

Dickdoner nennt man einen Angeber, Prahler, einen Wichtigtuer.

Dickkopp bedeutet wie im Hochdeutschen Dickkopf, halsstarriger Mensch. In Ostfriesland versteht man darunter aber auch eine Bierflasche mit Porzellanverschluss (Schnappverschluss).

Dickmors bezeichnet eine Person mit breitem Hintern und auch einen Angeber.

Dideldentjes Die Ostfriesen können *Dideldentjes* sammeln, dann meinen sie damit unnützes Zeug, Kleinigkeiten, Nippsachen. Sie können aber auch *Dideldentjes in d' Kopp* haben, dann sind das „Grillen" im Kopf, Spinnereien, und die können manchen Mitmenschen zur Verzweiflung bringen.

Diekacht [Diek-acht] Die Deichacht ist ein für Ostfriesland sehr wichtiger Deich-Unterhaltungsverband, der den Bau von Deichen in Gang setzt und die Deiche des Verbandsgebiets instandhalten muss. Der Deichacht gehören die größeren Grundbesitzer eines Verbandsgebietes an, die in genossenschaftlichem Zusammenschluss (unter behördlicher Anordnung) und mit gewähltem Vorstand alle Aufgaben und Schutzmaßnahmen, die den Deich betreffen, wahrnehmen.

Dieker nennt man einen Deicharbeiter, der vor allem zu der Zeit, als Maschinen kaum einzusetzen waren, körperlich enorm schuften musste. Es waren früher robuste, starke Männer, die natürlich auch gut essen konnten. So hat sich bis heute der Spruch erhalten: *He frett as 'n Dieker,* d. h., er kann beim Essen gewaltig zuschlagen (s. a. *Dieksticker*).

Diekgatt ist ein heute kaum noch zu findender Durchlass durch einen Deich. Die neueren Hauptdeiche werden jetzt mittels Deichrampen überwunden. An manchen Polderbinnendeichen kann man aber die Anlage eines *Diekgatts* noch gut erkennen.

Diekkroon s. Deichkrone

Dieklast Der *Dieklast,* hochdeutsch Deichlast, unterliegen alle Landbesitzer, deren Areal niedriger als 5 m über Normalnull liegt. Sie sind deichlastenpflichtig, das ist eine öffentlich-rechtliche Last, die aber durchaus erschwinglich ist und einmal im Jahr eingesammelt wird. In geschichtlicher Zeit war sicherlich sehr viel mehr Mühsal damit verbunden, bei Gefahr mussten alle bis weit ins Land hinein mit zupacken.

Diekrichter hochdeutsch Deichrichter, sind gewählte Deichachtsvorsteher (s. *Diekacht*). In Ostfriesland ist die schleswig-holsteinische Bezeichnung „Deichgraf" nicht üblich.

Diekster heißen die Bewohner am Deich oder eines Ortes, der auf „-deich" endet, z. B. Norddeicher.

Dieksticker nannte man Deicharbeiter, die Langstrohbündel mit Strohbinden an kahlen Stellen der Deichböschung mittels einer sog. Sticknadel in der Erde verankerten. Zu diesem Zweck trugen sie eine Metallplatte vor dem Bauch, um die Sticknadel mit aller Kraft in den Kleiboden zu drücken. Wahrlich eine Schwerstarbeit! (s. a. *Dieker*).

Diemat, Diemath, Diemt oder **Dimt** ist ein altes Flächenmaß, das in sehr vielen Flurnamen noch erhalten ist. Ein Diemat entspricht – örtlich verschieden – etwa 0,5 ha. Ein Diemat war die Fläche, die ein Schnitter an einem Tag mähen konnte.

Dieskopp oder **Diesnack** bezeichnet einen eigensinnigen, störrischen Mitmenschen, einen Querkopf.

Dießelboom heißt die Deichsel. Der Ostfriese gebraucht dieses Wort, wenn er sich gegen etwas auflehnt, sich zur Wehr setzt: *De Mors tegen d' Dießelboom smieten.*

Dingerees Diesen Ausdruck benutzt ein Ostfriese immer dann, wenn ihm für eine Sache, ein Ding, einen Gegenstand, ein Werkzeug oder Ähnliches gerade nichts Passenderes einfällt. Manchmal geht ihm auch ein bestimmtes Wort nicht so leicht über die Lippen, vor allem, wenn er etwas unsicher ist, so kommt es, dass *Dingerees* auch gerne immer wieder für den Penis genommen wird.

Dobbe s. Dell

Dock ist ein Knäuel, speziell ein Stroh-, Hanf- oder Wollbündel und eine Puppe. Weiterhin bezeichnet man so einen gedrechselten Pfeiler (besonders an Treppen). Und es gibt im Schiffsbau das Dock, in dem Schiffe erstellt und außerhalb des Wassers gewartet werden.

Dominee, Dom'nee nennt man (fast ausschließlich) einen evangelisch-reformierten Pastoren. Das ist eine niederländische Bezeichnung, die in Ostfriesland übernommen wurde, weil in der reformierten (calvinistischen) Kirche im Westteil Ostfrieslands bis etwa 1892 ausschließlich niederländisch gepredigt wurde. Die entsprechenden Pastoren hatten seinerzeit auch (fast) alle in Groningen studiert.

Dönnerkater, Dönnerkiel, Dönnerslagg sind sehr beliebte Schimpfwörter und Flüche in Ostfriesland. Sie bedeuten allesamt so viel wie Teufel und werden auch auf einen Bösewicht angewandt. Alle drei können aber auch Ausdruck des Erstaunens, der Verwunderung bzw. Bewunderung über eine famose Leistung sein. *Dönnerslagg* ist eigentlich Donner.

Döntje Die Ostfriesen lieben *Döntjes*. Man versteht darunter Anekdoten, kleine witzige Erzählungen, die bei jeder Geselligkeit zum Besten gegeben werden. Auch „Inhalt" kann die Bedeutung von *Döntje* sein. *Dat Leed hett keen christelk Döntje* sagt man z. B., wenn man damit ausdrücken will, dass es sich – nach streng moralischen Gesichtspunkten – eigentlich nicht ziemt, ein solches Lied zu singen. Ein *Döntjemaker* ist der erzählende Spaßvogel, der Possenreißer oder die Ulknudel.

Die „Dobbe" am Ewigen Meer bei Aurich.

dood bleven Viele Ostfriesen schauen morgens als erstes auf die Familienanzeigen in der Zeitung, um festzustellen, *well daar dood bleven is* (wer gestorben ist).

doodmack wünscht sich fast jeder Ostfriese seinen Lebenspartner, sowohl weiblich als auch männlich. Hochdeutsch heißt das „sehr zahm". Bei Tieren sagt man auch „sehr zutraulich".

Doofkopp ist so deutlich, dass es auch jeder Hochdeutsche versteht: Dummkopf.

Döögneet oder **Dögeneet** ist ein Taugenichts, ein Flegel. *Döögd* heißt Tugend, Tauglichkeit und Nutzen.

Dook oder **Daak** ist Dunst oder Nebel. Mit *Dook* ist auch das Tuch gemeint, jedoch wird gerade dieses Wort regional in Ostfriesland sehr unterschiedlich ausgesprochen. *Vör Dook un Dag* bedeutet sehr früh am Morgen oder vor Tagesanbruch.

Döök oder **Dölk** bedeutet das, was ein Gesicht so anziehend machen kann: nämlich ein Grübchen. Auch andere kleine Vertiefungen werden so benannt.

Dool, Dole, Döle, Doll bezeichnen eine größere Grube, ein Loch oder eine Vertiefung.

Dööl heißt Dotter bzw. Eidotter, aber auch Grube, Loch, Vertiefung.

Döördriever nennt man einen Taugenichts, einen Draufgänger, einen durchtriebenen, rücksichtslosen und sittenlosen Menschen.

Döörloper Von *Döörloper* oder *Langloper* hielt man in Ostfriesland immer sehr viel. Als die Winter noch kälter waren und der Grundwasserspiegel noch nicht so stark abgesenkt, war Ostfriesland, genau wie das westliche (niederländische) Friesland um Heerenveen ein Land der Langstrecken-Schlittschuhläufer. Auf den

Tiefs und den Kanälen konnte man mit den flachen, langkufigen *Schöfels* oder *Schaatsen* (so nennt man sie in den Niederlanden und im Rheiderland) kilometerweite Langläufe starten. Je nach Herstellungsort spricht man z. B. von *Breinermörer, Riepster* u. ä.; s. Abb. S. 27.

döörstampt Buuskohl Ostfriesen lieben durchgestampftes, deftiges Eintopfessen. *Döörstampt Buuskohl* ist z. B. ein mit Kartoffeln durchgestampftes Weißkohlessen. Genauso macht man es mit Steckrüben *(Steekröven)*, Möhren *(Wuddels)*, Schnippelbohnen *(Insett Bohnen)* usw.

Dööshammel, Dööskopp, Dööspaddel, Döösbartel, Dööspeter ist eine ganze Batterie von *Döös*-Worten, die alle das Gleiche aussagen, nämlich Träumer, geistesabwesender Mensch, Dummerjan, Trottel. Allein diese Vielfalt gibt schon Aufschluss darüber, wie häufig eines von ihnen in Benutzung ist.

Doov hat nur indirekt mit dem zu tun, was man im Hochdeutschen darunter versteht. In Ostfriesland bedeutet es – neben dem Taubsein (aber nicht Blödsein!) – Asche. Entsprechend ist der *Doovketel* der Aschkasten, aber mit der *Doovnettel* kommt die Taubheit noch ins Spiel, man versteht darunter die Taubnessel (auch *Sugelke*).

Dopp, Doppsel ist Hülse, Schale oder Kapsel. *Dopparten* sind aber die Erbsen ohne Schale, denn *doppen* heißt enthülsen. Weiterhin ist *Dopp* auch eine Spitze oder Kuppe. Möglicherweise hängt mit dieser Bedeutung auch das *Doppsel* zusammen, es dreht sich dabei um den Verschlussdeckel einer Teedose, der gleichzeitig ein Teemaß darstellt und in der Regel etwa drei Teelöffeln voll Tee entspricht.

Dörpsbull ist eigentlich der Deckbulle, den es früher überall zumindest in den größeren Orten gab. Der Ausdruck wird aber viel häufiger auf Menschen übertragen angewandt und kennzeichnet einen gnadenlosen und unersättlichen Draufgänger.

Dose In Ostfriesland versteht unter dieser Bezeichnung ein (Hoch-)Moor, das mit Moosen und Flechten bewachsen ist. Das Wort kommt als Ortsname bei Friedeburg vor und dient mancherorts als Flurname. Der plattdeutsche Ausdruck für das hochdeutsche Wort Dose lautet *Dös*, auch *Büss* (Büchse).

Das „Doppsel" einer Teedose dient als Teemaß.

Döskdeel ist eine Tenne oder Dreschdiele. Zumeist handelt es sich um einen offenen Platz in der Scheune mit gestampftem Boden. Wie der Name schon sagt, wurde da gedroschen und die Heuwagen fuhren darauf, um das Heu auf den Heuboden (über den Ställen) laden zu können (s. a. *Hill*). Im Winter dient die *Döskdeel* als Abstellfläche für Wagen etc.

Dott heißt Haufen oder Klumpen, sehr häufig kommt die Redewendung *bi Dotten* vor, was haufenweise bedeutet.

Dövke nennt man eine kurze, gekrümmte Tabakspfeife, die früher auch oft einen größeren Porzellankopf aufwies.

Drafft steht für Eile und Trab. Eine typisch ostfriesische Redewendung lautet *mit een Been in Drafft lopen* (wörtlich: mit einem Bein eilig laufen). Damit ist eine Person gemeint, die ständig sehr geschäftig ist, immer in Eile ist.

Draggt oder **Dracht** ist eine Tracht bzw. Kleidung, es kann aber auch Belastung bedeuten, der Ertrag einer Ernte, und bei Tieren ist es die Schwangerschaft bzw. Trächtigkeit.

Dragseel heißt Hosenträger oder Tragegurt. So erschien eines Tages auch Klein-Jan nach der Unterrichtspause aufgeregt beim Lehrer und meldete: „Meine Seele ist in den Abort gefallen" – es war zum Glück nur *de Dragseel,* der Hosenträger!

Drankfatt *Drank* ist das, was für die Schweine zum Fraß bereitgestellt wurde. Man sammelte dazu alle Speisereste und auch manches, was sonst in den Abfall getan worden wäre, vor allem auch flüssige Küchenabfälle, in einem Eimer (mit Deckel), dem *Drankfatt.* Übertragen wird der Ausdruck gebraucht für einen Säufer, einen Allesfresser, für jemanden, der alles in sich hineinschlingt.

Dreedecker bezeichnet im Ursprung ein großes Schiff mit drei Decks. Die Ostfriesen vergleichen aber immer gerne Personen mit Schiffen. So wird *Dreedecker* benutzt für einen grobschlächtigen, starken Mann oder für eine sehr korpulente Frau.

Dreeduumsspieker ist ein häufig zu hörender Begriff bei Handwerkern, vor allem auf dem Bau. Es handelt sich dabei um einen Nagel, der so lang ist wie drei Daumen breit (etwa 6 bis 8 cm).

Dreemastschoner [-sk-], **Dreemaster** ist der Name für ein dreimastiges Segelschiff, z. B. einen sog. Schoner (s. dort). Der dritte Mast hat beim Schoner Gaffelbetakelung, s. Gaffel.

Dreesche ist ein Wort für Gras- oder Grünland, das höher liegt als die umliegenden Äcker oder Weiden. Die Dreesche wurde ursprünglich überwiegend als Weideland genutzt und nicht gepflügt, sie dient heute aber auch dem Getreideanbau. *Dreesche* ist ein häufiger Flurname.

Dreetimp bezeichnet einen dreieckigen Hut, einen Dreispitz, wie er eine Zeitlang beim Militär getragen wurde.

Dreev bedeutet Trieb, Antrieb, Neigung. Wenn ein Ostfriese erzählt, dass der Nachbar *weer up de Dreev is,* dann geht der nicht etwa seinen Trieben nach, sondern er ist nach einer Krankheit wieder genesen und wieder obenauf.

Dreih steht in Ostfriesland in erster Linie für Kurve oder Straßenbiegung, wenn Tänzer *Dreih* sagen, meinen sie eine Kehre im Tanz. *In 'n Dreih* bedeutet im Handumdrehen, und zu guter Letzt ist es das, was man im Hochdeutschen als Dreh, Drehung oder Schwung bezeichnet.

Driever ist ein Treiber, Antreiber, aber auch Kutscher bzw. Fahrer und – mehr im Sinne von *Döördriever* (s. dort) – ein Strolch.

Drievhuus heißt in der wörtlichen Übersetzung Treibhaus. In der neueren Sprache meint es damit auch das, was der Hochdeutsche darunter versteht. In Ostfriesland aber hatte das lange Zeit eine dramatischere Bedeutung. Vor allem auf den Inseln und in der Marsch nahe dem Deich bestand immer die Gefährdung durch Sturmfluten. Brach der Deich, dann war nicht nur Hab und Gut verloren, sondern oft genug auch das Leben. So konstruierte man Häuser, deren Dachraum mit schweren Balken so angelegt war, dass sie – an Ketten befestigt – bei starkem Hochwasser auftreiben konnten. Die Ketten waren lösbar, so dass die Dächer – wie gedeckte Boote – durch die vorherrschende Windrichtung auch ins Landesinnere getrieben wurden. Bei der Weihnachtsflut von 1717 sind zahlreiche Stellen angetriebener Dächer bekannt geworden. Die letzten *Drievhuus*-Dächer verschwanden endgültig erst nach dem Zweiten Weltkrieg.

Drifft bedeutet zunächst einmal Trieb (sowohl Viehtrieb, innerlicher Antrieb als auch Lust), Wachstum, Antrieb, Strömung. Darüber hinaus ist *Drifft* der Name für einen Weideplatz und für den Weg zum Weideplatz, auch eine getriebene Viehherde. *Drifft* kommt als Wortteil in vielen Flur- und Straßennamen vor.

Drillboom Ein *Drillboom* ist kein Laubbaum, unter dem das Militär gedrillt wurde, sondern eine Stakstange. Als Motoren noch nicht erschwinglich oder für Kleinschiffe nicht brauchbar waren, war menschliche Kraft oder die von Tieren gefragt. Mit solch einem Stab – in Ostfriesland *Boom* genannt – als Schiebegerät für einen Kahn bzw. ein Torfschiff konnte man vom Schiff aus die Vorwärtsbewegung beim Treideln unterstützen. Der Treidler ging an

Eine besonders kostbare „Drüppelminna".

Land auf dem Treidel- oder Leinpfad, er selbst oder auch ein Pferd hatte das Schiffchen zu ziehen. Der Helfer mit dem *Drillboom* konnte auch die Fahrtrichtung beeinflussen.

Drockd(e) heißt Eile und Geschäftigkeit, aber auch Hochbetrieb und Unruhe.

Drömel, Drömeljan, Drömelpott, Drömelmors, Drömelack möchte kein Ostfriese genannt werden, es würde nämlich bedeuten, dass er ein Träumer, Zauderer, Phantast oder eine Schlafmütze ist. Außerdem ist *Drömel* auch das Ende eines Fadens.

Dröögpeter, Dröögklööt nennt man einen langweiligen Kerl, einen langsamen und auch wortkargen Menschen, einen Zauderer. *Dröögd(e)* ist Trockenheit und Dürre. *Dröögbladd* bedeutet ein Löschblatt.

Drost In der ostfriesischen Geschichte spielten *Drosten* eine große Rolle. Ein *Drost* war in der Grafen- und Fürstenzeit oberster Beamter einer Drostei, auch wohl Verwalter einer Burg. Er entstammte häufig selbst dem Adel.

Drummel ist für den Ostfriesen ein Lümmel oder Schelm, ein kleiner Teufel, aber auch ein mächtiger, starker Mensch oder ein jungenhaftes, wildes Mädchen.

Drüppel ist der Ausdruck für Türschwelle. Sagt man: *De kummt mi neet over d' Drüppel,* dann ist das eine starke Ablehnung, „der kommt mir nicht ins Haus". Manchmal steht *Drüppel* auch anstelle von *Drüpp*, das heißt dann Tropfen bzw. Dachtraufe.

Drüppelminna Bei der Teezubereitung ist sie ein wichtiges Utensil. Die *Drüppelminna* oder *Kraantjekann* (s. dort) ist eine Warmwasserkanne, eine Art Samowar, mit einem Kran zum Verdünnen des Teesuds.

Drußel oder **Drussel** dient als Tiername für eine Drossel, ist aber auch die Bezeichnung für ein Büschel, einen (Blumen-)Strauß und für die Traube (auch *Druuv*).

Druul bedeutet Beule.

Duckdalben, Duukdall s. Dalben

Dudd(e)kopp oder **Dudd(e)lapp** ist ein Ausdruck, mit dem sich ein Ostfriesie nicht gerne beschimpfen lässt. Er bedeutet nämlich Dummkopf, Einfaltspinsel, Träumer, Trottel, Unaufmerksamer und Vergesslicher.

Duffert ist eigentlich ein Tiername, nämlich für den Täuberich. Übertragen wird er auf einen flatterhaften, unsoliden Menschen und kann am treffendsten mit Hurenbock übersetzt werden.

Dükedeike, Dükewagen ist ein nur noch wenig gebräuchlicher lautmalender Ausdruck für Kinderwagen.

Düker trifft man in der Nähe von Brücken an, wo dann Ankerverbot für Boote besteht, damit – das besagt dieses Schild – eine Rohrleitung, die einen Wasserlauf unterquert, nicht beschädigt werden kann. Außerdem ist *Düker* auch ein kleiner Nagel.

düll heißt böse sein, Groll hegen. Wenn ein Ostfriese ernsthaft *düll* ist, ist er es mit großer

Beharrlichkeit. Ein einmal gefälltes Negativurteil, z. B. über eine (vermeintliche oder echte) Ungerechtigkeit oder von einem Streit her, verfolgt er nach dem Motto: *Ik bün hum düll – all siet twintig Jahr, ik weet neet mehr, um wat dat gung, man düll bün un bliev ik.* (Ich bin ihm schon seit zwanzig Jahren böse, zwar weiß ich nicht mehr, um was es damals ging, aber, wie dem auch sei, ich bin und bleibe ihm böse – ganz schön nachtragend!). *Dülligheid* ist Wut, Zorn, ein *Düllkopp* ist ein Tollkopf, ein cholerischer, aufbrausender, jähzorniger Mensch.

Dult bedeutet Kram, Plunder, auch Dokument, Schriftstück, Akte und Haufen, Masse. Im Plural wird es noch öfter gebraucht: *Wat in Dulten hauen* besagt, dass etwas in kleine Stücke zerschlagen wird.

Dümelke oder **Dümeling** heißt Däumling, und zwar nicht nur als Märchenfigur, sondern auch als Fingerling.

Dummbaart oder **Dummerjan(n)** nennt man einen Dummkopf oder Einfaltspinsel, auch jemanden, der nicht zugehört oder nicht aufgepasst hat.

Dünenleegde ist der plattdeutsche Ausdruck für Dünental. In den Tälern zwischen den Dünen im Inneren der Inseln kommt das Wasser der Süßwasserlinse bis an die Oberfläche. So siedeln sich dort typische Moorpflanzen an, wie z. B. Krähenbeere, Sonnentau u. a.

Dunnerkater, Dunnerkiel s. Dönnerkater

In den Dünenleegden siedelt der Sonnentau.

Dünung ist eine typische (Natur-)Erscheinung an der Küste, besonders sichtbar am Strand. Durch starke Winde entstehen in weiter entfernten großen Seegebieten irgendwo auf dem Atlantik Wellen, deren Ausläufer bis an die Küsten gelangen. Einen solchen Seegang mit langen Wellen bezeichnet man als Dünung.

Dusel ist ein Ausdruck, der auch in die hochdeutsche Umgangssprache eingegangen ist. Es bedeutet Taumel, Schwindel, Rausch, auch Halbschlaf und Glück, im Sinne von „(unverdientes) Glück gehabt".

Dussel ist ein Schimpfwort, das ebenfalls in der hochdeutschen Umgangssprache zu finden ist, es steht für Dummkopf, Schlafmütze oder unbedachter, gedankenloser Zeitgenosse.

Dütsker oder **Dütser** bedeutet Deutscher. Natürlich sind die Ostfriesen auch deutsche Staatsbürger, aber sie bezeichnen sich selbst nur in Ausnahmefällen als solche. Für sie ist jeder Nichtostfriese aus den übrigen deutschen Landen ein *Düts(k)er*, sozusagen übersetzt: ein Hochdeutscher.

Dutt, Dütt hat mehrere Ausdeutungen. Zunächst ist das eine alte Jungfer oder – drastischer – eine alte Schachtel. Dann ist *Dutt* oder *Dütt* auch ein Kosewort, etwa in dem Sinne von Schätzchen oder Püppchen. Und weiterhin nennt man einen Haufen oder Klumpen und einen Haarknoten so. Wird etwas *in Dutten slaan*, so heißt das, dass etwas kurz und klein geschlagen wurde (s. a. *Dult*).

Düttjer oder **Dittjer** ist einer, der sich mit Geduld und Ausdauer mit etwas Schwierigem, Kniffligem beschäftigt, ein Tüftler.

Duuknack ist ein Wort für einen Duckmäuser, für einen unterwürfigen Mitmenschen und auch für eine heimtückische Person. *Duuk* bedeutet eigentlich Kuß (s. a. *Duutje*), aber das hat sicherlich nichts mit dem *Duuknack* zu tun, sondern eher mit „tauchen".

Duum heißt Daumen. *Een over d' Duum drinken* besagt, dass man den Daumen von außen so an eine Flasche legt, dass der obere Daumenabschluss mit der Oberfläche des Flascheninhalts übereinstimmt. Der Inhalt ist immer Schnaps. Nun trinkt man so viel aus der Flasche, bis die Getränkemarke im Innern mit dem unteren Daumenabschluss gleich kommt. Man trinkt also eine Daumenbreite aus der Flasche heraus.

Duunast Wer einen *Duunast* hat, hat einen Rausch, er ist schlicht und einfach betrunken (= *duun*).

düürabel kommt aus dem Französischen („durable" = haltbar). Es bedeutet einerseits dauerhaft, haltbar, andererseits teuer, kostspielig. *Düürkoop* ist das Wort für teuer.

Düürverkoper Wer erst einmal den Ruf eines *Düürverkopers* hat, kann nur noch schwer Geschäfte tätigen. *Düürverkoper* ist ein Kaufmann, der sehr teuer mit seinen Waren ist.

Duutje ist ein Kuss oder ein Küsschen. Vermutlich kommt es aus dem Französischen mit dem Wort „doux, douce", was süß bedeutet. *Duutje* ist dann „ein Süßer", tatsächlich sagt man auch im Plattdeutschen: *Geev hör 'n Söten.*

Düüvkater bedeutet Teufel, übertragen ein Teufelsbraten, Schlingel. Das Wort wird auch als Fluch gebraucht und es ist in der Krummhörn ein Gebäck zur Osterzeit (für Kinder), eine Art Brötchen, mit seitlichen Zipfeln (Hörnern), die an einen Teufel erinnern.

Duuvke ist das Täubchen, auch als Kosename zu verwenden. Aber wie beim *Duffert*, dem Täuberich (als Hurenbock), gilt der Ausdruck *Duuvke* auch für eine Hure.

Düvel Der Teufel spielt in allen Sprachen christlich orientierter Länder eine große Rolle. So auch im Plattdeutschen. Es sollen hier aber nur einige Beispiele angeführt werden. Immer ist der Teufel mit Schlechtem, Unangenehmem in Verbindung zu bringen. Bewunderung jedoch kommt z. B. in dem Wort *Düvelskeerl* zum Ausdruck, dem Teufelskerl und Tausendsassa. Eher unangenehm, weil hinderlich im Garten, fällt der Name für die Heckenwinde = *Düvelsnaihgaarn* aus. Wie aber die Libelle, *dat Düvelspeerd*, zu diesem Namen kommt, ist nicht so leicht ersichtlich, den Pferdekopf erkennt man allerdings bei dem erwachsenen Tierchen. Es ist denkbar, dass die gefräßigen Larven, die auch unter den Fischen im Teich verheerend wirken, Pate als Namensgeber waren (Libelle s. auch *Blainbieter, Schuurscharr*).

„Dwarsloper" wird der Taschenkrebs genannt.

Dwaggelmors kann man am Namen schon förmlich erkennen, wörtlich heißt es „Wackelarsch". Gemeint ist damit ein unruhiger Mensch, der nicht still sitzen kann.

Dwarrel, Dwirrel bedeutet Wirbel, Strudel.

dwars bedeutet quer. Ein *Dwarskieker* ist ein Schielender, ein *Dwarsloper* ist ein Kurzschwanzkrebs, z. B. der Taschenkrebs – und, um noch eines der *Dwars*-Wörter aufzuführen, sei das scherzhaft gemeinte „neue" Gebilde für einen Schrankenwärter genannt: *Dwarspahl-up-un-daal-Dreiher.*

Dwarsbüngel, Dwarsdriever oder **Dwarskopp** So mag der Ostfriese nicht gerne beschimpft werden, dennoch gibt es genügend Exemplare davon, nämlich: Starrkopf, Trotzkopf, Quertreiber. Ursprünglich ist ein *Dwarsbüngel* ein Querholz für Rinder, das am Hals befestigt war und ihnen vor den Beinen baumelte, um ihren allzugroßen Bewegungsdrang einzudämmen.

Dwattje ist eine einfältige, törichte Frau oder ein entsprechendes Mädchen.

E-e

Echtelü(den) bedeutet Eheleute. Das Wort ist heute kaum mehr in Gebrauch, nur auf den Grabsteinen im Rheiderland sieht man es noch häufiger. Es stammt aus der Zeit, als den Reformierten die Predigten noch niederländisch vorgetragen wurden (s. a. *Dominee, Dom'nee*).

Eckelteev benennt einen Maikäfer (auch *Boomtiek, Maitiek*). *Eckel* (auch *Eek*) ist Eiche, Eichel, *Teev* eine gereizte und leicht kläffende Hündin. *Eekhoorntje, Eckelkater, Katteker* sind Namen für Eichhörnchen.

Ee, Ehe In Ostfriesland, das heißt im ostfriesischen Platt, ist *Ehe* keine Ehe. Vielmehr handelt es sich um einen natürlichen Wasserlauf, ein Flüsschen. Im östlichen Ostfriesland nennt man so auch die Seegatten (siehe dort). *Ehe* oder *Ee, Aa* ist abgeleitet von dem lateinischen Wort „aqua" = Wasser. Der Name „Emden" wird in vielen Abhandlungen als „Ehe-Münden" gedeutet. Die *Ehe* ist in diesem Falle der heute meist als „Fehntjer Tief" bezeichnete Wasserlauf. Ein anderes Beispiel ist auch die „Sandhorster Ehe", die durch Aurich fließt – oder – für Seegatt: die „Wichter Ee".

Erdholländer in Südcoldinne.

Eekster, Heekster steht für Elster. Als *Eekster* oder *Heekster* bezeichnet man auch eine zänkische oder diebische Person.

Eelt nennt man eine Schwiele, Hornhaut oder verdickte Hautstelle.

een Körrel wörtlich „ein Körnchen", steht für ein wenig. Der Begriff wird in seiner Bedeutung mitunter noch unterstrichen, indem man *een Körrelke* davon macht.

Eemspünt wird ein Frachtschiff auf der Ems genannt, oben offen, mit waagerecht verlaufenden Seitenplanken und plattem Boden. Die vordere Bugwand ist schräggestellt. Zunächst wurde es mit Staken und Treideln bewegt, später auch mit Mast und großem Sprietsegel ausgerüstet, dazu waren Seitenschwerter notwendig.

Eenspanner bezeichnet im Ursprung eine Einspänner-Pferdekutsche oder Pferdewagen mit nur einem Pferd. Übertragen nennt man einen Junggesellen so. Auch *Eenloper* ist ein Wort für Junggeselle oder Einzelgänger.

Eerdhollander, Eerdkroyer ist ein Erdholländer, ein Windmühlentyp niederländischer Bauart, bei dem die Flügel bis zum Erdboden reichen; die Mühle hat keine *Twigstelgen* (s. d.).

Eerdmanntje wird ein Erdkobold, ein Zwerg genannt. *Eerdmanntjes* leben im sagenumwobenen Plytenberg (s. dort) bei Leer, es sind kleine fleißige Männchen (Zwerg = *Dwarg*).

Eetgeern beschreibt einen guten Esser, einen Vielfraß – und, positiver, einen Feinschmecker bzw. Gourmet.

Eevtask, Heevtask ist ein Tiername und bedeutet Eidechse. Wird er auf den Menschen übertragen, dann versteht der Ostfriese unter *Eevtask, Heevtask* eine giftige Frau oder eine sehr lebhafte, quirlige Person.

Egeltiere nennt man die Heckenrose oder Hundsrose, abgeleitet von franz. „églantier" = wilder Rosenstock (s. auch *Jeepke*).

Eike ist ein Begriff aus der Tierwelt. Man nennt so ein weibliches Tier z. B. vom Schaf, Reh, Kaninchen oder Hasen. Außerdem ist es ein Vorname, männlich wie weiblich.

Eilanner wendet man – besonders natürlich die Insulaner selbst – nur auf eingeborene Insulaner an. Die Zugereisten sind z. B. Borkumer, Norderneyer, Langeooger u. a.

Elführtje ist eine ganz wichtige Einrichtung, eine Teepause um elf Uhr. Teetrinken ist in Ostfriesland eine fast heilige Handlung, es darf nicht so nebenbei passieren, sondern erfordert Ruhe und eine richtige Unterbrechung der Arbeit. Früher war das *Elführtje* z. B. auf den Höfen und in vielen Betrieben gang und gäbe, doch auch dort haben sich die Zeiten geändert. Der Ausdruck wird aber noch viel gebraucht – und wo immer es möglich ist, wird das *Elführtje* auch eingehalten.

Elmsfüür ist das Elmsfeuer. So nennt man eine Büschel- oder Glimmentladung, die sich bei Gewitterlage an Kanten und Spitzen von Blitzableitern, Masten und Türmen zeigt.

Emder Oll Wieven (ein Gebäck) s. u. Wiev

Emder Pottjekacker sagt man als Schimpfwort für Emder in den Dörfern rings um Emden herum. Die Emder führten als erste in Ostfriesland das Nachttöpfchen ein, um nicht nachts in das meist im Garten stehende Toilettenhäuschen zu müssen. In den Mietshäusern wurden später nach und nach auch Toiletten (für mehrere Parteien) auf dem Halbstock installiert (d. h., wo die Treppe im Treppenhaus einen Knick macht).

Emder Wulkje s. Wulkje

Engelke up d' Müür wird liebevoll das Emder Wappen genannt. Es ist eine Harpyie, ein sog. Jungfrauenadler, über der Hafenmauer. Die Harpyie ist das Wappentier der Grafen- und Fürstenfamilie Cirksena gewesen, sie wird stets mit einem Jungfrauengesicht dargestellt. Ansonsten bedeutet *Engelke* eigentlich Engelchen, es ist auch der Name für den Marienkäfer (andere Bezeichnungen sind *Engelke-Tengelke, Leev-Engelke, Maanküken, Sünnküken*).

Das „Elführtje" ist den Ostfriesen heilig.

Enkt, Enkert ist (im westlichen Ostfriesland) Tinte; s. a. *Black*.

Enn, Endje bedeutet Ende, Schluss, auch Stück(chen) und Strecke bzw. kurze Strecke.

Ennewegs s. Lang Ennewegs

Enter wird ein einjähriges Fohlen oder Kalb genannt, das Zweijährige heißt *Twenter*.

entern heißt ein Schifferboot aufbringen und besetzen (s. auch Kaperfahrt).

Entwässerungsverband s. Sielacht

Esch ist eine frühere Flurbezeichnung und noch immer häufiger Flurnamenteil, auch *Gast, Gaste*. Die alten Ackerbereiche der Geestsiedlungen dienten vor allem dem Roggenanbau. *Eschs* lagen höher, waren somit trockener, sie waren in lange Parzellen, sogenannte Langstreifen, gegliedert und wurden anfangs durch (Heide-)*Plaggen* (s. d.) gedüngt, später durch Mist. So erhöhte sich im Laufe der Jahrhunderte ein *Esch*.

Escher Unter *Escher,* auch *Ischen* genannt, versteht man einen sandigen, etwas höhergelegenen und trockeneren Flurbereich in der Marsch. Man betrieb auf ihnen Ackerbau. Sie finden sich häufig in Gebieten ehemaliger Meeresbuchten (z. B. Krummhörn). Der Norder Escher zwischen Norden und Norddeich wurde Anfang des 20. Jahrhunderts teilweise abgetragen, um Sand und Erde für den Bau der Norddeicher Mole zu gewinnen.

E(e)ster ist die Fliese.

Eventür oder **Aventür** bedeutet nicht nur Abenteuer oder Wagnis, sondern auch Zufall und Lust.

Ever, Ewer nennt man ein ein- oder zweimastiges (auch eineinhalbmastiges) Küsten- oder Fischer(segel)boot.

Ewiges Meer Das Ewige Meer ist mit ca. 1,5 bis 2 Quadratkilometer Fläche der größte Hochmoorsee Deutschlands. Er liegt größtenteils in der Samtgemeinde Holtriem (Kreis Wittmund) und ist infolge seines nährstoffarmen Wassers fast ohne Leben. Er verlandet auch nicht. Der Name rührt allerdings nicht daher, sondern ist eine Verballhornung von Eversmeer.

Exkuter nennt man den Gerichtsvollzieher.

F-f

Faden Ostfriesen ziehen gerne Fäden, in diesem Falle aber tun sie es im Wasser, denn das ist ihr Element. Ein *Faden* ist ein Längenmaß zur Messung der Wassertiefe, ursprünglich aus England; 1 Faden = 1,829 m.

Fäding s. Fething

Fahrensmann Der Seemann wird in Ostfriesland Fahrensmann genannt.

Fährpünt ist ein Fährschiff, das ursprünglich für Vieh oder Lasten zur Übersetzung über Fluss oder Tief gebraucht wurde. Dabei stakte man oder zog es an Seilen vom Schiff aus herüber.

Fahrwater nennt der Ostfriese das Fahrwasser in einer Schifffahrtsrinne. Es verläuft in flachen Gewässern, z. B. im Watt, in einem Priel. Es ist mit Seezeichen kenntlich gemacht.

Partie am Ewigen Meer, dem größten Hochmoorsee Deutschlands.

Fäling(er) sind in ostfriesischen Redewendungen sehr beliebt. Man braucht sie als Blitzableiter, als Schimpfwort für tumbe und einfältige Menschen. Abgeleitet ist es von den (West-)falen [(West-)fälinger], diese galten früher – so wie später die Ostfriesen im deutschen Witze-Sprachraum – als lächerlich bzw. dumm.

Falleratje nennt der Ostfriese jeglichen Firlefanz und alle Rüschen.

Fallreep meint eine Schiffstreppe, die – zumeist mittels eines Krans – zum Schiff bewegt wird. Mit dieser Treppe bzw. dem Steg kann der Fahrgast auf das Schiff gelangen.

Fantamine ist der Ausdruck für Leidensmiene, Leichenbittermiene oder versteinerte, starre Miene.

Farken nennt der im östlichen Ostfriesland lebende Zeitgenosse ein bzw. mehrere Ferkel. In den westlichen Teilen gebraucht man mehr *Bigg* bzw. *Biggen* (s. d.).

Farv ist Farbe. Der Ostfriese meint damit eigentlich den Farbstoff, der Farbton heißt *Klöör* (s. dort). In letzter Zeit behauptet sich aber – durch den Einfluss des Hochdeutschen – immer mehr auch dafür der Begriff *Farv*.

Faschine Darunter versteht der Küstenbewohner ein fest zusammengebundenes Reisigbündel von etwa 3 bis 6 m Länge. Sie werden zum Bau von Lahnungen (s. dort) verwendet.

Fastelavend, Fasselavend ist die ostfriesische Form von Fastnacht.

Fatt hat zunächst auch die hochdeutsche Bedeutung Fass, Gefäß. Ursprünglich ist es ein henkelloser Becher. Spricht der Ostfriese von *'n Fatt Tee*, meint er damit einen Becher voll Tee (nicht aber sein Genussgetränk, *dat Koppke Tee)*; s. auch *Muck*. Wenn dagegen ein Sänger – so sagen es die nicht gerade sangesbegabten Friesen leicht ironisch – *ut 't hoogste Fatt singt,* dann heißt das, derjenige singt in den höchsten Tönen.

Feeg *In 'n Feeg* kann man z. B. einen Brief aufreißen, d. h. im Nu, im Handumdrehen. Man kann auch *in 'n Feeg* etwas basteln, eine Arbeit zu Ende bringen oder eine Strecke zurücklegen, dann bedeutet das, etwas in einem Rutsch durchführen, durchziehen oder durchlaufen.

Feegselschüpp *Feegsel* ist Kehricht, Unrat, und ein *Feegselschüpp* ist das Kehrblech, das dieses aufnimmt.

Feerfreter nennt man ein federfressendes Huhn, das kommt bei eingesperrten Federtieren vor, indem sie ihre rangordnungsmäßig niedrigeren Artgenossen wund picken. Übertragen auf den Menschen heißt das, Nestbeschmutzer zu sein. *Feer* ist die Feder.

Feger, Fegert hat wieder einmal gegensätzliche Bedeutungen. Man versteht darunter jemanden, der überaus ordentlich ist, aber auch ein Mannweib, einen Herumtreiber, eine Hure und einen Wirbelwind bzw. Orkan.

Fehn ist in Ostfriesland eine Moorsiedlung mit schiffbarem Kanal (s. Wieke). Die Häuser stehen in langer Reihe beiderseits des Kanals (s. *Hufe*). Das Wort stammt aus dem Niederländischen: „veen" = Moor, wobei die Niederländer auch nichtkultivierte Moore damit meinen. Ein *Fehntjer* ist bei uns ist ein Fehnbewohner.

Fell hat die Übersetzung Fell, Pelz, Haut. Wenn ein Ostfriese einem anderen Menschen *neet up 't Fell kieken mag,* dann heißt das nicht etwa, dass er neidisch auf die wertvolle Kleidung ist, sondern dass er denjenigen nicht ertragen kann, dass derjenige ihm zuwider ist.

felli Ältere Ostfriesen über Land fragen noch regelmäßig mit *felli?* nach, wenn sie etwas nicht verstanden haben. Es bedeutet „wie?, wie bitte, was bitte?". Eigentlich ist es die Kurzform von „was ist gefällig?". Jüngeren Leuten und den Städtern ist dieses Wort heute kaum noch bekannt.

fenger heißt lebhaft, aufgeweckt, auch verständig und scharf.

Fenn(e) bedeutet niedriggelegenes, umgrenztes Weideland, vor allem in den Niederungsmooren und Hammrichen (s. dort). Häufig kommt es auch als Flurnamenteil vor. Eine

Fenntjeblöm ist das Marienblümchen oder Gänseblümchen.

Fent nennt man einen Burschen und, leicht abschätzig, einen unerfahrenen, jungen Mann, einen Heranwachsenden bzw. einen Bengel. *Naar Fent* hat regional unterschiedliche Aussagekraft, man muss also aufpassen, wo man das Wort benutzt. Im südlichen Ostfriesland versteht man darunter einen bedauernswerten, im nördlichen einen niedlichen Knaben.

Fething, Feting, Fäding ist ein Teich mitten auf einer Warf zum Speichern von Süßwasser. Das war vor allem in Sturmflutzeiten zur Versorgung des Viehs usw. notwendig. Vorhanden sind *Fethings* z. B. noch in Visquard und Rysum, Warfendörfer in der Gemeinde Krummhörn zwischen Norden und Emden.

fickfacken klingt für hochdeutsche Ohren fast unanständig, hat aber im Plattdeutschen eine harmlose Deutung, nämlich: dumm daherreden, nach Ausflüchten suchen.

Fiebelquintjes sagt der Ostfriese demjenigen nach, der „Grillen im Kopf" hat, der zu Finten, Faxen, Mätzchen und Clownerien aufgelegt ist und der gern irgendwelchen Spinnereien nachgibt.

Fiefteihn wird bei der arbeitenden Bevölkerung stets gerne vernommen. Ursprünglich bedeutet es nur die Zahl fünfzehn, aber in Ostfriesland steht es für eine Pause von etwa 15 Minuten.

Fiek oder **Fiet** ist eine Vereiterung am vorderen Fingerglied. Daneben ist *Fiet* oder *Fietje* auch eine beliebte Kurz- bzw. Koseform von Friedrich.

Fiemel bzw. **Fiemeler** ist für einen Ostfriesen nicht gerade ein wohlwollender Ausdruck, bedeutet es doch – negativ gemeint – Schmeichler, Heuchler, Frömmler oder Scheinheiliger.

fien *De is fien* oder *dat is 'n heel Fienen* sagt man spöttisch über einen, der ein Vornehmer, ein Feiner sein will, auch ein Pietist, ein Frömmler, ein Heuchler und eine schlaue, durchtriebene Person wird so tituliert. Ein *Fienoss* [Fien-oss] ist ein Kastrat, ein Eunuch. Ein *Fienpiss* heißt ein Vornehmtuer, ein Snob u. ä., ein *Fienpuup* oder *Fienfleiter* [Fien-fleiter] ist ein feiner Pinkel, ein empfindlicher Mensch und – nun wieder positiver – auch ein Schlaumeier.

Figöök heißt Spottfigur, merkwürdige Gestalt und erbärmliche Kreatur oder weniger personifiziert – Jammerkonstruktion.

Filapper ist der Schmetterling (s. a. *Flinderk, Schohlapper, Bottervögel*).

Filler nannte man einen Abdecker, einen Schinder und Kadaver-Enthäuter. Heute ist es mehr ein Schimpfwort. Ein *Poggenfiller* (wörtlich: Froschenthäuter) ist Ausdruck für ein stumpfes Messer. *Up de Poggenfiller kannst na Paris henrieden* (auf diesem stumpfen Messer kannst du nach Paris reiten, ohne dass es deinem Hintern schadet!). *Fillkuhl* heißt die Grube, in die – weit abseits der Besiedlung – Kadaver und Aas geworfen und mit Brandkalk gelöscht (unschädlich gemacht) wurden (s. a. *Kalvarie*).

Filu ist im Ursprung ein französisches Wort („filou" = Gauner). Genau das versteht auch der Ostfriese darunter, also Spitzbube, kleiner Gauner, auch hinterhältiger Bursche, auf eigenen Vorteil bedachter Mensch, dazu Schlauberger, und (typisch für die Klischees über Frankreich:) Frauenverführer.

Fimmel ist – wie in der hochdeutschen Umgangssprache – eine Marotte, ein Spleen und auch Größenwahn.

Findling, Findlinge sind ballrundliche Steine sehr unterschiedlicher Größe, die im Geestsand zu finden sind. Sie sind vom Eis geschliffen und durch das Eis während der Saale-Eiszeit aus Skandinavien nach Ostfriesland bzw. Norddeutschland transportiert worden (vielfach aus Granit). Als einzige Natursteine dieser Region sind sie immer vielfältig verwendet worden, z. B. zur Grababdeckung (Großsteingrab Tannenhausen), für Kirchenmauern (Marx, Sillenstede), als Wegbegrenzung etc. (s. a. *Flint*).

Die Granitquader-Kirche von Marx.

Fingerbieter (wörtlich: Fingerbeißer) nennt man leichten Frost, weil er die Finger – wenn sie nicht durch Handschuhe geschützt sind – zum Schmerzen bringt.

Finn(e) ist eine Flosse oder Rückenfinne, wie sie z. B. die gefürchteten Haie haben. (Die Haie in der Nordsee sind relativ klein und für den Menschen harmlos). Weiterhin ist ein blasenartiges Geschwür auch eine Finne, dann heißt so die Larve parasitärer Würmer (z. B. des Bandwurms). *Finn* ist natürlich auch ein Bewohner Finnlands. Ein *Finnenkieker* ist der Fleischbeschauer.

Fisematenten sind Marotten, Ausflüchte, Flausen und kleine Untaten, auch Faxen, unnötiges Getue und Zicken. Wenngleich es einige Erklärungsversuche gibt, so bleibt die Herkunft des Wortes ungewiss.

Fittjer bedeutet sowohl Abstauber als auch Mäkler oder Kritisierer.

fix taucht z. B. in der Redewendung *'n fixen Fent (Jung)* auf, was so viel heißt wie stark, wohlgebaut, im Vollbesitz seiner Kräfte. *'n fixen Wicht* besagt, dass es sich um ein wohlproportioniertes, gut aussehendes und arbeitssames Mädchen handelt. Weiterhin hat es die Bedeutung geschickt, tüchtig, flink und zuverlässig.

Flaag, Flage bedeutet Schauer und Bö, ist eine Fläche und ist Ausdruck für Geburtswehe.

Flaak, Flake nennt man eine Eisscholle oder ein Geflecht bzw. einen Zaun.

Flachmoor s. Leegmoor

Flack ist eine Fläche in niedrig gelegenem und oft überschwemmtem Land. Vor der generellen Senkung des Grundwasserspiegels froren die Wasser, die sich im Winter in den *Flacken* gesammelt hatten, schnell zu, so dass damit die zweite Bedeutung von *Flack* als Eisfläche erklärbar wird. Die Redewendung *daar bün ik flack mit vör* besagt, dass man ohne Umschweife für eine Sache eintritt.

Flapps bezeichnet einen schlaffen und schwachen Menschen, das gilt körperlich wie geistig, es lässt sich auch Schlappschwanz oder Schlafmütze dazu sagen.

Flappsnuut, Flappkatt, Flärkatt sind gleichbedeutende Ausdrücke für Verräter, Petzer, für Menschen, die Geheimnisse preisgeben, auch für Schwätzer und Angeber (*flappen* = klatschen, verraten, heimlich zutragen).

Flarr bedeutet ein flaches breites Etwas, auch ein (Kuh-)Fladen. Eine *Waterflarr* ist eine Wasserlache.

Flasskopp, Flasskoppen (Blondschöpfe) sind nach der klischeehaften Meinung alle Ostfriesen. Das trifft aber gar nicht so ausschließlich zu, denn auch die Ostfriesen haben sich im Laufe der Geschichte mit Einwanderern vermischt. Viele Kinder sind noch Flachsköpfe, mit zunehmendem Alter aber setzen sich die dunkleren Elemente in den Haarfarben doch durch (*Flass* = Flachs).

Fläter sagen die Ostfriesen zu einem großen Maul oder – etwas flapsig ausgedrückt – zu einer großen Klappe, und wer eine große Klappe hat, ist auch ein Großmaul, ein Maulheld.

Flaute bedeutet Windstille und Kraftlosigkeit bzw. Ohnmacht.

Flecken sind Gemeinden mit einigen städtischen Rechten (u. a. Marktrecht; z. B. Oldersum, heute Ortsteil der Einheitsgemeinde Moormerland zwischen Emden und Leer).

Fleem, Fliem ist Flaum, Film, dünne Haut und Lanzette, d. i. ein chirurgisches Instrument.

Flees(k) ist der plattdeutsche Ausdruck für Fleisch. Ostfriesen halten viel von *egen Flees un Blood,* d. h., dass es sich um leibliche Nachkommen handelt. Ein *Fleeskkieker* ist ein Fleischbeschauer (auch *Finnenkieker*).

Fleet, Fleeth s. Binnendeep

Fleethstück bedeutet Segeltuch. Entsprechend ist *Fleethwerk* die Takelage eines Segelschiffes.

Fleger ist zuerst Flieger und Flugzeug, übertragen aber auch ein leichtsinniger Mensch, ein Bruder Leichtfuß.

Fleitjepiep(en) *Fleit* oder *Fleitpiep* nennt man ein Musikinstrument, nämlich die Flöte bzw. Pfeife. *Fleitjepiep* ist auch eine Pfeife für Signale (nicht für Tabak), beispielsweise eine Trillerpfeife. *Fleitjepiepen!* drückt Häme aus, wenn etwas verlustig gegangen oder schiefgelaufen ist. Im Hochdeutschen heißt es dann: „Ätsch!" – „Pustekuchen!" – „Von wegen!" – „Angeschmiert!"

Fleute ist ein Schiffstyp mit stark gebauchten Bordwänden, wobei das Heck rund ist. Die Fleute ist sehr unempfindlich gegen Einfrieren und Eisgefahr, daher beliebt für Polarmeerfischerei.

Fliemstrieker umschreibt einen Schmeichler, einen Schöntuer und Heuchler.

Fliertje oder **Flirtje** hat wieder recht unterschiedliche Deutungen. Es ist a) Flittchen, leichtes Mädchen, b) Kleinigkeit, Stückchen, c) Fetzen, Lappen und d) leichter Schlag, Klaps. *Flier, Flirr* bedeutet Flitter, Fetzen und auch Ohrfeige, Klaps.

„Flood" ist ein fast poetischer Ausdruck für das Meer, wenn es anrollt.

Fliet steht für Fleiß, Eifer, Mühe und Absicht, Vorsatz. Wenn ein Ostfriese etwas *mit Fliet deit,* heißt das allerdings nicht mit Fleiß, sondern er tut etwas absichtlich, mutwillig, mit Vorsatz.

Flinderk ist ein Schmetterling (s. a. *Filapper, Schohlapper, Bottervögel*), auch ein flatterhafter, unzuverlässiger Mensch, und es ist der Name einer alten Münze.

Flint ist ein einheimischer Naturstein, meist rundlich; Flinten sind durch die (Saale-)Eiszeit von Skandinavien bis zu uns verschleppt worden, sie finden sich im Geestsand (s. Findling). Ein *Flintkopp* ist hart wie Flint, ein Starrkopf oder Dickschädel. *Flintsteen* ist ein anderes Wort für Findling oder für Granit.

Flipps ist das, was sich jeder echte Junge einmal aus einer Astgabel und Gummibändern zusammenbaut, eine Zwille.

Flögeldiek nennt man einen Flügeldeich, Flankendeich. Es ist dies ein kurzer Deich, der etwa senkrecht vom Hauptdeich seewärts abzweigt und Siele, Sielhäfen usw. vor Seegang und Strömungen schützt.

Flood heißt die Flut, auflaufendes Wasser (nicht aber Wasserhochstand bei den Gezeiten, das ist *Hoogwater*). *Flood* ist auch ein fast poetischer Ausdruck für das Meer, wenn es anrollt.

Floodkant, Floodrand ist der Treibzeugsaum (s. *Teek*) an Deich oder Ufer, der jeweils den Höchststand des Wellenauflaufs anzeigt.

Floom, Flomen nennt man Bauch- und Nierenfett vom Schwein, ausgebraten ergibt das *Greben* (s. dort).

Floor ist nicht nur Blüte oder Blütenfülle, sondern auch Steinplatte, Bodenfliese und der ganze gefflieste Flur. Außerdem bedeutet *Floor* Schleier.

flöstern bedeutet nicht flüstern, sondern um-, fort-, ausziehen, die Stelle wechseln und – damit kommt es dem Flüstern doch nahe – rauschen, säuseln.

Flöt Vor einem Flöt hat der Ostfriese Angst, bedeutet das doch, dass er einen Hexenschuss, einen steifen Rücken bekommt und sich nur schlecht bewegen kann.

Flott ist einmal ein Floß, dann eine Hautschicht auf Flüssigkeiten (z. B. Haut der Milch), und es ist eine schwimmende Wasserpflanze (s. *Aantjeflott* = Wasserlinse).

Flüchten ist Flucht und ein Wurfduell beim Boßelspiel.

Flüggt gehört zu den Worten mit mehreren Bedeutungen: Das sind a) Flug, b) Flucht, Hast, c) Spinnradteil, d) Spannweite von Flügeln bei Tieren, e) Ausdehnung, Reihenausrichtung und f) Schar zusammen aufsteigender Vögel. Wenn der Ostfriese allerdings sagt: *He flüggt an sien Leven(d),* so will er damit ausdrücken, dass jemand am ganzen Körper zittert und bebt, dass er aufgeregt und außer sich ist.

Flüggup [Flügg-up] nennt man in Ostfriesland ein quirliges Kind, einen Wildfang und eine verdunstende ätzende Flüssigkeit (z. B. Salmiakgeist, Salzsäure). Auch aufgewirbelte(r) Staub, Asche, Federn u. ä. heißen *Flüggup*.

Flumm ist ein kleiner Fluss, ein natürlicher Wasserlauf vom Moor her (z. B. einer der Quellbäche des Fehntjer Tiefs bei Ihlow trägt diesen Namen).

Flunk hat die Bedeutungen a) Flügel, b) Hand, Finger, c) kleine Lüge und Finte.

Flunkert bedeutet Lügner, Prahlhans und Aufschneider.

Flurt(je) nennt man ein unordentliches, leichtes Mädchen bzw. ein nichtsnutziges Ding.

Flutter bezeichnet in Ostfriesland einen flatternden Gegenstand, eine flatterhafte, nachlässige Person und es ist Synonym und Namensteil der *Fluttermöhlen* (s. dort).

Fluttermöhlen oder einfach nur *Flutter* ist eine niedrige Windmühle, die aufgebockt nur aus vier Flügeln und einer rampenförmig, schräggestellten Achse mit archimedischer Schraube

„Fluttermöhlen" im Südbrookmerland.

(meist aus Holz gefertigt) besteht. Der Zweck der Anlage ist, das Wasser aus einer niedrigeren Sammelstelle in eine bis zu zwei Meter höher gelegene Kanalrinne zu pumpen. Eine solche Fluttermühle gibt es noch an der Straße zwischen Riepe und Emden zu sehen.

Fock heißt das unterste Rahsegel des Vormastes, außerdem ist es ein lustig gemeintes Wort für Brille.

Folt ist ein Haufen (s. *Messfolt* = Misthaufen). Eine Falte heißt *Foll, Foold.*

Foon steht im östlichen Ostfriesland für Frau, Mädchen, Tochter, im westlichen Ostfriesland auch für liederliche, unordentliche weibliche Person.

Foor heißt Fuhre, Wagenladung; auch Fuder und Futter (für Vieh und in der Kleidung).

Foord(e) bedeutet Pforte, (Gatter-)Tor, Einfahrt sowie Durchlass, Furt und Furche.

Foot ist der Fuß eines Menschen und von Gegenständen, auch Stütze, und es handelt sich um eine alte Maßeinheit (ca. 30 cm; z. B. Emder Fuß = 29,22 cm). *Footkrabber* ist Fußabtreter, *Footwark* ist ein Ausdruck für Schuhe und ein *Footpadd* ist ein Fußweg oder Bürgersteig (s. auch *Plaatske, Trottefoor*).

Förk hat die Bedeutung Forke (für Heu und Mist) und auch Gabel. Wenn man aber hört: *Se was in de Förk*, dann heißt das, sie war in Rage.

Forße, Fosse kommt aus dem Französischen „force" = Kraft. In Ostfriesland hat es diese Bedeutung behalten: Kraft, Stärke und zusätzlich Schwung und Schneid.

Fraagmors, Fraagneers nennt man einen lästigen Fragensteller, einen unangenehm Neugierigen.

franten, wranten meint granteln, grollen, maulen, nörgeln. *Franterg* heißt grantig, mürrisch, verdrießlich. Ein *Frantpott, Frantbüdel, Frantsack* ist eine griesgrämige Person, ein verdrießlicher Mensch.

Franzosenholt, Pockholt oder auch **Levensholt** Hierbei handelt es sich um das Holz des Guajakbaumes aus Südamerika. Man verwendet es u. a. zur Herstellung von Boßelkugeln, und zwar ist es sehr dichtes, schweres Holz, das nicht schwimmt. Das Holz ist über Frankreich eingeführt worden, daher kommt der Name. Die Rinde galt als Linderungs- und Heilmittel gegen Pocken (deshalb *Pockholt*).

Freeibo(r)ster nennt man einen unbekümmerten, freimütigen Menschen.

Freeigesell ist ein Junggeselle, ein lediger Mann.

Fregatte ist die frühere Bezeichnung für ein schnelles Segelkriegsschiff mit drei Masten (für den Geleitschutz, ursprünglich Schiffsbeiboot). Es entspricht etwa dem heutigen Kreuzer. Wie im hochdeutschen Sprachgebrauch ist das Wort auch im Plattdeutschen ein Spottwort für eine aufgetakelte Frau in fortgeschrittenem Alter. Der Begriff kommt aus Französischen „frégate" = Fregatte. Der Fregattenkapitän ist ein Offiziersgrad der Marine und entspricht dem Oberstleutnant.

Freetsack, Freetpans, Freter steht für Vielfraß, Nimmersatt.

Frievpahl bedeutet Scheuerpfahl (für Tiere), das Wort gilt übertragen auch für jemanden, der einen Aussprechpartner darstellt, einen, der den Kummer anderer aufnimmt und ihn berät.

Frockpott, Frockkopp nennt man einen Nörgler, Zänker, Unzufriedenen.

froolümall ist jemand, der liebestoll, verrückt nach Frauen ist. Ein *froo-lü-mall Keerl* wird im Hochdeutschen Frauenheld oder Weiberheld genannt.

Froominsk ist die Bezeichnung für Frau, Frauenzimmer. Wird von *halfsleten Froominsk* geredet, meint man damit eine Frau im vorgerückten Alter.

Froomschieter [-skieter] nennt der Ostfriese einen Frömmler, einen Scheinheiligen und auch Heuchler.

Der elektrische „Füürtoorn" von Borkum.

Fröötsker charakterisiert einen Stänkerer, einen streitsüchtigen Menschen, einen Raufbold.

Fröstkötel wird eine ständig oder leicht frierende Person genannt (s. a. *Klöömdott*).

Fröt, Frött heißt Schnauze, Rüssel (s. a. *Snüff*). Es ist der Name für den Maulwurf und auch ein Kosewort für Kinder.

Fröter bezeichnet einen Wühler, einen unermüdlichen Arbeiter und Reißer, aber auch einen Schnüffler.

fuchtig bedeutet frisch, feucht, häufig zu hören als Abschiedsgruß: *Holl di fuchtig!* (halt dich frisch) im Sinne von „Bleib gesund!"

Fudde, Furde, Fodde bedeutet Lumpen, Fetzen, Lappen und auch Schlampe, ordinäre Person, Hure. *Fuddenkraam* ist Trödel, Tand, Lumpenkram. *Fuddenmarkt* ist die Bezeichnung für den Trödelmarkt oder Flohmarkt. Heißt es: *De kummt van d' Fuddenmarkt,* dann will man damit deutlich machen, dass jemand von geringer Herkunft ist.

Fummelheini, Fummelke, Fummeltask will sagen, dass es sich um einen nachlässigen, unordentlichen Menschen handelt und allgemein um jemanden, der an allem herumfummelt.

fünsk heißt wütend, zornig, erregt, boshaft, gehässig, heimtückisch.

Futerbaas, Futerkeerl, Futerkopp ist für die Ostfriesen ein Polterer, ein Schimpfwütiger (*futern* = schimpfen, poltern, grollen und schelten).

futt maken heißt sich beeilen.

Fuuk ist die Reuse, das Stellnetz, s. *Agge.*

Fuulbeck, Fuulsnuut bedeutet Lästermaul, Schandmaul, Zotenreißer, hinterlistige, unangenehme Person.

Fuulbröder ist eigentlich ein Vogel (Henne), der seine Brut vernachlässigt. Übertragen auf den Menschen bedeutet es Pfuscher oder Stümper, jemand der durch seine Nachlässigkeit alles verdirbt und verpfuscht.

Fuuligheid bedeutet Fäulnis, Schmutz, Unsauberkeit und hinterlistige Schläue.

Fuulpuup nennt man einen Klugscheißer, Naseweis, einen Hinterlistigen, einen Tunichtgut und auch einen Schlaumeier. Außerdem ist es der Name für den Wiedehopf.

Fuulwams, Fuulmors ist ein Faulpelz (s. a. *Leiwams*).

Füür bedeutet Feuer, Eifer, Schwung und Elan, gemeint ist aber auch die Befeuerung von Fahrwasserrinnen und bestimmten Küstenabschnitten durch Leuchtbojen u. ä.

Füürfreter hat die Übersetzungen a) Feuerschlucker, b) Feuerteufel, Feuerleger, c) Person, die vor nichts Angst hat oder sich an alles heranwagt, d) Hitzkopf, Eiferer, e) Wüterich und f) Arbeitsamer.

Füürtoorn ist der Leuchtturm. Als Leuchttürme noch offene Feuer hatten, nannte man sie auch *Blüüs* (s. dort).

G-g

Gaap bedeutet in erster Linie das Gähnen, dann aber auch Mund und weite Öffnung (zum Beispiel eines Backofens). *Gapen* steht für gähnen, gaffen, glotzen, Maulaffen feilhalten.

Gabbel ist die Bezeichnung für eine alberne Person, die über alles laut lacht und scherzt. Das Gleiche gilt für *Gabbelmors, Gabbelsnuut, Gabbeltant,* während mit *Gabbelblier* [Gabbel-blier] überwiegend alberne junge Mädchen gemeint sind, denn sie sind es ja vor allem, die zum *Gabbeln* neigen (*gabbeln* = albern lachen, sich lustig machen, spotten).

Gaffel ist eine hölzerne, große Gabel (Forke), wie sie z. B. beim Heumachen und Dreschen Verwendung fand. Auch die aufgehobenen Schwörfinger wurden in Ostfriesland *Gaffel* genannt. Bei Segelschiffen ist es die gabelförmige, schräg abstehende Segelstange am oberen Ende eines Mastes, an der die Gaffelsegel befestigt wurden.

Gaffeltang nennt der Handwerker die Gabelzange. Übertragen auf den Menschen ist das eine bösartige, scharfzüngige Frau.

Gagel ist nicht etwa die ostfriesische Form von Gugelhupf, sondern hat die Bedeutung Gaumen, Zahnfleisch und Uferkante.

Gah-bi-de-Naht ist eines der zusammenhängend gesprochenen Wörter, die im ostfriesischen Platt häufig sind. Man versteht darunter einen Pedant, einen pingeligen Kleinkrämer und einen Habsüchtigen überhaupt.

Galerieholländer s. Hollander

Galiot, Galliot bezeichnet einen Schiffstyp mit einem schnittigen Unterwasserrumpf. Die Länge liegt zwischen 18 und 30 m, die Breite zwischen 4,50 und 7,50 m. Die Galiot war zu Segelschiffzeiten besonders für längere Reisen geeignet wegen der günstigen Quersegel.

gallern Wenn ein Ostfriese anfängt zu *gallern*, geht man besser in Deckung, denn damit ist heftig prügeln, schlagen oder züchtigen gemeint.

Galp, Gulp *Geet maal 'n Galp (Gulp) Water in d' Sopp, kummt Versiet* (gieß mal einen Schuss Wasser in die Suppe, wir bekommen Besuch) war ein oft zu hörender Spruch in der Zeit, als Lebensmittel noch ein wenig knapper waren. Ein *Galp* ist eine kleine Flüssigkeitsportion zum Einkippen, sozusagen ein Schwall.

Galper(t) oder **Gilper(t)** hat nichts mit dem *Galp* zu tun, vielmehr heißt *galpen, gilpen* laut und kreischend schreien. Der *Galpert* ist also ein Schreihals oder auch ein Großmaul. Genauso ist ein *Galpsack* ein Schreihals und auch eine zudringliche, unverschämte Person.

Galster, Galstrigheid bedeutet Verdorbenes, Ranziges, mehr noch Ekel, Obszönität und ekeliger Schmutz, wie z. B. Rotze.

Gammel ist immer noch ein oft zu hörendes Wort in den Küstenorten, besonders dort, wo noch Fischerei betrieben wird. Es handelt sich um den Beifang bei Fischzügen, mit all dem, was für die menschliche Ernährung nicht brauchbar oder was zu viel herausgefischt wird. Gammel wird getrocknet (in Darren) und zu Tierfutter und Dünger verarbeitet (s. *Bifang*). Verallgemeinernd nennt man auch den Abfall und sonstiges Unbrauchbares *Gammel.*

Gapenbeck oder **Gaper(t)** ist für Ostfriesen ein Gaffer, jemand, der dasteht und verwundert glotzt; eine Person, die Maulaffen feilhält (*gapen* = gähnen).

Garnele Wer in Ostfriesland nach *Garnelen* fragt, muss befürchten, nicht verstanden zu werden. *Granaat* versteht aber jeder sofort und er denkt nicht an edle Schmucksteine. Garnelen sind essbare Krebschen des Wattenmeeres, eine echte Spezialität (s. *Granaat*).

Gast heißt sowohl Gast als auch Geselle, Bursche. Interessanter aber ist die Landschaftsform *Gast(e).* Diese führt auch den Namen *Esch* (s. dort). Wie *Esch* ist auch *Gast* ein häufiger Orts- und Flurnamenteil (s. a. Geest).

Ein typisches Merkmal der Geest sind die Wallhecken.

Gatt Darunter versteht der Ostfriese ein Loch, eine Tür, einen Durchlass oder eine Wasserrinne zwischen den Inseln (s. a. Seegatt). Er benutzt das Wort aber auch für Höhle, Gefängnis und Hintern, After oder drastischer: Arschloch. *Gaten* ist der Plural von *Gatt*. Außer der Mehrzahlform der angegebenen Deutungen gibt es aber auch noch die Redewendungen *in de Gaten komen*, damit meint man anfangen, sich zu etwas bequemen und *in de Gaten kriegen* heißt, etwas gewahr werden, bewusst werden, verstehen.

Gaudeev So beschimpft man einen Strauchdieb, Betrüger, Gauner oder Taschendieb.

Gebalsk heißt Gepolter, Geschimpfe, lautes Lärmen.

Gebreck nennt man ein Gebrechen, ein Leiden und Not bzw. Mangel allgemein.

Gedöns meint etwas abschätzig jeden wertlosen Tand und albernes Getue, im Sinne von viel Aufhebens von etwas machen.

Gedoo ist Getue, Gehabe, auch Umstand und Unruhe bzw. unruhiges Treiben.

Gedrüüs ist das Wort für Geräusch, Lärm, Krach und Hektik, Trubel, Unruhe.

Geest bedeutet Geist, Verstand, dann Gespenst und schließlich trockener Sandboden. Als solcher ist er ein Überbleibsel der Saale-Eiszeit. Die gesamte Mitte Ostfrieslands, der Sandrücken von der Stadt Norden bis nach Oldenburg, ist Geest. Darauf haben sich nach der letzten Eiszeit – die Ostfriesland nicht mehr zudeckte, aber zu einer vegetationsarmen Landschaft gemacht hatte – Moore gebildet. Das Wort Geest stammt aus dem Friesischen und bedeutet „güst" = unfruchtbar. Auch der Begriff Gaste ist darauf zurückzuführen.

Geheel bedeutet Ganzes, das Ganze, Gesamtheit. *In 't Geheel* besagt, allgemein, im Großen und Ganzen.

Gelaat steht für Behälter, Raum, Verlies und beschreibt die Gesichtszüge, das Aussehen.

Gemack ist ein Ausdruck für Toilette, Klosett (s. *Huiske, Schiethuus*). Da ein *Gemack* auch immer schon ein „stilles Örtchen" war, wird der Begriff ebenfalls für Bequemlichkeit, Gemächlichkeit und Ruhe genommen. Motto: *Ik sitt up mien Gemack un rook 'n Piep Taback* (ich sitze gemütlich auf Toilette und rauche eine Pfeife).

Genootskupp ist eine Genossenschaft bzw. Kameradschaft.

Gerack Darunter versteht man Bedarf, Versorgung, Anteil (z. B. Pflege, Nahrung usw.).

Gereer bedeutet Weinen, Geweine, Geheul und Getue, Unruhe.

Gereid(e) ist Pferdegeschirr, Schmuck und Zierrat, aber auch allgemein Gerät.

Geriev hat die Bedeutung Bequemlichkeit, Gefälligkeit, Hilfe, Zufriedenheit und Nutzen.

Gest, Gerst gebraucht man zum Backen: Hefe, auch *Gist* oder *Barm*.

Geusen, Gösen [in beiden Fällen Gösen gesprochen] waren niederländische Freiheitskämpfer gegen die Spanier (1565–1572), die häufig in Ostfriesland Zuflucht suchten.

Gevel ist nicht nur der (Haus-)Giebel, sondern scherzhaft auch der „Gesichtsgiebel", die Nase.

Gewest(en) beschreibt ein Gebiet, eine Gegend, Umgebung, einen Landstrich (s. auch *Streek, Kuntrei*).

Giebel, Giegel bedeutet Hohn und Spott. *De hett hum vör d' Giebel hatt* besagt, jemand hat ihn zum Narren gehalten.

Gierderee, Gegier ist Ausdruck für lautes Gekreische, Gequietsche. *Gieren* heißt kreischen, schreien, euphorisch lachen und heftig verlangen. Bei Schiffen bezeichnet es das Hin- und Herbewegen, das Wenden oder auch das seitliche Abweichen (vom Kurs). Ein *Gierswaalvke* ist ein Mauersegler (auch *Toornswaalvke*).

Gifft bedeutet Gabe, Geschenk oder Portion (*geven* = geben, in der 3. Pers. *gifft*). Es hat allerdings nichts mit Gift zu tun, das heißt plattdeutsch *Venien*. Hier sei noch die *Giftbude* auf Norderney erwähnt, wo auch niemand vergiftet werden sollte, sondern darauf hingewiesen wurde: *Hier gifft dat wat to eten un to drinken*, es gibt hier etwas zu essen und zu trinken.

Gilperee ist Gekreische.

Gitzlapp oder **Gitzhals** ist ein Geizkragen, ein kleinlicher Mensch (s. a. *Knickerbüdel*). *Gitz* = Geiz, Habgier.

Gladder, Glidder, Gludder glaubt man förmlich zu spüren als eine glitschige, gallertartige Masse; z. B. auch Froschlaich.

Glibber ist ebenfalls eine gallertartige, wabbelige Masse und eine ungiftige Blaualge in stehendem Gewässer. *Glibber(i)g* heißt seifig, glitschig und schlüpfrig (dies aber nicht im übertragenen Sinne).

glimmlachen Ein Ostfriese mag es gar nicht, wenn man über ihn *glimmlachen* muss, das bedeutet nämlich verächtlich, spöttisch oder höhnisch lachen.

Glippoog wird ein Eingebildeter, ein Gernegroß oder ein Scheinheiliger genannt. Wörtlich bedeutet es „Matsch-Auge". *Glippsk* heißt glitschig, glatt, rutschig.

Gludderpudding heißt auf ostfriesisch der sogenannte Wackelpudding.

Gluper(t) kennzeichnet einen boshaften und heimtückischen Menschen, einen Rücksichtslosen und Gewalttätigen.

Gluumoog ist ein Lauerer, ein Späher, ein heimlicher Beobachter (s. a. *Luumoog*).

Gluup wird ein heimlicher Blick, ein Seitenblick genannt und, um ihn tun zu können, muss auch ein Spalt, eine schmale Öffnung vorhanden sein, das drückt man nämlich auch damit aus. Zudem ist ein Schlupfwinkel und eine Lohne bzw. ein schmaler Gang unter *Gluup* zu verstehen.

Gluupoog ist Glotzauge, Glubschauge.

Gnarrpott, Gnurrpott Damit meint man in Ostfriesland einen Grantler, Nörgler; einen muffelnden, mürrischen und unzufriedenen Menschen.

Gnattermors oder **Gnutterkopp** ist ein anderer Ausdruck für Grantler oder für einen verdrießlichen Menschen.

Gniestert bedeutet Geizkragen, Knauserer.

Gnieskopp ist die Bezeichnung für einen hohnlachenden, schadenfrohen Menschen.

Gniest, Kniest heißt in Ostfriesland unterschwelliger Streit, Unzufriedenheit.

gnifflachen ist das plattdeutsche Wort für schmunzeln oder lächeln.

Gnitterbüül s. Knitterbüül

gnösen bedeutet zerdrücken, kneten, quetschen, zerreiben und würgen.

Gnubb, Gnuff Wer einen *Gnubb* bzw. *Gnuff* bekommt, muss ihn auch vertragen können, den Stoß oder Puff (damit ist aber nicht das Freudenhaus gemeint). *Gnubb, Gnuff* bedeutet auch Kratzer, Abschabung und Gegrunze.

Im Gänsemarsch geht's über die Straße.

gogum steht für pfiffig oder schlau.

Goje Macht der Ostfriese einen Kneipenbummel, eine Sause, so geht er *up de Goje*.

Golden Ring Der „Goldene Ring" ist die Gesamtheit der Seedeiche (fast rund) um Ostfriesland. Die Bezeichnung entstand im 13. Jahrhundert, weil nunmehr das Gold (Feld und Weide) gesichert war.

Goldene Linie Damit ist eine 1743 bei der Eindeichung der Harlebucht (nördlich von Wittmund) gezogene Grenzlinie zwischen Ostfriesland (Harlingerland) und Oldenburg (Jeverland) gemeint, auch *Goldene Scheidungslinie*. Sie war mit Gold in jeverschen Karten eingezeichnet (daher der Name). Sie verläuft von Harlesiel aus in etwa nach Süden bis zur vorher schon bestehenden Grenzlinie.

Gommes oder **Heere Gommes** ist ein Ausruf, ein Fluch. Er entstand in einer Zusammenziehung bzw. einer Verballhornung aus Herr Gott, ach Gott, Gott mit uns! Vor allem, wenn jemand den christlichen Fluch nicht wahrhaben will, versucht er ihn zu vertuschen, so sagen auch viele Menschen *Gommand*, was dem Sinne nach aber dasselbe bedeutet.

Good ist der plattdeutsche Begriff für Hab und Gut, Eigentum, für einen Gutshof, einen großen Marschenhof und allgemein für Zeug (z. B. *Spöölgood, Beddgood*). Ähnlich wird *Goodje* verwendet als Besitz, Habe, Zeug und Klimbim, wertloses Zeug, Tand, Kleinkram.

Goodblood, Goodhals sind wieder zwei widersprüchliche Aussagen, nämlich einmal gutartiger und hilfsbereiter Mensch, andererseits Dummkopf, Töffel. Nur am Tonfall – und vielleicht aus dem Zusammenhang – wird deutlich, was gemeint ist.

goodkoop ist billig, preiswert.

Gooi bedeutet Wurf und Schleuder. *In d' Gooi wesen* heißt in Gang sein.

Goos ist – wie im Hochdeutschen – nicht nur die Gans, sondern übertragen auch Schnattermaul und dumme, alberne Person.

Göör bezeichnet einen Geruch, einen Duft. Das muss nicht unbedingt der Duft der großen, weiten Welt sein, er kann auch unangenehm daherkommen. *Göörwater* nennt man Riechwasser, Parfüm (auch *Loop-mi-na*).

Gööt(je) hat die Bedeutungen: a) Guss, Regenschauer, b) Schwall, Spritzer und c) Gosse, Entwässerungsrinne.

Göötgatt heißt das Abflussloch (für Abwässer) im Stall- oder Küchenbereich. *Göötsteen* ist das Ausgussbecken, Waschbecken und der Rinnstein.

Görtkopp, Görtbeck ist wörtlich „Grützkopf", wird einmal abschätzig für Dussel genommen, für eine Person ohne Überlegung und für ein Großmaul.

Görtteller [Gört-teller] ist ein Kleinigkeitskrämer, ein Pedant, ein Erbsenzähler und ein Geizhals. *Gört* ist Grütze, Graupen, aber auch Verstand und Wissen. *Görtwurst,* Grützwurst, benennt eine ostfriesische Spezialität, insbesondere beim Schlachtfest.

Gottsblood nennt man in Ostfriesland eine bedauernswerte Person.

Grabbeln, Buttgrabbeln ist ein Ausdruck für eine besondere Art von Wattenfischerei. Die Fischer am Dollart und auf den Inseln – häufig sind es aber auch schon die Kinder der Fischer – tasten mit den Händen in Prielen nach Schollen. Sie haben dabei einen Korb auf dem Rücken, der als Sammelbehälter dient.

Gracht ist ein breiter Wassergraben z. B. um ein Gehöft oder eine Kirche herum (relativ gut erhalten in Critzum, Gemeinde Jemgum im Rheiderland). Im östlichen Ostfriesland sagt man *Grafft* dazu.

Grafft bezeichnet ein Grab oder – mehr im östlichen Ostfriesland – einen breiten Wassergraben um ein Gehöft (im westlichen Ostfriesland heißt das Gracht).

Grammietbüdel nennt der Ostfriese eine ständig mürrische, grantelnde Person. *Grammieterg* heißt grantig, mürrisch, unfreundlich.

Frisch gepulter „Granaat" ist eine Delikatesse.

Granaat ist zwar auch ein dunkelroter Edelstein, die Ostfriesen verbinden mit diesem Begriff aber eher die hellroten Garnelen. Hochdeutsche sprechen oft von Krabben, das ist aber biologisch falsch. Der *Granaat* ist eine essbare Krebsart im Wattenmeer, die schon an Bord gekocht wird und erst dann die rote Färbung annimmt. *Granaat* ist eine Delikatesse und sehr beliebt.

Grannlapp s. Gitzlapp

Grapp bedeutet Spaß, Lust, Kleinigkeit, auch Vorliebe. *Grapp is d'r off* heißt, die Freude daran ging verloren. *Grappen* (Plural von *Grapp*) sind Hirngespinste. Man sagt dann: *De hett Grappen in d' Kopp kregen.*

Gras, Gress ist Gras und Weideland, Rasen. Das alte Flächenmaß dieses Namens taucht noch in Flurnamen auf: Ostfriesisches Gras: 0,4255 ha, Emder Gras: 0,3683 ha.

Grashaus ist ein häufiger Bauernhofname. Es handelt sich dabei um einen ehemaligen Grünlandbetrieb, der in seinem Ursprung (Wiesen-/Heu-)Versorgungshof für ein Kloster oder eine Burg war. Später wurden die Grashäuser oft Staatsdomänen.

Graudüne Graudünen sind Dünen – vor allem auf den Inseln –, die durch natürliche Humusbildung schon eine graue Farbe angenommen haben und eine fast geschlossene Vegetation aufweisen (z. B. Moose, Flechten, Kleinsträucher, Sanddorn u. ä.). Die Binnenseiten der Weißdünen sind in der Regel schon Graudünen.

Greben, Grevels (Singular: *Grebe, Greev*) sind ausgebratene, krosse Fettstückchen vom Bauchfett des Schweines (s. *Floom*). Hochdeutsch heißen sie Grieben und gehören zum Grünkohlessen unbedingt dazu.

Grede, Greed, Greide sind Bezeichnungen für Grünland, Weideland. Sie kommen in diesen Formen auch in Flurnamen vor (*greien* = wachsen, gedeihen).

Greev s. Greben

Gremelpüüt wird eine Stofftasche oder ein Beutel genannt, worin allerhand nützliche Sachen „für alle Fälle" gesteckt werden (hauptsächlich von Damen bevorzugt; z. B. Nähzeug, Sicherheitsnadeln, Pillendöschen, Parfüm, Schminkutensilien, Kamm, Zahnstocher, Näschereien, Streichhölzer u. ä.).

Gremeree nennt ein Ostfriese Schmiererei, Manscherei, schmutzige Arbeit und Pfusch. *Gremen* bedeutet manschen, schmieren, schmutzen, pfuschen und auch sich ärgern, sich grämen.

Grevelpüüt s. Gremelpüüt

Grieper ist ein Greifer, eine Baggerschaufel; dann aber auch Finger, Hand und Polizist.

Griesmors ist das plattdeutsche Wort für Miesepeter, Nörgler. *Griesen* ist Grauen, Schauder.

Grill(en) wird überwiegend im Plural benutzt. Es bedeutet Marotte, Tick, auch Einfall, Laune und Schüttelfrost, Verkühlung, Fieber.

Grips ist ein Wort, das auch in der hochdeutschen Umgangssprache geläufig ist, es steht für Verstand, Auffassungsgabe.

Grode(n) ist im nordöstlichen Ostfriesland der Ausdruck für Polder (siehe Polder, *Binnen-* und *Butengroden*).

gromen oder **gronen** besagt betteln, lechzen, verlangen, sich die Finger nach etwas lecken.

Grönsnuut, Grönbeck heißt Grünschnabel.

Grönt(e) ist ostfriesisch für Grün, Grünzeug (Kräuter, Grüngemüse), Laub und Rasen. *Gröngood, Gröntüg* bedeutet demnach Grünzeug, aber auch frisches Obst oder Gemüse. Ein *Gröntebuur* ist ein Gemüsebauer.

Groop s. Grüppen

Großheide ist ein Dorf, das – nahe bei Norden – ehemals am Moorrand entstand und somit nie reich war.

Grootheider Stipp war eigentlich ein Arme-Leute-Essen, ist aber heute – schon fast als Delikatesse – immer noch beliebt. Es handelt sich um eine Mehlschwitze, eine weiße Mehlsoße u. a. mit Speck und Zwiebeln.

Der „Gröntebuur" ist ein Gemüsebauer.

Grootsnuut, Grootbeck sagt der Ostfriese über einen Prahlhans und Großmaul.

Grubber ist ein plattdeutscher Begriff für einen Geizkragen. Im Hochdeutschen taucht dieses Wort mittlerweile als ein Gartenwerkzeug auf. Es ist aber nicht anzunehmen, dass der ostfriesische Geizhals Pate dafür gestanden hat.

Grübeltje klingt fast verniedlichend für einen unentschlossenen Menschen, einen Zauderer. Die „tje"-Endung zeigt, dass das Wort eher für eine heranwachsende, noch etwas unsichere Person gebraucht wird.

Grummelschuur [-skuur] ist der Name für einen Gewitterschauer. Gequälte Ehemänner sprechen gern von *Grummelschuur*, wenn sie eine Schimpfkanonade ihrer Angetrauten – zu Recht oder zu Unrecht – über sich ergehen lassen mussten. *Grummelweer* heißt Gewitter.

grumsig kann das Wetter oder auch ein Gegenstand sein, nämlich trüb, unklar oder auch schlammig, schmutzig. Wenn aber eine Person als *grumsig* bezeichnet wird, ist das nicht sehr schmeichelhaft, sie wird dann als ungewaschen, schmuddelig und nachlässig eingestuft.

Grundsee Von einer Grundsee liest man im Zusammenhang mit Schiffsunglücken immer mal wieder. Es bezieht sich dann auf sich überschlagende Wogen infolge der Grundberührung im flachen Wasser, zum Beispiel über den Platen und Sandbänken im Nordseeküstenbereich, aber auch im Sockelbereich der Inseln.

Grüppen bzw. **Gropen** (Singular: *Grüpp, Groop*) sind schmale, künstlich ausgehobene Rinnen in Anlandungsgebieten – oder auch zur Entwässerung in der Marsch. *Grüppen* im Hellergebiet (s. dort) füllen sich bei auflaufendem Wasser schon früh, sie beruhigen den Wellenschlag und erhöhen so die Fallgeschwindigkeit der Schwebstoffe. *Grüppen* werden in regelmäßigen Abständen immer wieder ausgehoben. Man bezeichnet allgemein auch Gossen, Abwasser- und Jaucheabflüsse als Grüppen.

Gruus Als Telefone noch nicht in Gebrauch waren, hatte eine einfache Frau mittels einer Postkarte bei einem „Moorhahntje" Torf bestellt. Sie bekam ihn auch, musste sich aber beklagen über sehr viel Zerbröseltes, Zerkleinertes und Bruchreste. Der Lieferant zeigte auf die Karte: *Ji hebben doch sülvst schreven „mit Gruus"* (Sie haben doch selbst „mit Gruus" geschrieben, gemeint war natürlich „mit Gruß"). So kommt's, wenn man die hochdeutsche Schreibweise nicht so ganz beherrscht. *Gruus* bedeutet allgemein auch feiner Schutt.

Gruutje nennt man in Ostfriesland eine schmierige bzw. unsaubere Person.

Gruuvkopp ist die Bezeichnung für einen unfreundlichern und groben, schroffen Mitmenschen.

Gubel, Gubbel ist der plattdeutsche Ausdruck für Schlamm, Bodensatz und morastiges, faulendes Wasser z. B. in einem Graben.

Gulfhuus kennzeichnet das typische ostfriesische Bauernhaus, ein Ständerbau mit Wohn- und Scheunen-Stall-Teil, alles unter einem First. Der *Gulf* ist ein Scheunenteil, der Raum zwischen vier tragenden Ständern, der als Getreide- bzw. Heuspeicherplatz u. ä. genutzt wird. Die Tenne (s. *Deel*) – als Durchfahrtsmöglichkeit für Erntewagen – befindet sich seitlich neben den Gulfen, die Stallteile liegen an der anderen Hausseite ebenfalls daneben. Über den Ställen kann weiteres Heu gelagert werden.

Güntsied bedeutet die andere Seite, das Gegenüber und auch das Jenseits.

gusen steht für (sich) ergießen, laufen, strömen, fließen, auch für regnen und rauschen, sausen.

güst ist ein altes friesisches Wort für unfruchtbar, trocken, auch leer (*de Bumm ist güst* = die Kanne ist leer), siehe auch unter Geest.

Güüt(je) nennt der Ostfriese einen Schelm, einen Spaßvogel, einen harmlosen Streich und den Ausguss einer Kanne.

Gulfhöfe prägen die ostfriesische Landschaft.

H-h

Haalover ist jemand, der alles an sich zieht. *Haalover* nennt man einen Haustyrann, Teufelsbraten, ein Mannweib und einen grausamen Quälgeist. *Haal* allein bedeutet Zug beim Trinken und Zug im Sinne von Ziehen. Ein *Haalboom* war ein Eisengestänge über dem offenen Herdfeuer mit Zacken, an denen die Töpfe zur Essenszubereitung aufgehängt wurden.

Haam oder **Hamm** wird der oberste Teil im Dachstuhl und der abgeschrägte Giebelteil des Hausdaches genannt. In Redewendungen kommt in Ostfriesland öfter das Wort *Haambalk, Hahnbalk* vor, es ist der oberste Querbalken im Dachstuhl.

Haarbüdelee besagt, Liebschaften in Gang zu halten.

Haas ist der Hase und regional, wegen der verschiedenartigen Aussprache in manchen Orten auch Strumpf (s. a. *Hoos*). Die hochdeutsche Hose heißt *Büx*. *Haas(s)ocken* (s. auch *Hosocken*) ist ein Name für Socken. Wenn der Ostfriese *up Haasocken* daherkommt, heißt das, er kommt ohne Schuhe (auf Socken oder auch Strümpfen).

Haasketied *Ut Haasketieden* ist der Titel mancher Zeitungskolumnen, es bedeutet „aus vergangenen Zeiten".

Haaspadd, Hasengang sind Wortzusammensetzungen mit *Haas* = Hase, wobei das Wort wahrscheinlich eher von Hose (= engem Gang, Röhre) abzuleiten ist. In solchen Wortgebilden bedeutet *Haas* zumeist etwas Unwichtiges, Belangloses. *Haaspadd, Hasengang* ist somit eine unbedeutende kleine Lohne.

Haavke ist der Name für den Habicht, gelegentlich auch für Sperber und andere Greife. Übertragen auf den Menschen bedeutet *Haavke* Aufpasser, Neunauge und gieriger Mensch.

Hack ist plattdeutsch für Ferse, Hacke, für Schuhabsatz und für die Hacke als Garten- oder Ackergerät.

Hack un Mack ist der geringschätzige Ausdruck für Pöbel, Pack, für die untere soziale Schicht, Krethi und Plethi.

Hackenbieter Es gibt im Plattdeutschen viele Zusammensetzungen mit *Hack*, einige seien hier aufgezählt. Ein *Hackenbieter* ist ein Giftzwerg, Wadenbeißer, ein boshafter, aber ungefährlicher Mensch. *Hackenkold*, häufig in der Kombination *Klaas Hackenkold* (s. dort), ist ein trotteliger, unüberlegter Mensch. *Hackhoorn(tje)* heißt der Schuhlöffel, Schuhanzieher. *Hackiesder* ist ein Eisenplättchen unter dem Schuhabsatz, wie es früher zur Schonung angebracht wurde.

hagen bedeutet gefallen, behagen.

Hager-Markts-Blöm ist die Aster, die zur Marktzeit – September – in Hage, einem Ort bei Norden, in Blüte steht. Es gibt auch eine Reihe anderer Märkte im September, vielleicht benennt man danach auch die Astern, am meisten durchgesetzt hat sich aber die *Hager-Markts-Blöm*.

„Hager-Markts-Blömen" mit Tagpfauenauge.

Hahntje ist ein kleiner Hahn, Hähnchen (auch gebrutzelt). Dieses Wort wird auch für Penis verwendet und für einen heftigen Flirter bzw. für einen geilen Menschen, einen sexuell Ausschweifenden.

Häkelteev, Hekelteev nennt man eine zeternde und geschwätzige (oft unangenehme) Frau. Häkeln ist eine Handarbeit, die früher oft von unverheirateten Fauen verrichtet wurde; *Teev* heißt (kläffende) Hündin.

Halbemond soll als Beispiel für eine Reihe seltsam anmutender Ortsnamen in Ostfriesland stehen. Halbemond ist ein kleiner Ort in der Samtgemeinde Hage (südöstlich von Norden). Natürlich gibt es für die meisten Ortsnamen einleuchtende Erklärungen, die aber erst durch das genaue Studium erkennbar werden. Halbemond als Name hat gar nichts mit dem Halbmond zu tun, auch nicht mit dem Mann im Mond, er entstand vielmehr durch falsche Eindeutschung des Wortes *Halfmahn* (*Mahn, Maande* = Allmende). Das bedeutet so viel wie Halb-Allmende, Halbgemeinschaftsländerei, d. h., die Landflächen wurden zur einen Hälfte vom Eigentümer, zur anderen Hälfte von Pächtern genutzt.

halfsleten Froominsk s. Froominsk

Halifaxen und **Schruvendamper** sind Ausdrücke, die in der ersten Hälfte des vergangenen Jahrhunderts in unser Land kamen, das dem Eislauf stets sehr zugetan war. Es sind Kunstlaufschlittschuhe mit kurzen Kufen, die die Ostfriesen offensichtlich nach der kanadischen Stadt Halifax benannten. Sie wurden anfangs an die Schuhe geschraubt, daher „Schraubendampfer", eine andere Bezeichnung ist *Hals-un-Beenbreker*, hochdeutsch wurden sie „Knochenbrecher" genannt.

Hallig nennt man eine nicht eingedeichte Marschinsel, die bei Sturmfluten vom Festland abgetrennt wurde. In Ostfriesland war die einzige Hallig die Insel Bant vor der Leybucht, sie verschwand endgültig 1743. Lange Jahre diente sie der Salzgewinnung.

Hals-un-Beenbrekers s. Halifaxen, Schruvendamper

Halsgatt bedeutet Kehle. *'t Halsgatt neet vull kriegen* heißt: begierig sein, unmäßig, unersättlich. Der *Halsofsnieder* ist ein Wucherer. *Halswark* bedeutet Mühe, Lebenswerk und eine Arbeit, die sehr viel Kraft erfordert.

Halvmall nennt man einen verrückten Menschen, einen Idioten oder einen sich verrückt anstellenden Menschen. *Halvslaggtig* steht für zwitterartig. Ein *Halvslagg* beschreibt einen Halbirren, einen (vermeintlichen) Zwitter und einen Stümper, einen Unvollkommenen.

Hamm heißt das Wiesen- oder Weidenstück zwischen Gräben im Niederungsmoor. Ebenso wird ein abgeschrägter Giebelteil eines Hausdaches (s. a. *Haam*) benannt und auch der Überhang eines Strohdaches.

Hammerk bedeutet hochdeutsch Hammrich, das ist das Niederungsmoor oder Niedermoor. Das sind tiefere Stellen der Marsch mit hohem Grundwasseranteil. *Hammerks* liegen meistens am Geestrand im innersten Teil der Marsch. Das Niederungsmoor ist im Gegensatz zum Hochmoor nährstoffreich (s. a. *Leegmoor; Siedland*).

Hand heißt auch im Plattdeutschen Hand. Es gibt aber eine Anzahl von Redewendungen, deren Bedeutung sich dann ein wenig anders anhört: *Dat fallt mi ut (d') Hand* heißt, es enttäuscht mich. *Bi d'Hand wesen* besagt, zur Stelle zu sein. *Handgau* meint flott, schnell, flink.

Handjevörmaiher, Heintjevörmeier ist einer, der schneller mähen konnte als andere. Übertragen ist es ein voreiliger und unbesonnener Mensch, einer, der sich in alles einmischt, ein Schlaumeier.

Han(d)ske ist ein Handschuh. In der Redewendung *He is 'n Keerl as 'n natten Handske* bedeutet es Schlappschwanz, Schwächling, Mensch ohne Rückgrat.

Häng(e) ist die Türangel. Hat der Ostfriese *sien Beck hento d' Hängen open,* so wird damit gesagt, dass er den Mund weit aufgerissen hat, dass er gähnt.

hannig, handig steht für a) handlich, b) passend, c) praktisch, d) geschickt, gewandt, behende und e) schnell.

Hansmann nennt man einen einteiligen Schlafanzug; einen Kinderschlafanzug.

Hanswind ist ein Prahler, Angeber, ein Windbeutel.

Har(v)stmahltied hat mit dem Schlachtfest zu tun. Es bezeichnet das gemeinsame Essen am Ende des Schlachttages, zu dem alle Helfer zur Belohnung eingeladen sind (s. auch *Snirrtjebraa*).

Hardfuchter nennt man einen gefühllosen und verhärteten Menschen.

Harm-Sluuk ist Ausdruck für einen Schluckspecht, Säufer und für einen Fresser. Harm, Jan, Klaas, Trientje u. ä. waren in Ostfriesland sehr häufig vorkommende Namen, daher sind sie unverfänglich und werden allgemein so benutzt.

Harrijasses ist ein verballhornter Begriff, abgeleitet von „Herr Jesus". Man sagt auch *Harrijasses nee!* als Ausruf der Verwunderung, des Unwillens, des Schreckens, des Abscheus.

Hartsehr steht für Herzeleid, Herzenskummer, aber auch für Sehnsucht und Heimweh.

Hasenbrood ist ein von der Arbeit oder Schule wieder mit zurückgebrachtes Butterbrot. Früher warteten die Kinder darauf, ob der Vater wohl so ein beliebtes Stück wieder mit heimbrachte, heute kann man sicherlich keines mehr damit beglücken.

Häuptling s. Hoovdling

Hauslött [Hau-slött] bedeutet Haudegen, Draufgänger, Grobian und streitsüchtige, rabiate Person.

Hausmann bezeichnet einen Landwirt, der einen eigenen, aber nicht sehr großen Hof, jedoch keinen *Heerd* (s. dort) besaß. Er stand in der Hierarchie unter den Heerdbesitzern, aber über den Warfsleuten und Heuerlingen. In Notzeiten musste auch er den Heerdbesitzern Ross- und Wagendienste leisten (also schlicht und einfach – auch mit Gerät – mithelfen).

Haveree ist von der Schifffahrt her auch den Hochdeutschen bekannt. Es benennt einen Unfall (Havarie), einen Zank bzw. Streit.

Heerd besagt in Ostfriesland viel mehr als Herdofen. Man nennt hier einen großen, alten Bauernhof, besonders auf der Marsch so. Die Heerdbesitzer bildeten die oberste bäuerliche Sozialschicht und genossen einige Sonderrechte, aber ihnen oblag auch die Deichbewachung und als Aufsicht und Koordinatoren die Reparatur und Wiederherstellung nach Deichbrüchen. *Heerdmann* ist ein Besitzer eines *Heerdes.*

Hebberecht ist ein Rechthaber, Dickkopf, Unbelehrbarer.

Heck wird das Hinterteil eines Schiffes genannt. Ein *Heck* ist allerdings auch ein Gatter(tor) und ein Latten- oder Holzzaun bzw. ein Schlagbaum.

„Heck" ist die Bezeichnung für Weidegatter.

Heemke ist der Name für Heimchen, Grille, übertragen dann eine kleine und zierliche Person und – abschätzig – Schwächling.

Heere Gommes s. Gommes

Heevtask s. Eevtask

Heff ist eigentlich das Pendant zu dem hochdeutschen Wort „Haff", in Ostfriesland wird damit das Wattenmeer bezeichnet.

Heid ist eine naturnahe Pflanzengesellschaft auf Geestboden (Sand). Sie entstand durch Waldrodung und Plaggenentnahme während des Mittelalters und wird durch Schafbeweidung künstlich in ihrem Zustand gehalten. In Ostfriesland kam es ab etwa 1900 häufiger zu Aufforstungen oder Kultivierung (mittels Kunstdünger). *Heid, Heide* ist häufiger Bestandteil von Orts- (z. B. Großheide) oder Flurnamen.

Heintjevörmeier s. Handjevörmaiher

Hekelteev s. Häkelteev

Helgen, Helling nennt man eine Schiffswerft. Das Wort selbst beschreibt eigentlich eine schräge Bahn, so wie die Rutschbahn (Grundbalken), auf die der Kiel des Schiffes gelegt wird.

Heller heißt im westlichen Ostfriesland das Deichvorland, im östlichen Ostfriesland Außengroden = *Butengroden.* Es handelt sich um vorwiegend als Wiese – seltener als Weide – genutztes Grünland, hauptsächlich mit Salzvegetation seewärts vor dem Deich. Ein Deichvorland schützt die Deiche, weil dadurch – infolge der Bodenberührung – die Kraft der Wellen und Wogen bei Sturmfluten gebrochen wird.

Hellhaak ist im Ursprung der Schürhaken zum Anfachen oder Ascheabstreifen des Feuers im Herd. In der Übertragung auf den Menschen ist eine böse, zänkische und herrschsüchtige Frau. *Hellig* heißt zänkisch, wütend.

Helling s. Helgen

Helm ist die allgemeine Bezeichnung verschiedener Dünengräser wie z. B. Breiter Helm (Elymus), Strandhafer (Ammophila).

Helmer wird in Ostfriesland ein Landweg durch das Moor oder von der Küste quer durch die Marsch zur Geest genannt. Außerdem ist es ein männlicher Vorname.

Hemdsmau s. Mau

hemmeln ist ein Ausdruck für reinigen, säubern, kräftig waschen. *Hemmeln un flejen* heißt hegen und pflegen.

Der Heller – das Deichvorland mit seinen Salzwiesen.

Herelkheid hochdeutsch Herrlichkeit, bedeutet auch im Plattdeutschen etwas Ausgezeichnetes, Prächtiges. Aber in Ostfriesland gibt es noch eine andere Variante: Es ist der Herrschaftsbezirk eines Häuptlings, eines Herrn, der weitgehend vom Grafenhaus unabhängig war und Sonderrechte besaß (z. B. eigene Gerichtsbarkeit). Herrlichkeiten bestanden etwa vom 14. Jahrhundert bis – nach einigen Veränderungen – letztendlich zur Bildung von Landkreisen im 19. Jahrhundert. Dornum nennt sich heute noch stolz Herrlichkeit.

Heringslogger s. Logger

hesebe(e)sig heißt übereifrig.

Heuer s. Hüür

Heuermann, Heuerling ist eine niedere bäuerliche Sozialklasse, ein Kleinbauer. Heuerlinge besaßen wenig Eigenland, sie pachteten und arbeiteten (häufig zusätzlich) als Tagelöhner oder als Deicharbeiter.

Hibbel, Hibbelmors beschreibt in Ostfriesland einen hektischen, übereifrigen Menschen, einen Zappelphilipp.

Hicken-Bicken-Sönndag ist der Ostersonntag, an dem die Eier zunächst versteckt, später in einer Art Spiel aneinandergeschlagen werden (= *bicken*).

Hill ist der Heuboden, meist über den Ställen. Das Vieh hat dadurch im Winter einen zusätzlichen Wärmeschutz.

Himphamp steht für Kleinigkeit, Machwerk, Wirrwarr. Übertragen klingt es doch recht brutal für eine gebrechliche Person, einen Hinkenden oder für eine stümperhafte Sache (*Himphamperee* = Pfusch).

Hingst bedeutet Hengst. In der Übertragung versteht man darunter einen geilen Menschen – und wenn man eine solche Meinung auch noch verstärken will, spricht man von *Dörphingst*.

Hinkepoot, Hinkepank, Hinkepink ist ein Hinkender, Hinkefuß, ein Lahmender, steht aber auch für einen Schuldner.

Hinner Wer nicht genau hinhört, mag einen männlichen Vornamen darin erkennen, dieser wäre aber Hinnerk oder Hinni, die ostfriesische Form für Heinrich. Bei *Hinner* handelt es sich um ein Hindernis bzw. einen Nachteil, einen Schaden oder eine Störung.

Hisser ist ein sehr abfälliger Begriff (fast ein Schimpfwort) für einen Hetzer oder Antreiber.

Hitt Zunächst einmal ist damit die Hitze bzw. heiße Witterung gemeint. Übertragen gilt der Ausdruck auch für Fieber und Rage, Wut, Zorn.

Höcht bedeutet Anhöhe, Hügel, Höhe. Übertragen: *He kunn d'r geen Höcht van kriegen* besagt: Er konnte es nicht begreifen.

Hochtiedsbidder ist eine Person, die Brautleuten bezüglich ihrer Hochzeit behilflich ist; z. B. überbringt sie die Einladung usw.

Hoff Dieser Ausdruck hat mehrere Bedeutungen. In erster Linie versteht ein Ostfriese ein Gehöft, einen Bauernhof (s. a. *Plaats*) darunter. Dann kann aber auch ein Binnenhof oder ein großer Garten (insbesondere ein Obstgarten) gemeint sein. Ebenso kann, wie im Hochdeutschen, der Mond einen *Hoff*, also einen diffusen Lichtkranz um sich herum haben. Die Hofhaltung eines Herrschers dagegen wird plattdeutsch meistens anders umschrieben.

Höft nennt man einen Leitdamm zur Verhinderung der Verschlickung von Fahrrinnen, einen Hafendamm oder eine Landungsbrücke (s. a. Pier).

högen ist freuen, erfreuen; *sük högen* heißt sich freuen.

Hojahner, Hojapper klingt fast lustig, ist mehr oder weniger auch so in Gebrauch, es handelt sich um eine gähnende Person.

Höhnerhuck s. Huck

Höhnerledder bedeutet Hühnerleiter. *Dat Leven is as 'n Höhnerledder – bescheten, man 't geiht na boven* (d. h.: Das Leben ist wie eine Hühnerleiter – beschissen, aber es geht aufwärts).

Höhnermors bezeichnet abfällig einen neugierigen Menschen *(neeisgierig as so 'n Höhnermors)*.

Höhnerwier bedeutet Maschendraht, mit so feinen Maschen, dass selbst die Küken nicht hindurchschlüpfen können.

Hollander ist ein in Ostfriesland häufig vorkommender Begriff, wahrscheinlich deshalb, weil dieser, was er benennen soll, aus den holländischen Provinzen zu uns kam. Das ist zunächst mal ein Niederländer (auch wenn er nicht aus der Provinz Holland kommt). Ebenso bezeichnet man den in unserem Land häufigsten Mühlentyp, bei dem nur die Kappe mit den Flügeln in den Wind gedreht wird (s. a. *Galerieholländer, Eerdhollander)*.
Weiterhin nennt man eine Maschine bei der Papierherstellung mit diesem Namen, ein Spielzeug mit vier Rädern (bei dem zur Fortbewegung ein Hebel rhythmisch vorgedrückt und zurückgezogen werden muss), flache Schnellläufer-Schlittschuhe (wobei die aus Stahl bestehende Kufe in eine hölzerne Unterlage, auf der der Fuß ruht, eingearbeitet ist) und auch ein Fahrrad, bei dem die Kette in einer Schutzhülle liegt und bei dem das Hinterrad durch einen geschlossenen Schirm verkleidet ist.

Hollandlopers sind hochdeutsch Hollandgänger, sie sind inzwischen Geschichte. Viele Ostfriesen gingen vor allem zwischen dem 16. und 19. Jahrhundert als Saisonarbeiter in die wirtschaftlich stärkeren Niederlande, um dort zu arbeiten und Geld zu verdienen (s. a. *Büüsloper*).

Hollfast wörtlich übersetzt „Haltefest". Man sagt: *Daar is noch 'n Hollfast*, was so viel bedeutet wie: Da gibt es noch einen Zusammenhalt. In einer anderen Redewendung heißt es: *De Keerl is van Kniephusen un Hollfast*, was besagt, dass jemand geizig ist und sein Geld hortet. Es ist nicht nachzuweisen, dass die ost-

„Holten Büx" ist ein Scherzwort für die Kanzel, hier die Kanzel zu Pewsum aus dem Jahr 1618.

friesische Grafen- und Fürstenfamilie von Inn- und zu Knyphausen etwas mit der Entstehung des Sprichwortes zu tun hat. Vielmehr bedeutet *kniepen* ja auch kneifen, nicht hergeben wollen, knausern.

Holske ist ein Holzschuh. In Ostfriesland wird dafür häufiger der Ausdruck *Klump*, Plural *Klumpen*, verwendet.

Holt bedeutet Holz, steht aber auch für Wald, Gehölz, Gesträuch. Der hochdeutsche Ausdruck „Wald" hat ursprünglich keine Entsprechung im ostfriesischen Plattdeutsch, zumal die ostfriesische Halbinsel schon lange keine bedeutenden Waldvorkommen mehr hat. Die waldbestandenen Areale betragen zusammen nur 3 Prozent der Gesamtfläche (Bundesrepublik Deutschland über 30 Prozent).

Holtduuv ist ein Tiername: hochdeutsch Ringeltaube, Holztaube.

Holten Büx *Büx* heißt Hose, *Holten Büx* (hölzerne Hose) ist ein Scherzwort für die Kanzel (sonst *Preekstohl*).

Holten Hinnerk bezeichnet einen unbeholfenen Menschen; *Hinnerk* ist die ostfriesische Form für Heinrich.

Hönnigkook ist der Honigkuchen, ein vor allem in der Winterzeit verkauftes brotähnliches, aber süßes Gebäck, das seinen Ursprung wahrscheinlich in den Niederlanden hat.

Hoog(e) ist ein Wort für Höhe, Anhöhe vor allem in Flurbezeichnungen, z. B. „Hauener Hooge", eine Warfensiedlung bei Greetsiel.

Hoogde bedeutet ebenfalls Höhe und ist eine Bezeichnung für eine höhere Wattstelle, die als Wattwasserscheide fungiert. Eine solche behindert z. B. die Fährfahrt nach Juist.

Hooge Loogen steht als Sammelname für uralte Dörfer auf der hohen Geest in Ostfriesland: in der Samtgemeinde Hesel, den Gemeinden Großefehn, Wittmund, Friedeburg und Ihlow. Zu den *Hoogen Loogen* zählen Holtland, Hesel, Strackholt, Aurich-Oldendorf, Bagband, Holtrop, Reepsholt, Ardorf, Westerende.

Hoogheid ist sowohl Hochmut als auch Stolz. Wahrscheinlich sind auch führende Adelige – entgegen dem friesischen Freiheitsstolz – von einfachen Gefolgsleuten gelegentlich mit *Hoogheid* angesprochen worden, vor allem, wenn sie etwas erbitten wollten.

Hoogwater ist der Höchststand des Tidewassers, nicht dagegen Flut. Als Flut (*Flood*) wird nur das auflaufende Tidewasser bezeichnet.

Hook sagt man für Ecke, Spitze, Winkel und auch für einen kleinen Landstrich oder einen kleinen Straßen- oder Platzteil. Ein *Hookschapp* [-skapp] ist ein Eckschrank.

Hoop ist für Ostfriesen sowohl Hoffnung als auch Haufen (s. a. *Bült*).

Hoosock, Hasock bedeutet Socke. Heute wird dieses Wort meist nur noch zusammen mit dem Eigenschaftswort *oll*, also *oll Hoosock* („alte

Socke") gebraucht. Dieses ist eine Hänselei für einen Mann, der an seinem 30. (regional auch 25.) Geburtstag noch nicht verheiratet ist. Seine Freunde bringen zu diesem Anlass eine Leine voller Socken im Vorgarten an.

Hoovdling, Hövdling, Hovetling ist hochdeutsch Häuptling und erinnert viele Menschen an einen Indianerhäuptling mit einem Federkranz um den Kopf. Ostfrieslands Häuptlinge waren spätmittelalterliche Adelige, die ein kleines Herrschaftsgebiet (so etwa zwischen dem 13./14. Jahrhundert und dem Ende der Cirksenazeit 1744) oft nur in der Größe eines Kirchspiels hatten. Häuptlinge von ganz Ostfriesland wurden z. B. die tom Brooks und die Cirksenas, bis letztere dann 1464 in den Reichsgrafenstand aufstiegen. Selbst als die Cirksenagrafen vom Kaiser zu Fürsten von Ostfriesland erklärt wurden (Enno Ludwig 1654), gab es in den kleinen Kirchspielen, Herrlichkeiten genannt, noch vereinzelt Häuptlinge, die das Fürstenhaus mehr oder weniger unterstützten.

Hopel ist ein Spielzeug, ein Reifen (z. B. die Felge eines Fahrrads), der mittels eines Stöckchens vorwärts getrieben wird.

Höpke nennt man die Hagebutte (s. a. *Jeepke, Jöpke*). Die ganze Pflanze, die Hecken- oder Hundsrose, heißt *Höpkedoorn* (s. a. *Jeepkedoorn, Egeltiere*).

Horenbuck, Hoorder ist eine Bezeichnung, die man wörtlich übersetzen kann: Hurenbock, Hurenbesucher. Auch ein Mann mit einem übersteigerten Sexualgebaren wird so genannt. Ein *Horenkind* (Hurenkind, Bastard) das ja selbst gar nichts für sein Schicksal konnte, hatte unter solcher Ächtung zu leiden.

Horengoodje ist ein Schimpfwort und bedeutet Hurenpack. *Hoor* = Hure (s. auch *Allmannswicht, Duuvke*).

Hörn bedeutet: a) Ecke, Spitze, Winkel, b) Landstrich, Gegend, c) eine Landzunge, die in die See vorspringt (z. B. Utlandshörn bei Norden), d) eine bogenförmige Sandbank oder kleine Insel (z. B. Lüt(t)je Hörn in der Osterems zwischen Juist/Memmert und Borkum), e) ein Korbstuhl mit Lehnen (s. *Hörnstohl, Kraakstohl*).

Hörnflint ist ein Eckstein an Wegen und Hofeinfahrten. Auf den Menschen übertragen versteht man darunter jemanden, der unbeweglich und stur ist.

Hörnstohl, Kraakstohl bezeichnet einen gemütlichen Stuhl (aus Weidenruten gefertigt, später aus Peddigrohr o. ä.). Diese sesselartige Sitzgelegenheit war früher ausschließlich dem Hausherrn vorbehalten. Er hatte seinen Platz stets in der Nähe der Feuerstelle bzw. des Herdes: *in 't Hörn bi 't Füür.*

Hörntje ist ein Tiername, gemeint ist die Hornisse oder Wespe (auch *Mispel*).

Hötelee ist in Ostfriesland ein Ausdruck für Pfusch, Trödelwirtschaft und nutzloses Tun.

Höt(t)elke nennt man einen Fingerling und einen Fingerhut. In manchen Regionen wird der Ausdruck auch für ein Kondom verwandt.

Der gemütliche „Hörnstohl" oder „Kraakstohl".

Huck nennt man einen kleineren Stall für Schweine, Schafe, Ziegen, Hühner, Kaninchen, Enten, Gänse u. ä. Übertragen versteht man darunter einen kleinen, engen Raum bzw. einen Verschlag. Abschätzig wird auch ein armseliges Häuschen so benannt.

Hüde bezeichnet ein Versteck, eine Höhle, Gewahrsam, auch einen geheimen Vorrat.

Hüdel nennt man einen Mehlkloß, der – mit einem Tuch unter den Topfdeckel gebunden – im Dampfbad gart. Häufiger werden allerdings die Wörter *Klütje* oder *Mehlpüüt* verwendet (s. dort).

Hufe Hierbei geht nicht um Pferdehufe, sondern der Ursprung dieses Wortes liegt bei dem Wort „Hof". Die Wissenschaft versteht unter Hufe einen landwirtschaftlichen Besitz von etwa 7 bis 8 ha Größe. Weiterhin ist Hufe eine Flur- bzw. Besiedlungsform an Straßen (Straßenhufe), auf Mooren (Moorhufe), im Wald (Waldhufe) oder auf der Marsch (Marschhufe). In Ostfrieslands Fehnen sind die Hufen häufig in der Weise angelegt, dass dem Siedler am Kanal eine Breite von ca. 25 m zugestanden wurde, die nach hinten hin offen blieb. Er konnte so lange auf eigenem Besitz Torf stechen, bis er auf den Bearbeiter von der anderen Seite stieß.

Huiske nennt man die Toilette, vor allem, wenn sie (früher) im Garten als Häuschen stand oder hinten im Stall als Bretterverschlag (s. a. *Hüske, Schiethuus, Gemack*).

Huker bezeichnet ein seetüchtiges, größeres Hochseefischereischiff, es ist vorne und hinten rund gebaut und hat eineinhalb Masten.

Hulk ist ein dreimastiges Handelsschiff, das aus der Kogge weiterentwickelt wurde.

Hundjebiloper nennt man einen unbedeutenden Mitläufer.

Hundjedrafft heißt Zuckeltrab. Wie das leicht federnde, verhaltene Laufen eines Hundes, so kann auch das Laufen eines Menschen aussehen, vor allem dann, wenn er beim Dauerlauf schon etwas müde wirkt.

hundjen Viele Ostfriesen haben als kleine Kinder das Schwimmen so gelernt, wie es ein Hund vormacht, nämlich durch Paddeln mit Armen und Beinen.

Hundsteert ist ein Hundeschwanz und ein Name für Sandbänke.

Hünengrab Hünen sind Riesen, übergroße Menschenwesen. Als man im Mittelalter große vorgeschichtliche Grabhügel und -anlagen (der Jungsteinzeit und der Bronzezeit) gefunden hatte, sogenannte Großsteingräber aus riesigen Findlingssteinen und mit Erde hügelartig zugedeckt, glaubte man, dass solche Grabanlagen nur von Riesen geschaffen sein konnten. Ein Beispiel ist *Botter-Brood-un-Kees* (s. dort), mehr oder minder freigelegte Steine in der Form von Butter, Brot und Käse in Aurich-Tannenhausen. Findlinge sind Felsblöcke aus der Eiszeit, die durch Eis geformt und mit dem Eis von Skandinavien nach Norddeutschland transportiert worden sind (Abb. s. nächste Seite).

Hungerlieder, Hungerlapp nennt man einen Hungernden und einen ausgemergelten, hageren, elenden Menschen.

Hüppel(ke), Huppel(ke) sind Bezeichnungen für ein Häufchen, eine Beule oder eine kleine Erhebung (z. B. im Straßenbelag).

Hüppkepütt ist eine scherzhafte und ziemlich neuzeitliche plattdeutsche Wortschöpfung für einen Springbrunnen.

Husen-Busen-Saterdag Mit dem, was wir im allgemeinen Sprachgebrauch einen Busen nennen, hat dieses Wort nichts zu tun. Vielmehr ist der *Husen-Busen-Saterdag* der Sonnabend vor Ostern, an dem die Wohnungen gesäubert und an dem die Wintergeister (mit Hilfe der Osterfeuer) endgültig vertrieben werden. *Busen* ist das Aufräumen und säubernde Herumwirbeln im Haus.

Hüske nennt man in Ostfriesland das Kerngehäuse beim Obst (z. B. Apfel; s. a. *Pitt*). Weiterhin bezeichnet man so eine Papiertüte, ein kleines Haus, ein Häuschen, und als solches kann es auch die Toilette im Stall oder

Das Hünengrab bei Aurich-Tannenhausen: „Botter-Brood-un-Kees".

im Garten sein (s. a. *Gemack*). Wenn aber ein Ostfriesenkind *in Moders Hüske sitten geiht,* dann setzt es sich auf Mutters Schoß.

Hüssi ist ein Wort der Kindersprache und bedeutet Pferd (auch: *Hies, Hieske*).

Hüttspott [Hütts-pott] bedeutet Kleinfleisch, kleine zusammengewürfelte Fleischstückchen (beim Schlachtfest, ähnlich wie *Snirrtjebraa,* s. d.) und allgemein meint man damit auch Kram, Plunder und etwas abwertend Familie, Anhang, Sippschaft.

Huuk, Huukje ist Hocke; *in d' Huukje sitten* meint eine Hockstellung.

Huulbessem (wörtlich Heulbesen) ist eine mehr scherzhafte, aber anschauliche neuere Wortfindung für Staubsauger.

Huultünn wird eine Heulboje genannt, eine Boje, die Signaltöne von sich gibt. Übertragen bezeichnet man eine oft weinende oder weinerlich klagende Person als *Huultünn.*

Hüür bedeutet a) Miete, Pacht, b) Dienst, Arbeit und c) Heuer, Verdienst. *Vörtieds ut Hüür lopen,* heißt vorzeitig aufgeben, abbrechen, aus einer Verpflichtung aussteigen.

Hüürbaas heißt ein Hausbesitzer, der vermietet oder ein Stellenvermittler für Seeleute. Ein *Hüürbuur* ist ein Pachtbauer oder ein Gutspächter.

Hüürling s. Heuermann

Huusbigg heißt wörtlich übersetzt Hausferkel, gemeint ist ein Stubenhocker. *Huusbigg* steht scherzhaft auch für Hausfrau, für das Heimchen am Herde.

Huusdüvel „Hausteufel" ist eine Erfindung der Männersprache für die Ehefrau, im Hochdeutschen spricht man vom Hausdrachen bzw. von der Kratzbürste.

Huuske s. Hüske, Huiske

Huusreev, Huusgeraad bedeutet Hausrat.

I-i

Iesbreker ist nicht nur ein Eisbrecher-Schiff, sondern auch der Name eines heißen Getränkes (z. B. Grog), der ja auch das Eis brechen kann in einer mühsamen Unterhaltung. *Iesjökel* nennt man den Eiszapfen. *Iesder* gehört nicht dazu, es bedeutet Eisen, Hufeisen.

Ieselke ist ein Tröpfchen, eine Kleinigkeit, ein Schlückchen, ein Spritzer oder ein Schuss Alkohol, den man in ein anderes – nicht alkoholisches – Getränk gibt.

Ihl heißt der Hering nach dem Laichen. Das hochdeutsche Wort „Eile" wird genauso gesprochen, aber *Iel* geschrieben.

Immenschuul nennen die ostfriesischen Imker den Bienenkorb, Bienenstand und das Bienenhaus. *Imm(e)* heißt Biene.

Inböter ist ein Einheizer, und zwar sowohl für den Ofen als auch der Stimmungsmacher, die Stimmungskanone für Gruppen oder Gesellschaften, um diese in Schwung zu bringen.

Indiek s. Binnendiek

Ingewandt(en) bedeutet das Innere, Inneres. Im Plural bezeichnet man so die Eingeweide, Gedärme, Innereien (s. a. *Magementen*).

Ingood ist das Inventar, Mobiliar.

inschünen heißt für Ostfriesen einreden, anstiften, weismachen und überreden.

Inslag ist Einschlag, Einschuss und Anleitung.

insolt(j)en steht für einsalzen, pökeln und übertragen für Einreiben mit Schnee z. B. im Spiel und auch für jemanden anschmieren.

insünigen heißt einschränken, einsparen.

Inwendsel, Inwennst ist Einwand, Protest.

Inwiek s. Wiek

J-j

Jabrör [Ja-brör] ist ein Jasager, ein kritikloser Kopfnicker, jemand, der keine eigene Meinung hat.

Jack bezeichnet zunächst einmal die Jacke, aber auch den Rücken. Wenn ein Ostfriese *wat up Jack kriggt,* dann heißt das, er bekommt Schläge.

Jackhals ist ein armer, verkommener und zugleich frecher Bursche, ein Habenichts oder ein besonders gieriger Mensch.

Jadder, Jidder nennt man das Euter der Kuh.

Jager bedeutet zunächst einmal Jäger, Jagender. Eines der Segel am Bugspriet wird ebenfalls *Jager* genannt und ein sehr schnelles Segelschiff selbst trägt diesen Namen.

Jahnert, Jahnbrör heißt eine Person, die häufig gähnt, aber auch ein Gaffer, einer, der Maulaffen feilhält.

Jakobsleiter nennt man eine Strickleiter mit Holzsprossen, z. B. um von einem Boot aus auf ein größeres Schiff zu gelangen. Vor allem Lotsen müssen oft eine solche Leiter benutzen.

Jan(n) ist bzw. war einer der häufigsten Vornamen in Ostfriesland. Es ist die niedersächsisch-friesische Form von Johann. Mit einem „n" geschrieben ist es die west-ostfriesische und niederländische Form, die der vorwiegend Evangelisch-Reformierten, während die überwiegend Evangelisch-Lutherischen den Namen, wenn man so will „deutscher", mit zwei „n" schreiben. Die Schreibweise mit einem „n" rührt daher, dass die reformierten Theologen bis etwa 1890 nahezu ausschließlich in Groningen (Niederlande) ausgebildet wurden und in den reformierten Kirchen bis dahin niederländisch gepredigt wurde. Genauso wurden auch die Kirchenbücher reformierter Gemeinden in niederländischer Sprache geführt. Dass der Name „Jan(n)" hier mit aufgenommen wurde, hat folgenden Grund: er muss für alle möglichen Redewendungen herhalten und auch viele allgemeine Personen-Begriffe werden damit verdeutlicht (siehe einige nachfolgende Beispiele).

Jan-Gört charakterisiert einen albernen und unbeholfenen Menschen. *Gört* allein bedeutet Grütze.

Jan-Grammiet beschreibt einen Schwarzseher, einen Pessimisten und auch eine unfreundliche, mürrische Person.

Jan-Hagel bedeutet Pöbel. Auch eine kleine Pfeffernuss (ein besonderes Gebäck) trägt diesen Namen.

Jan-Klump ist Ausdruck für einen langweiligen und unbeholfenen Menschen.

Jan-Maat – auch zusammengeschrieben *Janmaat* – ist ein Allerweltsmatrose, ein Handlanger bzw. ein kleiner Seemann in unbedeutenden Positionen.

Jan-Rapp un sien Maat ist ein häufiger Spruch, um Pöbel, Jan und allemann, gemeines Volk zu beschreiben.

Jan-van-feern ist ein Feigling, Angsthase, eine scheue und abwartende Person.

Janever, Jenever Genever ist ein Wacholderbranntwein (wie der Doornkaat zu den Zeiten, als er noch in Norden hergestellt wurde; dem neuen Doornkaat ist die Wacholdernote weitgehend entzogen worden). Branntwein ist kein Wein, sondern aus gegorener Kornflüssigkeit (Maische) durch Destillation gewonnener Alkohol.

Jank bedeutet Sehnsucht, heftiges Verlangen Gier, Leidenschaft, Sucht (s. auch *Lengen*) und Heißhunger.

Japper(t) ist ein Ausdruck für einen bettelnden (unwürdigen) Wicht oder für einen Hund.

Jauelmors, Jauelkopp ist das plattdeutsche Wort für Jammerlappen und für einen Schwächling (s. a. *Jöselbaas*). *Jauelee* heißt Gejammer, Gewimmer, Gejaule.

Jeepke nennt man die Frucht der Heckenrose, Hundsrose und Dünenrose (plattdeutsch *Jeepkedoorn, Jöpkedoorn*), hochdeutsch die Hagebutte (siehe auch *Höpke, Jöpke und Egeltiere*).

Jier bedeutet Jauche und die *Jierkuhl* ist die Jauchegrube.

jobenaam, jonum hat die Bedeutung besonders, vor allem, insbesondere, auch hauptsächlich und namentlich.

Jögd(tied) ist die Jugend(zeit).

Jöpke s. Jeepke

Jonny ist ein an der ganzen Nordseeküste beliebter Kosename für Johann (auch wohl für Jan). Übertragen bestaunt und bewundert man ein dickes, unförmiges Gebilde auch gerne als *Jonny*.

Doornkaatflasche am Ortseingang von Norden.

Jöök bedeutet Jucken, Kribbeln, aber auch Lust, Verlangen. *Jökeree* ist das Krätze-Leiden in der Haut, hervorgerufen bei Unsauberkeit durch Krätzmilben.

Jöselbaas, Jöselmors steht für Jammerlappen, Wehleidiger (s. auch *Jauelmors*). *Jöselee* heißt Gejammer, Gewinsel (*jöseln* = jammern, winseln).

Jöterbaas, Jöterklaas bezeichnet ebenfalls einen ständig klagenden und jammernden Mitmenschen; man muss ihn – hochdeutsch – als Jammergestalt bezeichnen (*jötern* = jammern, klagen).

Juchteree ist bei jungen Leuten sehr willkommen, bedeutet es doch Neckerei, Herumjagerei, Toberei, Herumtollen. Auch das Bewegungspotential der modernen Schlagersänger (und -innen) wird von älteren Ostfriesen mit *Juchteree* abgetan.

Jüffer ist das, was man früher Fräulein oder Jungfrau nannte. Auch wird eine unverheiratete Frau, vor allem, wenn sie schon ein sogenanntes „älteres Semester" ist, als *Jüffer* bezeichnet, eben als alte Jungfer. Der Begriff hat heute einen eher negativen Touch.

Juken ist ein Wort im Plural. Möglicherweise ist es abzuleiten von *Jück* = Joch. Wenn ein Ostfriese *wat up Juken kriggt*, dann heißt das, dass er Schläge abbekommt.

Jüll bezeichnet eine Jolle, ein kleines Boot zum Staken in untiefen Gewässern.

Jungs in leeren Büxen sind wörtlich Jungens in ledernen Hosen. Das ist ein Ausdruck für Pferdebohnen, gelegentlich auch für die sogenannten hartschaligen Bohnen, die in der früheren ostfriesischen Küche eine große Rolle spielten.

Jürtje nennt man einen Kinderkittel aus Leinen.

Jütte ist eigentlich ein Schöpfeimer, Schöpfgefäß. Übertragen steht es – recht despektierlich – für eine dumme ältere Person, eine alte Schachtel.

K-k

Kaa, Hans Kaa(r), Kaan nennt man die munteren Dohlen. Sie erfreu(t)en sich vor allem bei Kindern großer Beliebtheit, weil man sie leicht aufziehen und ihnen ein paar Worte beibringen konnte, die sie nachsprachen.

Kaakmest, Kaapmest heißt das kleine scharfe Messer, das ursprünglich zum Ausnehmen von Heringen gebraucht wurde, dann aber als Kartoffelschäler und auch sonst im Haushalt Karriere machte. Das Brotmesser heißt *Karvmest*.

Kabbelee, Kibbelee kommt häufig in Gang, weil die Ostfriesen immer sehr stur auf ihrer Meinung beharren und ein ausgesprochenes Gefühl für Recht und Unrecht entwickelt haben. So kommt es mitunter schnell zu Gezänk, Auseinandersetzung, Streiterei.

Kabuff heißt ein enger Raum, Nebenraum, dunkler Verschlag. Gerade in alten Häusern gab es – und gibt es auch noch heute – solche Hauswinkel.

Kackstefel ist ein häufig gebrauchtes Schimpfwort für eine schmutzige Person oder einen gemeinen, unzuverlässigen Menschen. Oft murmelt ein Ostfriese diese Beschimpfung aber nur vor sich hin, weil in diesem Falle eine *Kabbelee* (s. dort) nichts ändert und zu nichts führt.

Kaff bedeutet ursprünglich Getreideabfall, Spreu. Die Ostfriesen benutzen das Wort aber auch abschätzig für ein langweiliges, armseliges Dorf.

Kaffkopp heißt wörtlich Strohkopf, und so beschimpft man eben einen dummen, angeberischen Menschen.

Kahljager, Kahlohr bezeichnet einen windigen, etwas liederlichen Mitmenschen, einen Habenichts und armen Schlucker und schließlich wendet man den Begriff auch für eine anmaßend auftretende, aber doch armselige Person an.

Kaje nennt man den Kai, Hafendamm, Schiffsanleger und eine Hafen- oder Uferbefestigung. Als solche hat die *Kaje* in der Regel eine senkrechte Kaimauer (Kajung).

Käkelbeck, Käkelsnuut ist der Ausdruck für einen streitsüchtigen Menschen, einen Zänker (*Käkel* = Schandmaul).

Kakelack, Kakerlak Sie ist für viele Leute ekelerregend und unheimlich, die Küchenschabe, weil sie das Licht scheut und immer schnell wieder davonhuscht. Übertragen auf den Menschen nennen die Ostfriesen einen widerwärtigen, unangenehmen Mitbürger so.

Kakelee, Käkelee sind zwei fast gleichbedeutende Worte für Auseinandersetzung, Geschwätz, Diskussion, für Gegacker, Krach, Unruhe und für Gezänk, Streiterei (sowohl ernst als auch spaßig). *Kakeltask* heißt eine Plaudertasche. Es wird nicht deutlich, ob der Name für die schwarze Johannisbeere *Kakelbeei* ebenfalls mit *kakeln, Kakelee* zu tun hat, möglicherweise ist der daraus gegorene Johannisbeerwein daran schuld.

Käkler un Mäkler werden die Zuschauer, Anfeuerer und Kritiker beim Boßeln und Klootschießen (s. d.) genannt. Sie gehören unbedingt zum Tross dazu, zeigen die Richtung oder die Aufschlagstelle an und diskutieren hinterher vor allem über die gemachten Fehler.

Kalmt, Kalmte, Kalm war Gift für die Segelschifffahrt, wünscht sich aber heutzutage manchmal der Urlaubsgast an der Küste, nämlich Windstille auf See, Ruhe.

Kalv ist das in Ostfriesland allgegenwärtige Kalb. Es würde aber nicht in dieser Sammlung erscheinen, wenn das Wort nicht auch für einen albernen, ängstlichen, dummen Menschen herhalten müsste. Es gilt vor allem die Wendung: *He kiekt ut as 'n nöchtern Kalv,* das heißt, er schaut dumm aus der Wäsche, er ist verdutzt. *Kalveree* haben junge Leute oft an sich, es dreht sich um Herumgealber, kindisches Benehmen, Geschäker und um Flirt und Liebelei. *Kalverknejen* (Singular: *-kneei*) sind X-Beine; dicke, unschöne, nach innen gedrehte Knie.

Ein anschauliches Beispiel für die Redewendung: He kiekt ut as 'n nöchtern Kalv.

Kalvarie *Kalvarien* gibt es heute nicht mehr, taucht aber in Straßennamen noch auf (z. B. Greetsiel). Es handelt sich dabei um eine Grube, in die – weit abseits der Besiedlung – Kadaver und Aas geworfen wurden (mit Brandkalk gelöscht; s. a. *Filler*).

Kameruuntje ist nicht etwa Kleinafrika, sondern eine sehr kleine Scholle oder Seezunge. Das Wort entstand durch die Verballhornung von *kann wat rumer*, d. h., könnte etwas größer sein. Möglicherweise hat die ehemalige deutsche Kolonie Kamerun dafür Pate gestanden.

Kammnaadje ist ebenfalls ein wenig verballhornt von Karbonade (französisch „carbonade" = auf dem Rost gebratenes Rippenstück), ein gebratenes Rippenstück vom Schwein, wie es z. B. als Fleischprobe beim Schlachtfest anfällt. In Ostfriesland gebraucht man das Wort auch für Kotelett oder andere (ähnliche) Fleischscheiben (Nackenstück).

Kammnett bedeutet ein kleines Zimmer, Arbeitszimmer, Kabinett und auch ein in Ostfriesland beliebter Schranktyp (unten mit Schubladen, oben mit Türen).

Kamp nennen die Ostfriesen ein eingefriedetes Landstück, als Acker-, Feld- oder Weideland vor allem auf der Geest. Ihre Entstehungszeit liegt hauptsächlich im 18. und 19. Jahrhundert, als die Gemeinheiten (Allmenden) aufgelöst wurden. Vielfach sind sie von Wallhecken (s. dort) umgeben. *Kamp* ist ein häufiger Flurnamen- und Straßennamenteil.

Kant beschreibt eine Kante, einen Rand, auch eine Ecke, Spitze, einen Saum. Ist ein Ostfriese *up verkehrt Kant*, heißt das, dass er auf der falschen Seite ist, das gilt auch sexuell, z. B. für Homosexualität. Und *geiht d'r wat de verkehrt Kant an,* nimmt es eine falsche Richtung, eine unliebsame Wendung. *Up een Kant – up anner Kant* besagt: einerseits – andererseits. *Kant* als Adjektiv steht für hübsch, glatt, schön, auch für ganz, restlos, vollständig.

Kanthaak ist ein Eisenhaken an einer Stange zum Heranholen von Gegenständen bzw. ein Werkzeug zum Heben von Lasten. *Een bi d' Kanthaak kriegen* sagt dem Ostfriesen, dass jemand zur Rede gestellt wurde.

Kantje Als es noch Heringsfischereien in Emden und Leer gab (bis in die sechziger Jahre des vorigen Jahrhunderts), gingen reine Wettfahrten der Heringslogger los, wer denn nun das erste *Kantje* dem jeweiligen Bürgermeister übergeben durfte. Ein *Kantje* ist ein Heringsfass. Es fasst ca. 70 kg und war stramm vollgepackt mit ausgenommenen (gekehlten) Heringen.

Kap ist ein Seezeichen an erhöhter Landstelle (z. B. auf Borkum und auf Norderney), es bedeutet auch Landvorsprung.

Kaperfahrt Diese Art Fahrten waren für alle Küstenbewohner stets ein beliebtes Thema. Es handelt sich um Piratenausfahrten zur Aufbringung und Plünderung eines Handelsschiffes (unbedingt damit verbunden ist der berühmt-berüchtigte Störtebeker). Natürlich haben die Ostfriesen selbst sich nie daran beteiligt!

Kapp hat mehrere Ausdeutungen: a) Kopfbedeckung, Kappe, Mütze, b) Spitze, Abschluss des oberen Teiles, c) Verschluss(kappe), d) Brot-, Käsekappen und e) Deichkrone.

Kappen(wind)mühle nennt man die Mühlen niederländischer Bauart, die in Ostfriesland vielerorts noch zu finden sind, sofern sie nicht dem Mühlensterben in der zweiten Hälfte des vorigen Jahrhunderts zum Opfer gefallen sind. Bei der Kappenmühle muss nur noch die Kappe mit den Flügeln in den Wind gedreht werden (s. a. *Hollander*, Galerieholländer).

karjolen heißt im ostfriesischen Platt Krach machen, laut singen oder schreien und auch herumfahren, spazieren fahren.

karkensönndags nennt man die Festtagskleidung (s. a. *Sönndagsstaat, -packje*), die früher zum Kirchgang angezogen wurde. Zu Gott ging man in seiner besten Kleidung. Hat sich heute jemand fein herausgeputzt, drückt man seine Bewunderung immer noch mit diesem Prädikat aus: *He geiht up karkensönndags.*

Karkspill bezeichnet eine Kirchengemeinde. In früherer Zeit war ein Kirchspiel lange eine kleine kirchenverwaltungsmäßige Einheit von etwa vier bis sieben Kirchdörfern.

Das Kap von Norderney.

Kar(n)melkskrömen ist die Bezeichnung für einen Buttermilchbrei, der zumindest auf dem Lande eine häufige und beliebte Speise darstellte. Mit getrockneten Holunderblüten würzt man den Brei und dickt ihn mit Brotkrumen *(Krömen)* an.

Karsttied hat nichts mit Kirschen *(= Kars, Karssen)* zu tun, sondern mit „Christ". Es ist die Weihnachtszeit, Christzeit, *Karstnacht* ist die Christnacht, der Heilige Abend.

Katergang ist ein abgelegener kleiner Gang in sehr vielen Gemeinden (s. unter *Katt: Katthagen, Kattrepel* u. ä.)

Katt ist die Katze. Wie für Hochdeutsche ist auch für Ostfriesen eine raffinierte, verführerische Frau damit gemeint. In Wortzusammensetzungen bedeutet *Katt, Kater* zumeist etwas Nebensächliches: *För de Katt* heißt zwecklos, überflüssig. *Katteker* ist ein Eichhörnchen, *Kattuul* ist eine Eule. *Kattjegold* nennt man das Baumharz und unechtes Gold, unechten Schmuck. *Katthagen* benennt einen unbedeutenden Weg, der durch Hecken abgegrenzt ist (= Heckenweg), *Kattrepel* ist wahrscheinlich eine kleine Taubahn, in der wohl nur Schnüre für Fischernetze hergestellt wurden, *Repel* (s. d.) ist ursprünglich eine Flachsraufe.

Kau(d)elee ist unsinniges und/oder unverständliches Geschwätz, Faselei. *Kau(d)elmors* bezeichnet einen Quatschkopf, Schwätzer.

Keerl bedeutet Kerl, Mann. Sagt die ostfriesische Ehefrau aber *mien Keerl*, dann spricht sie von ihrem Ehemann, dies ohne den Beigeschmack, den das Wort „Kerl" im Hochdeutschen hat. Ebenso bezeichnet ein Mann seine Ehefrau, auch ohne Beigeschmack, als *mien Ollske. Keerlke, Kerli* (Kerlchen) ist eine Kosewort für einen kleinen Jungen (oft das Nesthäkchen). Dieser muss oft damit leben, dass er diese Anrede sein Leben lang zu hören bekommt, und das nicht nur von den Eltern.

Keerlelske ist ein Mannweib, eine Xanthippe, zänkische Frau, Furie, ein Drachen.

Kees(en)brügg dabei handelt es sich weder um eine Brücke aus Käse, noch um eine aus der Nähe einer Käserei, sondern der Ostfriese nennt so ein Butterbrot mit Käse.

Kehr hat wiederum mehrere Bedeutungen: a) Wendepunkt, Wendung, b) Kurve, Richtung, c) Kehre (z. B. beim Tanz), d) Mal, Wiederkehr. *He kehrt sük an nix* besagt, er kümmert sich um nichts. *Dat kehrt hum neet* meint, er lässt sich durch nichts stören. *De geiht tokehr* heißt, jemand macht Krach, regt sich auf.

Keierpadd nennt man den Spazierweg (*keiern* = spazieren gehen, herumschlendern). *Keiertje, Keierke* ist ein kleiner Spaziergang.

Kekelee s. Kakelee

Kentern wird das Umschlagen oder das Zur-Seite-Legen eines Schiffes genannt. Die Küstenbewohner verstehen darunter auch den Moment des Wechsels vom Hochwasser zum Ablauf oder vom Niedrigwasser zum Auflauf.

Ketelböter ist die Berufsbezeichnung für einen Kesselschläger, Kesselflicker, Kesselheizer. Sagt man in Ostfriesland *De geiht tokehr as 'n Ketelböter,* heißt das, jemand verursacht Lärm. Scherzhaft versteht man auch einen Schreihals oder gemeines Volk darunter.

Kibbelbeck, Kibbelmors, Kibbelsnuut sind plattdeutsche Wörter für einen Stänkerer, Zänker, Streitsüchtigen.

Kibbelee s. Kabbelee

Kiddelheini nennt man jemanden, der oft kitzelt oder neckt (*kiddeln* = kitzeln), s. a. *killern.*

Kieker zählt wieder zu den Begriffen mit vielen Deutungen: a) Gucker, Fernglas, Lupe, b) Auge, c) Aufpasser und d) Zuschauer. *Een up d' Kieker hebben* meint, jemanden kritisch beobachten, jemanden im Visier haben, jemandem nicht trauen.

Kiekin heißt kurzer Besuch. *Kiek-in-d'-Pott, Kiek-in-d'-Kumm* beschreibt einen Topfgucker und Neugierigen. *Kiekinnewelt, Kiek-in-de-Welt* nennt man ein kleines Kind, einen Hosenmatz, Knirps. *Kiekut* ist Ausguck, Aussicht, Aussichtspunkt. *Kiekkast* bedeutet Schaukasten und ist auch eine scherzhafte Bezeichnung für den Fernsehapparat.

Kiel steht für Keil und den Schiffskiel, das ist der Grundbalken eines Schiffes.

Kiesbieter, Kies(d)ert, Kies-Ülk [Ülk = Iltis] sind Ausdrücke für einen unfreundlichen, grimmigen Menschen, einen Wüterich.

Kiesbieter-Schaapschieter ist ein Schimpfwort: Dukatenscheißer. Ein *Schaap* (Schaf) ist ein früheres Geldstück, 10 Schaf = 1 Gulden.

Kieviev steht für Obacht. Ostfriesen sollen immer *up Kieviev wesen*, das kommt der natürlichen Skepsis entgegen, es heißt nämlich auf Zack sein, aufpassen.

kievig hat die Bedeutungen a) streitsüchtig, zänkisch, bissig, b) einwandfrei, zuverlässig, c) rein, sauber, d) frisch, genießbar, e) gesund, kräftig, f) derb, dicht, fest, g) gewitzt, pfiffig (*Kiev* = Schelte, Streit, Zank).

Kiffke Ostfriesen verstehen darunter einen kleinen Kläffer, einen Zänker, Friedensstörer, Keifer, aber auch den Mund, aus dem all diese Äußerungen kommen. Heißt es: *De hett sien Kiffke boven Water* besagt das, jemand hat zu allem was zu sagen, immer was zu meckern.

killern heißt kitzeln und jemand, der das gerne tut, nennt man *Killerbaas* (s. *Kiddelheini).*

Kinnelbeer wird die Bewirtung bei der Kindtaufe, die Tauffeier genannt. Zur Begrüßung eines Kindes gehört der heute noch sehr beliebte *Brannwien* (s. dort).

Kinneree sind Kindereien, nicht ernsthaftes Gehabe (*kinnerachtig* = kindisch). *Kinnergood(je)* ist ein Sammelbegriff für Kinder, Kindervolk. *Kinnerkraam* ist ebenfalls nichts Ernstzunehmendes, Kinderkram, Albernheiten, eine Lappalie, Kleinigkeit.

Kinnertöön, Kinnertoon, Kinnertööntjes wird in Ostfriesland in den ersten Wochen nach Geburt eines Kindes gereicht, es ist Branntwein mit Rosinen (*s. a. Brannwien, Sinbohnsopp*). Eigentlich sind *Kinnertööntjes* Kinderzehen.

„Kippkappkögel" heißen die bunten Laternen.

Kippkappkögel heißen die möglichst selbst gebastelten Laternen, mit denen Kinder am Martiniabend von Haustür zu Haustür wandern, ein Martinilied singen und ein kleines Geschenk (Obst, Süßigkeit) dafür einheimsen. Allgemein gilt der Ausdruck auch für Lampion.

kittig bedeutet akkurat, ordentlich, sauber, flink, tüchtig.

Klaas Hackenkolt nennen die Ostfriesen einen etwas windigen Gesellen, der, wenn er festgenagelt werden soll, schnell die Flucht ergreift. Auch ein harmloser Spitzbube oder jemand, der aus Bequemlichkeit stets in Ruhe gelassen werden will oder der Ruhe bewahrt, wird so tituliert.

Klaaskeerl ist ein Nikolausgebäck in Form eines Mannes, das auf den Nikolausteller gehört.

Klabautermann wird zum einen ein guter Geist genannt, der in schwierigen Situationen hilft, zum anderen ist er ein sagenhafter und gespenstischer Kobold, vor allem auf Schiffen, der Unheil ankündigt.

Klaben ist die ostfriesische Form des Korinthenstollens.

Klacks steht für Klecks, (Schmutz-)Fleck und für Vogelexkrement. *Dat is 'n Klacks* heißt, das ist eine Kleinigkeit.

Kladderee, Klatteree mag der Ostfriese nicht, hat er aber doch oft genug auszuhalten. Der Ursprung ist wahrscheinlich Ausdruck für starken Regen, Geprassel, Hagel. Übertragen bedeutet es Geklatsche und unsinniges Gerede.

Klamphaueree ist für Ostfriesen der Inbegriff der Pfuscharbeit. *Klamp* heißt ursprünglich ein Querholz, Riegel oder eine kleine Brücke, ein Steg. Ein *Klamphauer* ist ein ungeschickter Arbeiter oder Handwerker, ein stümperhafter Zimmermann, ein Pfuscher.

Klapp hat sehr viele Auslegungen: a) Klappe, Deckel, b) Hosenklappe, c) Bett, d) Mund, e) Falle, Falltür, f) Zugbrücke (z. B. *Petjemer Klapp* = Petkumer Klappbrücke).

Klappbrücke in Rhauderfehn.

Klapperbeen ist ein anschaulicher Begriff für einen nicht so schönen Anblick. Man versteht darunter ein Gerippe und den Tod als Figur.

Klaterjan nennt man einen Lumpenkerl, einen armseligen Menschen.

Klatt(e) ist wieder eines der plattdeutschen Wörter, das eine Vielfalt von Bedeutungen hat: a) Fetzen, Lappen, Lumpen, b) Klumpen, c) Kloben, d) schlampige Person, zerlumpter Mensch, Dreckspatz, e) Hure. Der Plural, *Klatten,* zeigt noch weitere Möglichkeiten auf: Schmutzbehänge, zottelige (Stoff- oder Papier-)Fetzen. *Sük in de Klatten hebben* heißt, sich streiten, sich zanken. *Klatteree* bedeutet Armseligkeit, Zerrissenes, Flatterhaftes und Böses, Streitigkeit.

Klauteraap [Klauter-aap] ist nicht nur der Kletteraffe, sondern ein Ausdruck für jeden Kletterer oder gar Kletterkünstler.

Kledaasje, Kledage ist – nicht so abwertend wie die aus dem Französischen übernommene hochdeutsche Variante (Klamotten) – ein Wort für Kleidung.

Klei ist ein großer – und fruchtbarer – Teil der ostfriesischen Landschaft, nämlich Klei-, Marschboden, fette, tonige oder lehmige Erde, die vom Meer her aufgebaut wurde, bevor es Deiche gab. So gibt es in Ostfriesland den Spruch: *Oostfreesland is as 'n Pannkook, in d' Middent an't dicksten un an d' Rand an't fettsten* (Ostfriesland ist wie ein Pfannkuchen, in der Mitte am dicksten, am Rand am fettesten). Außerdem gilt ganz allgemein *Klei* auch als Dreck und Schlamm. *Ein Kleibuur* (Marschbauer) schmiert jedoch nicht herum, sondern er nutzt den guten Kleiboden. *Kleiburen* waren immer verhältnismäßig reich (s. a. Polderfürsten).

Kleieree steht für Schmiererei, Kleckerei, für schmutzige Arbeit, für Pfusch und Gemansche. Sagt ein Ostfriese: *Ik will d'r keen Kleieree van hebben,* dann meint er damit, dass er keine Unordentlichkeit dulden möchte, keine in den Beziehungen zwischen den Menschen, vor allem den Geschlechtern, und kein Durcheinander in der Wohnung und bei der Arbeit.

Kleipaasder sind, etwas abwertig gemeint, breite, grobe, feste Schuhe sowie große Holzschuhe (*Klumpen*). *Paasder* = Treter.

Klemm bezeichnet im Plattdeutschen Klemme, Klammer, auch schwierige Lage, Enge sowie Kraft, Macht, Nachdruck. Darüber hinaus ist es (auch Klemmvögel) der Name für Greifvögel wie Falke, Habicht, Sperber.

Kliester bedeutet Kleister. Kommt ein Ostfriese allerdings *mit 'n Kliester na Huus,* so kann er sich auf eine Gardinenpredigt gefasst machen, denn das heißt, dass er betrunken ist.

Kliff ist eine steile Abbruchkante an einem Ufer mit manchmal überhängender Decke. In Ostfriesland kommen kaum Kliffs vor.

Klipperaak [Klipper-aak] ist die Bezeichnung für ein Frachtschiff, das zum Leichtern (s. d.) von größeren Schiffen auf einer Reede (s. d.) eingesetzt wurde. Ein solcher Typ kommt von den Niederlanden, ist bzw. war in Ostfriesland ziemlich selten.

Klitterkraam wird Firlefanz, Kleinkram, Trödel genannt (s. a. *Klöterkraam*).

Klitz(e) bezeichnet eine unsaubere, gemeine oder gar lasterhafte Frau, eine Hure. Ähnlich ist *Klitzke* ein flatterhaftes, leichtfertiges Mädchen und eine putzsüchtige, eitle junge Frau.

Klock bedeutet sowohl Glocke und Klingel als auch Uhr und Uhrzeit. *Dat is Klock acht* heißt, dass es ist genau acht Uhr ist.

Klookproter nennt man einen Klugredner, Angeber, Schönredner.

Klookschieter ist noch etwas drastischer als *Klookproter,* nämlich Klugscheißer, Besserwisser und Eingebildeter.

Klöömdott, Klöömhack, Klöömkatt nennt man in Ostfriesland eine ständig oder leicht frierende Person (s. a. *Fröstkötel*).

Klöönkast ist – mehr scherzhaft und neu in der Sprache aufgenommen – ein Radiogerät oder ein Telefon (*klönen* = plaudern, schwatzen).

Klöör entstammt dem französischen Wort „couleur" = Farbe. Der Ostfriese macht allerdings einen Unterschied, für ihn ist *Farv* die Farbe als Material. *Klöör* nennt er den Farbton, auch den Teint und die Verlegenheitsröte.

Kloot heißt eine Kugel besonders zum Klootschießen oder Boßeln. Ein *Kloot* ist nur etwa schlagballgroß (für erwachsene Männer: 58 mm Durchmesser, 475 g Gewicht), aus Holz und mit Bleieingüssen beschwert. Ein Boßelkloot ist größer und schwerer, ursprünglich ebenfalls aus Holz (s. *Pockholt*), inzwischen auch aus Hartgummi und Kunststoff. Die Straßenboßelkugel hat 9,5 bis 12 cm Durchmesser und ein Gewicht, je nach Klasse, von 1000 bis 1200 Gramm.
Klootscheten ist ein sportliches Wurfspiel mit einem Kloot. Das Klootwerfen findet im Winter über Wiesen und Weiden statt, jeweils zwei Mannschaften gegeneinander. Es wird von einem Sprungbrett aus geworfen, wobei nicht nur bis zur Aufschlagstelle gemessen wird, sondern bis dahin (s. *Trüll*), wo der Kloot liegen bleibt. Von dort aus wirft der nächste aus der Mannschaftsriege (s. a. *Boßeln*). Ziel ist, mit möglichst wenig Würfen eine vorher festgelegte Strecke zu überwinden.

Klööt nennen die Ostfriesen einen dummen Kerl, einen Töffel. Außerdem sind *Klöten* die Hoden.

Klootjespill ist das Eishockeyspiel.

Klootstock s. Pullstock

Klopperee sagt man für eine Klopferei, ständiges Klopfen und für Prügelei. *Klopp(e)* ist eine Keule, ein Knüppel oder Prügel, ein Schlag.

klöter(i)g steht für klapperig, gebrechlich, kränklich sowie armselig, kümmerlich (*klötern* = klappern, klirren, rasseln). *Klöter* ist eine Klapper, Rassel, *Klöterbüss* die Klappertopfpflanze, *Klöterbüx* bedeutet Radaumacher und harmloser Polterer und *Klöterjan, Klöterbaas* ist ein lärmender Tölpel.

Klöterkraam, Klüterkraam sind Nichtigkeiten, wertlose Arbeit, Kleinkram, Trödel (s. a. *Klitterkraam*).

Klottje nennt man in Ostfriesland eine Gruppe, einen Verein und auch ein ausgelassenes Fest, ein lustiges Gelage junger Menschen.

Kluck bezeichnet einen Schluck oder eine Glucke (= auch *Kluckhenn*).

Klump ist ein plattdeutsches Wort für Holzschuh (meist im Plural: *Klumpen*), einen Klumpen oder Kloß (s. a. *Kluut*). Ein verformter Fuß wird *Klumpfoot* genannt. *Klum(p)ke* s. *Kluntje*.

Klüngelbaas, Klüngelmors bezeichnet einen Trödler, Tüftler, Bastler oder einen faulen, nachlässigen, schlampigen Menschen.

Klunthack, Klunter(t) ist ein Tollpatsch, Ungeschickter, Unbeholfener.

Kluntje, Kluntke nennt man den Kandiswürfel (s. a. *Klumpke*) und auch eine kleine Person, die etwas plump und unbeholfen ist.

Klutendrager ist ein grober Landarbeiter (vor allem auf der Marsch). Die Geestleute benutzen dieses Wort auch wohl als Schimpfwort für einen Marschenknecht.

Klüterbaas wird jemand genannt, der gerne bastelt und viel herumtüftelt.

Klütje bedeutet Kloß, Knödel, spezieller ist es auch der Name für einen Mehlkloß, der dampfnudelähnlich über einem Wasserbad gegart wird. Übertragen benutzt man das Wort für einen sorglosen, meist tumb-fröhlichen Menschen, aber auch als Kosewort oder Lobfloskel.

Klutt(e) ist eine Hure und Gassendirne.

Klüüt nennt man den Säbelschnäbler, einen typischen Vogel des Wattengebietes.

Kluut ist in Ostfriesland die Bezeichnung für einen Erdkloß, einen (mehr oder weniger rundlichen) Klumpen und auch ein Torfstück (insbesondere, wenn es noch nass ist). Das Wort *Kloot* dürfte auch davon abstammen.

Knakenbreker spielen in Ostfriesland eine große Rolle. Sie werden bei „mechanischen" Leiden auch gerne aufgesucht. Natürlich brechen sie keine Knochen, aber es sind Personen, die heilende Fähigkeiten haben, z. B. im Einrenken u. ä.). Wenn man so will, handelt es sich um eine Art Heilpraktiker, der allerdings oft keine Ausbildung als solcher hatte.

Kluntjes gehören in den Ostfriesentee.

Knappkook s. Neeijahrskookje

Knasterbaart benennt einen mürrischen und verdrießlichen Mitmenschen.

Knauhum ist ein Schimpfwort, ein Spottname: Geizkragen.

Kneelpuper [Kneel-puper] kann man am besten mit Korinthenkacker übersetzen *(Kaneel, Kneel* = Zimt).

Kneep bedeutet Trick, Kniff, Winkelzug, auch Streich, Kerbe, weiterhin Hüfte, Taille und Mieder.

Knevel ist ebenfalls ein vielfältiger Begriff, er steht für Knebel, Finger, Knöchel, auch Lausbub und junger Heranwachsender.

Knibbelee meint eine Liebkosung durch Berühren und Knabbern mit den Lippen. *Knibbel* heißt Stückchen.

Knick bedeutet – wie im Hochdeutschen – Knick, Falte. Aber man nennt so auch die Wallhecken (s. dort, mit Büschen bewachsene Wälle auf der Geest, die die Felder umschließen). Weiterhin ist *Knick* eine wasserundurchlässige Verdichtungsschicht im Marschboden, die nur schwer von Pflanzenwurzeln durchbrochen werden kann (s. a. Darg).

Knick(e)been ist eine Person, die beim Gehen in den Knien einknickt und damit recht schlaksig wirkt.

Knickerbüül, Knickerbüdel, Knickerjan sind Ausdrücke für einen Geizkragen und kleinlichen Menschen (s. a. *Gitzlapp*). *Knicker* ist eigentlich eine kleine Spielkugel aus Ton oder Glas, eine Murmel und eben auch ein Geizkragen.

Kniefeltoon nennt man jemanden, der mit den Zehen nach innen, über den sogenannten großen Onkel geht.

Kniep bezeichnet ähnlich wie *Kneep* Klemme, Klammer, auch Bedrängnis und Enge. Sagt man in Ostfriesland, dass man *in d' Kniep kummt*, heißt das, man ist in die Enge getrieben worden. *Kniep* bedeutet auch Geiz und ein scharfes Schustermesser (auch *Knief*).

Knieper(t), Kniepsteert bedeutet etwas Kneifendes und man nennt einen Knauser und Geizkragen so.

Kniephusen un Hollfast Will man jemandem bescheinigen, dass er geizig ist, so gibt es dafür eine stehende Redewendung: *Du büst van Kniephusen un Hollfast*.

Knieptang heißt die Kneifzange. Sagt aber ein Ostfriese, dass er jemanden vor sich hat, *de een mit d' Knieptang melken mutt*, dann hat er einen überaus verschlossenen Menschen vor sich.

Kniest, Gniest beschreibt einen unterschwelligen Streit, eine Unzufriedenheit.

Knitterbaas, Knitterbüül, Knitterbüdel, Knitterkopp sind Ausdrücke für einen mürrischen, verdrießlichen, übel gelaunten Menschen.

Knojeree ist eine Schufterei, Schwer(st)arbeit. *Knojer* heißt Schwerarbeiter.

Knoten [Abkürzung kn] ist eine Maßeinheit für die Geschwindigkeit eines Wasserfahrzeugs. Ein Knoten ist eine Seemeile pro Stunde [sm/h], d. h. 1852 Meter pro Stunde.

Knöttfröter nennt der Ostfriese einen Lausebengel, einen harmlosen und fast liebenswerten Burschen.

Knubb(el) ist ein Knorren, eine Geschwulst, Beule oder eine Verdickung, ein Knoten. Auch *Knüpp, Knütt* heißt Knoten.

Knüppelkook nennt man den Knüppelkuchen, das sind feine, recht feste Gebäckstückchen, die durch Zuckerguss miteinander verbunden sind, eine ostfriesische Kuchenspezialität.

Knurr ist ein plattdeutsches Wort für Knorren, Brocken, Baumstumpf und für dickes Brotstück, Endstück vom Brot.

Knurt(je) nennt man einen Knirps bzw. einen Zwerg, einen Kleinwüchsigen.

Knutterbaas s. Knitterbaas

Knuudje heißt ein Knäuel. Wenn man *in 'n Knuudje sitten geiht*, setzt man sich zusammengekauert hin.

Knuust bedeutet Brocken, dicker Klumpen, auch dickes Brotstück, Endstück vom Brot und kräftiger Mensch.

Kobb(e) [gesprochen Korb] nennt man die Silbermöwe. *He sluukt as 'n Kobb* besagt, er schlingt alles schnell hinunter, er isst unkultiviert.

Ködel, Kötel bezeichnet einen Kotballen. Es gibt z. B. *Muusködel, Schaapködel, Hunnködel, Kattködel, Peerködel, Knienködel* u. a.

Kögel ist ein rundlicher (meist von anderen als unmöglich empfundener) Hut.

Kohfoot heißt Kuhfuß. In Ostfriesland ist das ein sehr beliebtes, weil vielseitig verwendbares Werkzeug: eine Brech- oder Hebezange.

Kohlstrunk ist der Name eines Pflanzenteils: der Kohlstängel. Als *Kohlstrunk* wird auch ein Prahlhans oder Schwindler (der da kohlt, kohlen = schwindeln) bezeichnet. Der Spruch: *Beter 'n Strunk in d' Kohl as heel keen Wurst* (besser einen Stängel im Kohlessen als gar keine Wurst) ist ein Beispiel für den feinen Humor der Ostfriesen.

Koje nennt man eine Schiffskabine. Das kann ein Raum für Besatzungsmitglieder und auch für Passagiere auf einem Schiff sein.

Kojer ist in Ostfriesland eine ältere Bezeichnung für einen Deicharbeiter, vor allem, wenn er mit einer Schubkarre hantiert.

Kolk s. Brack

Kökelkraam bedeutet Nichtigkeit, Kleinkrämerei.

Kökenbigg wird ein Gehilfe in der Küche genannt. Scherzhaft spricht man auch von *Kökenbiggen*, wenn man Küchenpersonal oder einen Festausschuss damit meint. Schließlich ist auch ein Topfgucker als *Kökenbigg* zu bezeichnen.

Kokermöhlen ist ein Mühlentyp, bei dem auf einem hohen Bock ein kleines kastenförmiges Gehäuse mit den Flügeln in den Wind gedreht wird. Sie ist sozusagen ein Vorläufer der holländischen Kappenmühle (s. dort).

Kolonist ist in Ostfriesland die Bezeichnung für einen Moorsiedler, dem eine Moor- oder eine anmoorige Geeststelle (nach dem Urbarmachungsedikt von 1765) zugewiesen wurde; die dadurch entstandenen Streusiedlungen nennt man Kolonien (z. B. Eversmeer, Veenhusen-Kolonie).

Kompanie(haus) Eine Fehngesellschaft nennt man Kompanie (Compagnie), deren Verwaltungsgebäude – zumeist in Form eines Gulfhofes (s. d.) – als Kompaniehaus bezeichnet wird (z. B. Berumerfehn).

Koorje ist für Ostfriesen eine Schar, eine Ansammlung und auch ein Schauer, der über den Rücken läuft.

Koors bedeutet Fieber, starke Erkältung, Husten und Heiserkeit.

Koppel nennt man eine Menge, Schar, Ansammlung, auch eine Gruppe oder einen (kleinen) Verein und eine eingezäunte Weide, aber auch eine Gürtelschnalle.

kopperg Minsk ist ein eigensinniger, halsstarriger Mensch.

Kopphanger beschreibt einen Angsthasen, jemanden, der keinen Mut hat, der den Kopf hängen lässt.

Koppien [Kopp-pien[steht für Kopfweh. Der Ostfriese kennt *Koppien in Buddels,* er versteht darunter ein Kopfweh erzeugendes (zumeist süßes) alkoholisches Getränk.

Koppke nennt man die Teetasse, Teeschale (sie war ursprünglich ohne Henkel).

körkiesen [kör-kiesen] versteht man als auseinanderklaffen, als gähnen; die Zähne fletschen, Zähne zusammenbeißen.

Körreldüümke, Körreldümelke, Köteldüümke nennt der Ostfriese einen Knirps, Däumling, ein Erdmännchen, einen Zwerg, Winzling. Ein *Körrel* ist ein Korn, Kern und *een Körrel* heißt ein bisschen, ein wenig.

Körtkopp ist für Ostfriesen ein kurz angebundener, ungeduldiger Mensch, auch ein Hitzkopf und leicht Aufbrausender.

Körv bedeutet Korb, auch Käfig und Vogelbauer.

Kösterbaas nennt man in Ostfriesland einen Besserwisser, jemanden, der ständig schulmeistert, auch einen Kritisierer und Mäkler.

Köstganger heißt ein Essensgast, Tischgast. Redet man von *'n düür Köstganger,* ist damit ein Vielfraß gemeint. *Een raar Köstganger* ist ein seltsamer Vogel, ein Sonderling.

Köterbuur ist ein Kleinbauer, ein Kätner (jemand, der eine kleine Kate besitzt).

Kraak bedeutet Krach, krachendes Geräusch.

Kraakstohl s. Hörnstohl

Kraam bedeutet Kram, Zeug, auch Habe, Besitz, Sache, Angelegenheit und Menstruation.

Kraantjekann nennt man eine Kaffee- oder Teewasserkanne mit einem Zapfhahn (s. a. *Drüppelminna*).

Krabb ist ein kleiner Krebs [Crangon vulgaris], in Ostfriesland *Granaat* genannt (s. dort). Eine echte Krabbe ist plattdeutsch ein *Dwarsloper* (s. dort). Weiterhin werden ein kleines Krabbelkind, eine kratzbürstige Person und ein kleines Gartenwerkzeug bzw. eine kleine Hacke *Krabb* genannt.

Krabben sind kleine Krebse, Garnelen.

Krabber heißt ein (Garten)-Werkzeug mit Zinken zum Kratzen und ein Mensch, der viel arbeitet.

Krabbkatt, Krabbkater ist ein Schimpfwort für kratzende Menschen, insbesondere Kinder bzw. eine echte Kratzbürste.

Kracke(r) ist auf Platt ein Stümper, (etwas despektierlich) ein alter, schwächlicher Mensch und ein altes verbrauchtes Pferd, ein Klepper.

Krakeeler, Krakeelmaker mag ein Ostfriese nicht, es ist ein Schreier, Lärmmacher, ein Streithammel und Zänker.

Krakelings s. Wolthuser Krakelings

Kralloog nennt der Ostfriese eine Person mit strahlenden Augen. Dieses Wort ist als Liebeserklärung verbreitet: *Mien Hartens Kralloog* bedeutet meine Herzallerliebste, mein Goldschatz. *Krall* heißt Koralle, Schmuckstein, aber auch Kralle.

Krauter wird ein unbedeutender Handwerker oder Kaufmann, aber auch ein Sonderling genannt.

Kreet bedeutet Kerbe, Ritze, auch Hautfalte, Runzel und Gejammer, Wehklage.

Kregelkopp ist ein ostfriesischer Ausdruck für Trotzkopf, Dickkopf, auch für einen streitsüchtigen, leicht gereizten Menschen.

kregel Minsk mag ein Ostfriese sehr, er versteht darunter einen lebhaften, tatkräftigen Menschen und einen gesunden, rüstigen, vitalen Zeitgenossen.

Kreitwagen nennt man den Heuwagen mit leiterartigen Seitenaufsätzen.

Kremm hat die Ausdeutungen a) Geschmack, Gehalt, b) Kraft, Stärke, c) Festigkeit und e) Aroma, Würze.

Krempel bedeutet Kram, Trödel, auch Sache, Angelegenheit und Streit.

Kreyer, Kreier ist ein typisches Wattengefährt, ein langer, schmaler Schlickschlitten mit einem Griffbügel. Die Argenfischer rutschen bei Ebbe auf ihnen über das Schlickwatt zu ihren Stellnetzen, indem sie auf dem hinteren Abschlussbrett mit einem Bein knien und sich mit dem anderen rollerartig abstoßen (auch *Kreijager, Kröjer, Krajer*), Abb. s. nächste Seite.

Kribbkopp, Kribbelkopp nennt man in Ostfriesland einen streitsüchtigen, einen leicht reizbaren Menschen und eine unzufriedene, ungeduldige Person.

Mit dem „Kreyer" geht's zu den Stellnetzen.

Kribbellatiensk sprechen manche Urlauber für den Ostfriesen, wenn er deren Sprache nicht gleich verstehen kann (oder will): Fremdsprache, Unverständliches, Kauderwelsch, auch Küchenlatein. *Kribbelwater* heißt Mineralwasser, Brause bzw. Sprudel.

Krieteree bedeutet Geschrei, Gekreische, *krieten* heißt kreischen, heulen, jammern.

Krimp steht für Falte, für Dachkehle (Linie, an der Dächer zusammenstoßen) und Zusammengeschrumpftes (auch *Krump*).

Kring ist das plattdeutsche Wort für Kreis, Ring, für Runde, Zirkel, Kreis (auch im Sinne von Gesellschaft, Versammlung).

Krinthenkacker, Krintjekacker sind ostfriesische Ausdrücke für einen Kleinigkeitskrämer, Geizkragen und für einen ängstlichen, kleinmütigen Menschen (*Krinth* = Korinthe).

krinthenkathoolsk nennt man in Ostfriesland Menschen, die sich in den evangelischen Gebieten immer auf ihren katholischen Glauben zurückziehen und damit als stur gelten. *Krinthenmehlpüüt* ist nicht etwa ein Korinthenmehlkloß, sondern Ausdruck für eine Sekte.

Krinthstuut heißt ein Korinthenweißbrot, Rosinenbrot (*Krinth* = Korinthe, getrocknete blaue Weintraube).

Kripps wird hauptsächlich in dem Zusammenhang *bi de Kripps kriegen* gebraucht. Es bedeutet, jemanden beim Schlafittchen fassen. *Kripps* sollte nicht mit Grips (= Verstand, Auffassungsgabe) verwechselt werden.

Krodd, Krodde, Jan Krodd(e) ist Ausdruck für einen Angeber, einen Lackaffen, Geck, Dandy. Man scheint in dem Wort die Verachtung regelrecht zu spüren. *Kroddgood* ist eine Angeberbande, eine überhebliche Truppe.

Krök heißt Leid, Ungemach, Entbehrung, Not, Mangel. Der Begriff *Krök lieden* besagt, Hunger erleiden.

Kroog nennt man ein Wirtshaus, eine Schänke (s. a. *Weertshuus*). *Kröger* als Gastwirt wird mehr im östlichen Ostfriesland gebraucht.

Kroos ist das Wort für Krug, Kanne. Gleichzeitig ist es auch ein bestimmtes Maß, eine Maßeinheit: *een Kroos* = ein Viertel Liter.

Kröpel bedeutet Krüppel, Verwachsener, Gebrechlicher, Behinderter.

Kroppdeener, Kropper wird ein Angeber genannt, eine Person, die sich gern brüstet und prahlt. *Kropp* heißt ein Salatkopf, ein Kropf und die Kropftaube *(Kroppduuv).*

Kroppgood nennt man eine Schar kleiner Kinder, aber ebenso – und das sollte nicht auf die Kinder gemünzt sein – wertloses Zeug, abschätzig steht es auch für Gesindel.

Krörse ist Gekröse, man meint damit auffällige Bekleidung mit Rüschen.

Krübbenbieter bezeichnet ein Pferd, das die üble Angewohnheit hat, in die Krippe zu beißen und das wird entsprechend übertragen auf einen nagelkauenden Menschen.

Krückfoot s. Queller

Krüden, Kruiden nennt man Gewürzkräuter, Heilkräuter und – sehr beliebt – einen Kräuterschnaps. Ein *Krüdeneer, Krüneer* ist ein Lebensmittelkaufmann, Gemischtwarenhändler, wie es ihn heute fast gar nicht mehr gibt.

Krull bedeutet Locke, Ringel und Schnörkel, Verzierung. Der *Krullhahn, Krüll(hahn)* ist der Penis (auch *Piethahn* u. a.). *Krüllke* heißt die Kornblume.

Krullsteert ist zwar auch Penis, in erster Linie aber der Ringelschwanz, Schweineschwanz und ein plattdeutsches Wort für einen übermütigen Menschen.

Krummholt heißt ein gebogenes, kräftiges Holzstück, das beim (Haus-)Schlachten zur Aufhängung des Schweines an eine Leiter dient. Es wird durch die Hinterläufe hinter den Achillessehnen durchgesteckt.

Krunkel, Krüüs beschreibt eine Falte, Runzel und eine Knickkante.

Kruperke s. Kruupke

Kruudtuun ist die Bezeichnung für den Gemüsegarten, Küchen- oder Kräutergarten.

Kruup-in-d'-Mors (wörtlich: Kriech in den Hintern) klingt recht anschaulich: Arschkriecher, Arschlecker, Schmeichler.

Kruupke beschreibt ein kriechendes Wesen, Kleinkind, Krabbelkind, aber auch einen Zwerg bzw. einen kleinwüchsigen (verkrüppelten) Menschen. Außerdem ist es der Name für ein Zwerghuhn und einen Zaunkönig (auch *Kruperke*). *Kruupgood* heißt kleine krabbelnde Kinderschar, auch kriechende und windende Gewächse.

Kuff ist die Bezeichnung für ein Küstenschiff, ein sehr breit gebautes Lastschiff.

Kükel, Kükeltje, Kukel ist ein beliebtes Kosewort: Liebling, kleines Küken (s. a. *Tüütje*). *Kükelhahn* ist in der Kindersprache der Gockelhahn.

Kukelurer, Kukuler benennt einen heimlichen Späher, einen Lauerer und Beobachter.

Kukinjes heißen bonbonartige Süßigkeiten, hergestellt aus Sirup.

Kulant(je), Kalant(je), Klantje bedeutet Geschäftsfreund, Genosse, Kamerad, Kollege und Geselle, Gehilfe.

Kulpoog [Kulp-oog] ist nicht nur das Glotzauge, sondern auch der ganze Kerl, der dahintersteckt.

Kummher [Kumm-heer] heißt Abstammung, Herkunft. Sagt der Ostfriese aber: *dat is 'n anner Kummher,* meint er damit, das ist was anderes, etwas Besseres.

Kumnaatje s. Kammnaadje.

kumpleet Keerl meint einen korpulenten, dicken Mann. *Kumpleet* heißt auch vollständig, komplett.

Kumplottje bedeutet Veranstaltung, Versammlung, Zusammenkunft.

Kundje heißt plattdeutsch ein Bursche, Freundchen, ein Schelm, harmloser Spitzbube und ein Kind als Kunde.

Kunkelee, Kunkelkraam hat die Übersetzungen Geheimniskrämerei, Geflüster, Intrige, auch Betrug und Schlamperei.

Kunkelfuseree oder **Kunkelfuus** bezeichnet eine unrühmliche Tat, eine Mauschelei, Intrige, Verwirrung und eine Schelmerei.

Kunkelpott ist eine Tee- oder Kaffeekanne und übertragen ein Klatschmaul.

Kunkelwiev ist ein Ausdruck für eine Frau, die kein Ostfriese gern in seinem Haus hat. Er nennt so eine Schlampe, ein liederliches Weib, Klatschmaul, eine Frau, die undurchsichtige und unsaubere Geschäfte macht oder Händel hat.

Künn bedeutet Verstand und Kenntnis. *Bi Künn wesen* heißt, bei Verstand sein, mit vollem Bewusstsein handeln.

Der Fischkutter nimmt Kurs auf die Fanggründe.

Künst heißt zwar für den Ostfriesen auch Kunst, wenn das Wort aber im Plural mit *Künsten* gebraucht wird, bedeutet das Zauberkunst, Gaukelei, List und vor allem Hirngespinst. Ein *Künstkeerl* ist kein Kunstkenner, sondern ein Akrobat, ein Gummimensch.

Kunt, Kuntje, Kuutje, Küttje sind Ausdrücke für die Scheide, das weibliche Geschlechtsteil. Wie in allen Sprachen gibt es auch im Plattdeutschen viele Worte für eine Sache (vor allem für Tabus), die jedermann im Kopf hat, aber nicht leicht aussprechen kann oder will.

Kuntrei bedeutet Gebiet, Gegend, Umgebung, Landstrich (s. a. *Gewest[en], Streek*).

Küren kommt vor allem in dem Zusammenhang *mall Küren* vor. Das steht für Hirngespinste, Launen, Grillen, Possen, Späße. Ein *Kürenmaker* ist der Komiker, Spaßmacher.

Kürkakao, Kürkakau ist die Verballhornung von Curaçao-Likör.

kurkhalsen bedeutet laut und geräuschvoll würgen, sich übergeben.

Kurr(e) ist die Bezeichnung für ein Grundschleppnetz zum Fang von bodenbewohnenden Meerestieren im Küstenbereich (Watt).

Küselwind nennt man den in Ostfriesland ab und zu mal aufkommenden Wirbelwind. *Küsel* bedeutet Strudel, Wirbel und *Brummküsel* ist ein Brummkreisel.

Kutter nennt man ein hochseetüchtiges, kleineres Seefahrzeug, das hauptsächlich zum Fischfang ausfährt (z. B. auch Granatkutter). Früher hatte es einen Segelmast, heute fährt es motorisiert.

Kuur ist ein plattdeutsches Wort für Branntwein, Schnaps (auch *Kööm, Lüttje(n), Körte(n), Drüppke* u. ä.). Wenn einem Ostfriesen *Kuur un Barmhartheid dörnanner löppt* heißt das, dass er sehr gerührt ist und vor Rührung auch ein paar Tränen verdrückt. Eine *Kuurbuddel* ist eine Schnapsflasche und ein *Kuurstoker* ist ein Branntweinbrenner.

Küüroog [Küür-oog] heißt ein Blinzelnder, jemand, der scharf hinsieht (*küürogen, küren* = zwinkern, blinzeln, spähen).

Kuuskellen sind Zahnschmerzen, *Kuus* = Backenzahn.

Küüt bedeutet Wade und auch Rogen (Fischeier, insbesondere vom Hering).

Kuutje s. Kunt

Küütjebüütjer ist der Ausdruck für jemanden der häufig Tauschhandel betreibt. *Küütjen* heißt tauschen und auch Eingeweide herausnehmen, ausweiden (z. B. von geschlachteten Hühnern).

L-l

Laag heißt Lage, Situation. Wenn allerdings jemand 'n *Laag Hau kriggt* besagt das, dass er eine Tracht Prügel bekommt.

Laan s. Lohn

Laban nennt der Ostfriese eine hagere, hochgewachsene männliche Person und auch einen plumpen Mitmenschen, einen Lümmel.

Labbelott, Labbekack steht für einen albernen, dummen Schwätzer, einen nichtswürdigen, leichtfertigen Menschen.

Labberbeck, Labbersnuut, Leckerbeck bezeichnet in Ostfriesland ein Leckermaul, einen Schlecker, Schlemmer, auch einen Schlürfer.

Labber(i)gheid, Lobber(i)gheid ist der Inbegriff für Geschmacklosigkeit (im Essen), für etwas nicht Festes, Weichliches, Breiiges.

Laffbeck, Laffsnuut wird jemand genannt, der albernes, dummes, geistloses Zeug daherredet, ein Schwätzer und Angeber.

Laffheid bezeichnet Fadheit, Laschheit, Schwäche und auch Müßiggang.

Lahnung ist ein hochdeutsches Wort. Hierbei handelt es sich um eine Küstenschutz- und Landgewinnungsmaßnahme: Es sind zwei bis etwa einen Meter aus dem Wattuntergrund ragende Pfahlreihen (meist senkrecht zum Küstenverlauf), zwischen die Reisigbündel (Buschwerk, Faschinen, s. d.) geflochten und befestigt werden. Zwischen den Lahnungen kommt die Wasserbewegung zur Ruhe, so dass sich die Schwebstoffe im Wasser absetzen, was zu einer schnelleren Verlandung beiträgt (s. a. Buhne).

Laken ist zunächst das Laken, Bettuch, dann aber im Plattdeutschen auch ein großes Tuch und vor allem Segeltuch. Ein *Lakenkoper* ist ein Tuchhändler. Schließlich heißt die Goldlackpflanze *Golden Laken*.

Lammersteert, Lammerkesteert heißt Lämmerschwanz und ist auch Ausdruck für eine unruhige, lebhafte Person.

Lammertittenfehn ist ein fiktiver Ortsname, ein Ort im Nirgendwo, der immer dann herhalten muss, wenn eine märchenhafte Erzählung folgt oder ein tatsächlich existierender Ort nicht genannt werden soll (Lamm = junges Schaf; Titt = Brust, Euter oder Busen; Fehn = Dorf in einem durch Entwässerungsgräben kultivierten Hochmoor).

Landgebräucher ist ebenfalls ein hochdeutsches Wort. Plattdeutsch werden solche Menschen zumeist *Daghürder* oder *Knechten un Maiden* genannt, was ihre wahre Identität aber nicht exakt wiedergibt. In der Praxis handelt es sich um Knechte mit ihren Familien oder auch Tagelöhner, die für einen größeren Hof ständig oder gelegentlich arbeiteten und somit Nießbrauch vom Hof hatten. Zusätzlich gehörte ihnen aber ein kleines Häuschen (siehe unter Bummert) und ein wenig Kleingartenfläche für Kartoffeln und Gemüse, sie hielten auch einige Tiere, zum Beispiel (zumeist nur) ein Schwein, ein Schaf, Kaninchen, Hühner u. ä.

Langloper s. Döörloper

Lang Ennewegs beschreibt einen Lulatsch, einen langen, hochgewachsenen (schlanken) Kerl.

Lapp hat mehrere Bedeutungen, die zum Teil auch im Hochdeutschen bekannt sind: a) (Putz-)Lappen, Lumpen, b) Führerschein, c) großer Geldschein, d) ungebildeter, nichtsnutziger Mensch, Lump (auch *Lapps*) und e) Flicken.

Lapperee nennt man eine Stellmacherwerkstatt (Wagner), eine Flickarbeit, aber auch Pfuscherei, Lumperei, eine Lappalie, Geringfügigkeit, Kleinigkeit. *Lapper* heißt der Wagner, Stellmacher, auch der Flickschuster und allgemein ein Pfuscher.

Lappsack bedeutet kleinlicher Mensch, alberner Tropf, auch Zahlungsunfähiger und Dummkopf.

Lawai nennt man einen Aufstand, Aufruhr, auch Krach, Lärm und Streik, Arbeitseinstellung, dann Feierabend, Urlaub. *Lavay* war früher die Bezeichnung für einen Deicharbeiterstreik. *Lawaimaker, Laweimaker* heißt entsprechend Krachmacher, Aufrührer, Rebell.

Leckerbeck s. Labberbeck

Ledekant, Leetkant, Lettkant nennt man in Ostfriesland ein frei stehendes Bett – im Gegensatz zur Butze (es kommt angeblich aus dem Französischen, „lit de camp“ = Feldbett).

Lee ist die dem Wind abgewandte Seite. In Ostfriesland, besonders aber für die Segelschifffahrt, spielte der Wind immer eine große Rolle, man nutzt ihn, aber man fürchtet ihn auch (Sturm).

Leegd(e) nennt man eine Niederung, Senke, ein Tal, aber auch ein flaches Wattengebiet nahe einer Wattwasserscheide (s. auch unter *Hoogde*).

Leegloper, Leddigloper ist ein Müßiggänger, Tagedieb, Faulenzer.

Leegmoor, Leegemoor bedeutet Niederungsmoor; tiefere Stellen der Marsch mit hohem Grundwasseranteil, es liegt meistens am Geestrand im innersten Teil der Marsch. Das Niederungsmoor ist nährstoffreich im Gegensatz zum Hochmoor (s. a. *Hammerk* = Hammrich; Sietland).

Leegwater heißt Niedrigwasser. Es ist der Tiefstand zwischen Ebbe und Flut. Entsprechend ist *Hoogwater* der Höchststand.

leep lelk heißt sehr bösartig. Ein Hund kann z. B. *leep lelk* sein, das heißt, bösartig, bissig und nicht leicht zu beruhigen.

Leerlapp wird der Lederlappen genannt, aber auch ein alberner, unbedeutender Mensch. Ein *Slingerleerlapp* ist eine Zwille.

Leev(de) besagt Liebe, Zuneigung, Gefallen und Vorliebe. *Leevke* heißt Allerliebste(r), Liebling. *Leevtalligheid* ist Zutraulichkeit und Zärtlichkeit.

Leevdoner nennt man einen Schmeichler.

Leiigheid [Lei-ig-heid] gilt bei Ostfriesen als absolute Untugend und nahezu Todsünde, es bedeutet Faulheit, Trägheit. Natürlich gab es und gibt es auch hier solche Leute, die sich gerne vor der Arbeit drücken (s. a. *Leiwams*).

Leichter nennt man ein offenes, breites, püntenähnliches Boot, das zum Löschen oder Beladen von Schiffen eingesetzt wird (s. auch Reede).

leichtern besagt, dass Schiffe mit zu großem Tiefgang infolge schwerer Ladung vor der Hafeneinfahrt von einem Teil der Fracht befreit werden müssen, dafür gibt es besondere Leichterplätze (s. Reede) am Rande ruhiger Fahrwasserstellen.

Leide, Leyde, Leite nennt man einen Wasserablauf von der Geest durch die Marsch zur See bzw. Ems (s. a. *Deep*).

Leitdamm nennt man einen langgezogenen (meist flachen) Baudamm (oft aus Steinen), der die Strömungen im Watt in gewünschte Bahnen lenkt (häufig an Hafeneinfahrten, z. B. in Norddeich; s. a. Höft, Pier).

Leiwams, Leilenzer, Leilapp, sind Ausdrücke für Faulpelz, Bummelant, Arbeitsscheuer. *Lei* heißt faul, *Leileckerland* ist das Schlaraffenland. *Leiwievenköst* benennt ein einfaches Mahl, z. B. Zwieback in warmer Milch aufgeweicht, das nicht viel Arbeit macht.

Lelkert bedeutet Bösewicht, Schweinehund, Übeltäter; *lelk* = boshaft, ekelig, empörend, gehässig, hässlich, scheußlich, unartig.

Lengen steht für Sehnsucht, Verlangen, Gier und auch Heimweh, s. auch *Jank.*

Leven(d) ist das Leben, der Körper, der Leib. Hat ein Ostfriesenkind *'n Padd bi 't Leven daal* (wörtl.: einen Pfad am Körper hinunter) bedeutet das, es hat sich die Kleidung bekleckert.

Levensholt s. Pockholt

LHP oder **lhp** hört man immer mal wieder, wenn in fröhlicher Runde ein Schnaps getrunken wird, es ist die Abkürzung für *laat hum pultern* (lass ihn purzeln). Na, dann prosit – *lhp*!

Libblabberee, Lifflafferee sind plattdeutsche Bezeichnungen für eine Süßspeise ohne viel Nährwert, für Zuckerwerk, Näscherei und für fades Geschwätz.

Lidd ist das Gelenk, Glied; auch Mitglied und Augenlid. *Liddmaat* ist ein anderes Wort für Mitglied, *Liddband* heißt das Armband, die Bindemanschette für das Handgelenk (auch *Gnurrband*), *Liddhanske* ist ein Pulswärmer.

liekut steht für geradeaus (Richtung) und für direkt, geradlinig, offen (im Charakter).

Liest bedeutet Leiste, Borte, Randeinfassung und Liste, Verzeichnis, auch List.

Liev heißt Leib, Körper, auch Bauch, Unterleib und Magen; außerdem ist es ein Name für den Austernfischer. *Lievpien* besagt Bauchweh, Leibschmerzen. Hat man etwa *Lievpien in de Hacken,* so ist damit eine eingebildete Krankheit gemeint.

Lobb(e) nennt man Fleisch, das weich und schwammig ist, Wamme, und so bezeichnet man auch eine dickliche, breiige Flüssigkeit sowie einen Schmutzklumpen.

Lock hat wiederum eine ganze Reihe von Bedeutungen: a) Loch, Öffnung (s. a. *Gatt*), b) enger, dunkler Raum, c) Tierbau, Tierhöhle, d) Gefängnis, e) After, f) Scheide, weibliches Geschlechtsteil.

Lögenfatt, Lögenbeck, Lögensack sind Wörter für einen Lügner.

Logger nennt man ein hochseegängiges, früher eineinhalbmastiges, heute motorgetriebenes Fischereischiff (Fischdampfer, insbesondere für den Heringsfang).

Lohn, Laan, Loon ist eine enge Gasse oder eine schmale Durchfahrt.

Lood wird das Lot oder Senkblei und Blei allgemein sowie die Bleikugel bzw. Schrot genannt. Auch Hagel wird mit *Lood* benannt. Sagt man in Ostfriesland: *Dat Kind hett Lood in d' Mors,* bedeutet das, es ist schwergewichtig (wörtlich: hat Blei im Hintern).

Loog beschreibt einen Ort, ein geschlossenes Dorf (im Gegensatz zur Streusiedlung, siehe Kolonie, Hufe).

Loogschippfahrt war früher ein regelmäßiger Schiffsverkehr auf den Tiefs und Kanälen der Marsch und auch in die Randgebiete der Geest oder gar der Moore. Vor dem Ausbau von Landstraßen und Eisenbahnen fand so der Hauptgüter- (teilweise auch Personen-)verkehr statt (s. a. *Beurtschippfahrt*).

Loop steht für Lauf, Ablauf, Verlauf, auch für den Gewehrlauf. *Up Loop wesen* besagt, im Bilde sein, auf dem Laufenden sein, aber auch unsolide sein. *Loop-mi-na* bedeutet Parfüm (auch *Ruukselwater, Ungelswater*).

Loopje ist ein Begriff für Erzählung, Sage, Fabel, Märchen. Auch die sogenannte Wanderung – ein etwas erhöhtes Podest vor einem Häusergiebel und zwischen zwei kurzen Eisengittern – ist ein *Loopje.*

Löörhack bedeutet Zauderer, Trödler.

Loov meint Lob, Laub und Grünzeug (z. B. von Möhren, Rüben etc.).

lopen laten steht für laufen lassen, urinieren, pinkeln (s. a. *miegen, strullen*).

Loper ist ein Läufer, ein Hausierer, Reisender, Postbote und so wird auch der obere Mühlstein genannt sowie ein mittelgroßes (schlankes) Schwein.

Loperee ist Lauferei, Arbeit, Mühe, Umstand.

Lork, Lörk, Lurk bedeutet nicht gerade etwas Erstrebenswertes für die Ostfriesen, nämlich Flegel, Schurke, Schuft, Schelm und durchtriebener Mitmensch.

Lücht beschreibt Licht, Helligkeit, eine Lichtquelle (Lampe, Leuchte, Kerze) und Luft, Atem sowie Atmosphäre, Lufthülle.

Lüchterkark, **Lüchtenkark** nennt man den Abendgottesdienst bei Kerzenschein (z. B. am Heiligabend, Silvester). Der Kronleuchter heißt *Lüchterkroon*.

Luder ist ein Begriff für Luder, Aas, auch ein Schimpfwort und ein Wort für Fett, Rippenfett von Tieren.

Lumpenbogen Ist ein Bogen (s. *Boogmaker*) nach einem Jahr immer noch nicht abgefeiert, gibt es einen Bogen, der mit Lumpen bestückt ist. Ein deutlicher Hinweis der Nachbarn, dass es an der Zeit ist, die Feier nachzuholen.

Lunk bedeutet Lende, Oberschenkel, Bein.

Lunkohr heißt ein Lauscher und Horcher.

Lüntjeheern ist das Spatzenhirn. Man sagt solches über jemanden, der wenig Verstand hat, der leicht beschränkt ist (*Lüntje* = Spatz, Sperling).

Lurendreiher ist die Bezeichnung für einen Hochstapler, Betrüger, auch für einen Schelm oder Schurken, Schuft.

Lüst, Lüsten bedeutet Lust, Freude, Vergnügen und Begierde, Trieb, Verlangen. Im Plural kommen noch folgende Deutungen hinzu: Übermut, Begehrlichkeiten und *well 't mit de Lüsten hett*, der lebt unbekümmert drauflos, sucht sein Vergnügen.

Lüsterbaas nennt man einen Lauscher, Horcher, aber auch einen Flüsterer. *Lüstern* bedeutet horchen, lauschen, flüstern, raunen, aufmerksam zuhören.

Lüttje-Lü-Forell, Arbeiderforell steht scherzhaft für den Hering.

Luuk bedeutet Luke, Falltür, Klappe, auch Öffnung und Dachfenster.

Luumoog s. Gluumoog

Luun heißt Laune, Stimmung, auch sonderlicher Einfall und im Plural: *Lunen* steht für Grillen im Kopf.

Luur bedeutet Lauer, Augenmerk, Hinterhalt, Versteck, auch Windel, Flanelltuch. *Ik hebb dat in d' Luur* meint etwas beobachten, etwas Verdächtiges im Auge behalten.

Luurangel [Luur-angel] ist sowohl ein heimlicher Lauerer als auch ein hinterlistiger, heimtückischer Mensch und ein Duckmäuser.

Luurd bedeutet gemeiner Mensch, Flegel, Nichtsnutz, Dummerjan und auch Schmutzlappen, Dreck sowie wertloses Zeug.

Luurder ist plattdeutsch für Horcher, Aushorcher, Spionierer, Schleicher und Späher.

Luus ist eine Laus. Sagt man in Ostfriesland: *De hett kien Luus in d' Rook* (er hat keine Laus im Rauch), so bedeutet das, derjenige ist so arm, dass er kein Fleisch zum Essen (zum Räuchern) hat.

Luuskraam heißt für Ostfriesen Ärger, Nichtigkeit und Schmutz, Dreck.

Luuspack, Luus un Pluus steht für Lumpengesindel, Krethi und Plethi (*Pluus* = Fluse).

Luv ist die dem Wind zugewandte Seite (siehe auch Lee).

Sie sind auf jedem Jahrmarkt zu finden: die „Mai- oder Mallmöhlen".

M-m

Maak bedeutet Mache, Arbeit. Die Redewendung *in d' Maak hebben* besagt, sich gerade mit einer Sache beschäftigen, an etwas arbeiten.

Maat ist Maß. *Keen Maat kennen* steht plattdeutsch für ungezügelt sein, keine Grenzen kennen. Außerdem heißt *Maat* Kamerad, Genosse und Matrose. Ein *Maatjehuus* ist jedoch nicht nur für den Maat bestimmt, sondern es ist ein Wirtshaus bzw. eine Kneipe.

mack heißt zahm, zutraulich (von Tieren).

Macker ist in Ostfriesland ein Gesinnungsgenosse, Freund, Kumpel oder Helfer und ein Urheber, Anstifter.

Magementen nennt man die Eingeweide, Gedärme, Innereien (s. a. *Ingewandten).*

Maggelheini, Maggeljan ist ein Schmierfink, einer, der unordentlich und unleserlich schreibt.

Mahlbusen nennt man ein Wasserspeicherbecken binnenwärts vor einem Siel oder Schöpfwerk, in dem das Binnenwasser so lange gesammelt wird, bis es – möglichst bei niedrigen Außenwasserständen – günstig wieder abfließen kann oder abgepumpt werden muss.

Maibüx wird die helle Sommerhose ein wenig spöttisch genannt, vor allem, wenn dafür noch nicht die richtige Zeit gekommen ist: *De hett sien Maibüx al an* (Er hat seine Sommerhose schon an).

Maihfeld ist der Heller (s. d.) oder die Wiese, die (generell) gemäht werden kann. Ein *Maihfeld* war früher die Bemessungsgrundlage, nach der sich die Höhe der Warfen und Deiche richtete. Ein *Maihdösker* ist der Mähdrescher (*maihen* = mähen).

Maihuuske, Maihüske nennt man die Gartenlaube.

Maimöhlen, Mallmöhlen ist die Bezeichnung für ein Karussell. Mai steht für den Monat und *mall* heißt verrückt, übermütig.

Mäkler waren früher Händler, Vermittler, Makler. Heute ist der Begriff mehr vom Boßeln und Klootschießen bekannt, wo *Käkler un Mäkler*, d. h. Zuschauer, Bahnanweiser, Schiedsrichter, Helfer, Funktionäre u. ä. beim Friesensport mitwirken.

Malligheid bedeutet Ausgelassenheit, Spaß, Albernheit. *Malljageree* ist Übermut, Lebenslust, Ausgelassenheit, auch Ulk(erei), Schrullen. *Mallbladd* nennt man ein albernes, dümmliches Mädchen, *Mallbrägen, Mallbrook* einen Narren, einen waghalsigen Menschen, eine verrückte Person, einen Streitsüchtigen. Auch die Rede vom *Mallumthuus* [Mall-um-'t-Huus], dem Springinsfeld, dem (leicht) Verrückten, dürfte in diese Wortverwandtschaft gehören wie auch *Mallurtje:* törichte, alberne Person.

„Malljan" wird die hölzerne Giebelzier genannt.

Malljan(n) heißt die hölzerne Giebelzier oben am Haus, die Zierstange als Giebelbekrönung, aber auch ein Mensch kann ein *Malljan(n)* sein, ein närrischer, törichter Zeitgenosse.

Maneer nennt man die Art und Weise, Eigenheit, Manier, auch das Benehmen, die Umgangsform (oft im Plural).

mannlümall Wicht ist den Männern ein willfähriges Spielzeug (zumindest in den Gedanken), den Frauen ein Dorn im Auge, nämlich ein mannstolles, liebestolles Mädchen.

Maracher nennen die Ostfriesen einen, der hart arbeitet, der sich sehr abmüht.

Marktflecken heißen Gemeinden mit einigen städtischen Rechten (u. a. Marktrecht).

Marschhufendorf ist wissenschaftlich die Bezeichnung für eine planmäßige Siedlungsform in der Marsch seit etwa 1100: Die Höfe liegen in langer Reihe an einer Straße oder einem Wasserlauf. Zu jedem Hof gehört ein meist langer schmalerer Streifen, der im 90-Grad-Winkel von der Verkehrsader wegführt (siehe auch Hufe, Fehnsiedlung).

Marschtorf s. Darg

Marsk, Marsch wird der Schwemmlandboden aus Ablagerungen (Sedimenten) der Nordsee oder der Ems genannt. Die Marsch ist tischeben, ältere Siedlungsplätze liegen auf Warfen (s. d.). Die ältere Marsch weiter im Binnenland liegt oft niedriger als die neuere, die ältere Marsch hat überwiegend Grünlandnutzung, die jüngere Ackernutzung.

Mattenknüpper sind für Ostfriesen nicht nur die tatsächlichen Strohmattenflechter, die oft in den Mooren zu Hause waren, sondern auch Mitmenschen, die im Gefängnis einsitzen.

Mau, Mauen heißen die Ärmel. Ein *Maugatt* ist die Ärmelöffnung, *Handmauen* sind Handschellen, auch gelegentlich Pulswärmer. Bewundert ein Ostfriese jemanden, *de wat in de Mauen hett,* dann sagt er damit, dass derjenige Kraft hat bzw. Muskeln besitzt.

Meed(e) ist ein anmooriges Wiesenland in den (überwiegend) niedrigeren Marschgebieten.

Meedje ist eine Ableitung von Meede, gemeint sind Acker- oder Grünlandstreifen (meist Wiesen) in der Marsch oder auf dem Heller, die von parallel laufenden Gräben *(Meedjesloot, Meedjegööt)* voneinander getrennt sind. Außerdem nennt man ein Beet *Meedje*.

„Messfolt, Messelstee, Messhoppel" sind in Ostfriesland Ausdrücke für den Misthaufen.

Meent(e) ist in Ostfriesland der Begriff für Allmende, Mark, im Sinne von Gemarkung; es ist ein Teil der Gemeindefläche (Wiesen, Weiden, Wald- und Heidepartien zur Plaggenabtragung), die im gemeinsamen Besitz aller berechtigten Bürger war (z. T. Bauern, später auch Kleinlandwirte) (s. a. in den Zusammensetzungen *-mand-, -mond-, -meend, -meente*).

Meent(e)wark bedeutet Gemeinschaftsarbeit für die Gemeinde, die Erledigung gemeinnütziger Arbeit durch die Gemeinde.

Meer ist in Ostfriesland die Bezeichnung für einen Binnensee, z. B. das Ewige Meer, das Große Meer, Bansmeer usw. See wird für das eigentliche Meer, die Nordsee verwendet.

Mehlpüüt s. Klütje

Melioration wird die Maßnahme zur Verbesserung der Wasserverhältnisse und Bodenstruktur in landwirtschaftlich genutzten Bereichen genannt (z. B. Anlage von Gräben, Drainage, Überschlickung [bei Riepe], Trockenlegung von Sümpfen usw.).

Melksett ist der Begriff für Melkplatz, aber auch für eine Milchschüssel, die zur Rahmbildung angesetzt wird.

Mengsel sagt man für Gemisch, Gemenge, Mischung, auch für das *Gemengsel* von Teig und ebenso Kleister.

Mess [gesprochen Mers] ist der plattdeutsche Ausdruck für Mist, Kot, tierischen Dünger sowie für Dreck und Schmutz allgemein. Die *Messeldöör* (auch *Burserdöör, Bussdöör, Buusdöör*) ist eine kleine Viehhaustür, durch die zum Beispiel der Mist zum Haufen gekarrt wird. *Messfolt, Messelstee, Messhoppel* ist der Misthaufen.

Mester, Mesterske nennt der Ostfriese den Lehrer, die Lehrerin, der hochdeutsche Meister heißt auf Platt *Baas*, auch wohl *Meester*.

Middelschott [Middel-skott] ist eine Scheidewand, z. B. die in der Nase. Wer in Ostfriesland *keen Middelschott in d' Nöös hett*, zeigt sich unmäßig, kann nicht Maß halten und aast herum.

Mieghamel, Miegamel, Miegheemke sind Namen für die Ameise, aber auch für einen Pinkler und Schwächling (auch *Miegert*). *Mieg* ist Urin, Harn, *miegen* heißt pinkeln, urinieren (s. a. *strullen, lopen laten*). *Miegkruud* ist die Mädesüßpflanze, denn wenn sie von Kühen gefressen wird, müssen diese unentwegt Harn lassen. *Miegpott* ist der Nachttopf (s. a. *Pisspott*).

Mietsack, Mietbaar, Mieter beschreibt einen Miesepeter, einen verdrießlichen und unzufriedenen Menschen, einen Brummbär oder auch einen Knauser.

Minnachtigheid drückt Geringschätzigkeit, Verächtlichkeit, Abschätzigkeit aus.

Minnermanntje nennt man einen geistig und/oder wirtschaftlich Minderbemittelten, einen bescheidenen Menschen. *Minnproter* beschreibt einen wortkargen Menschen, einen Schweiger und Schüchternen, auch einen Menschen mit Minderwertigkeitsgefühlen.

Moderke ist eigentlich Mütterchen, in Ostfriesland aber auch ein beliebter Kosename für ein kleines Mädchen. *Moderküken* nennt man dagegen ein Schürzenkind, ein Mutterkind. *Moderkruud* ist die Kamille.

Möh(ke) bedeutet Tante (Muhme), war jedoch früher auch eine Bezeichnung für ältere Frauen und für eine Gevatterin oder eine Nenn-Tante. Das *-möh* wurde häufig an den Vornamen angehängt, z. B. *Antjemöh*.

Moin ist der ostfriesische Gruß zu jeder Tages- und Nachtzeit. Eigentlich heißt es nichts weiter als „Morgen, guten Morgen", zusammengeschrumpft aus dem früheren schönen Satz: *Gott geev di 'n goden Mörgen*.

Moiproter darunter verstehen die Ostfriesen einen Schmeichler, einen Schönredner.

Mökel ist der plattdeutsche Begriff für einen Möchtegern, einen Unbedarften, einen Ahnungslosen.

Mole bezeichnet einen (in der Regel befahrbaren) Damm, der meist durch Steine befestigt ist und der in das Fahrwasser hineinragt, damit Schiffe daran anlegen und be- bzw. entladen werden können. Die Mole ist auch fast immer zum Schutz der Anlegestelle ausgearbeitet (z. B. Norddeich Mole).

Blick auf die Norddeicher Mole.

Mood ist wieder eines der Wörter mit vielen Deutungen: a) Glaube, Zuversicht, b) Mode, c) Mut, Tapferkeit, d) Lust, Neigung, e) Gemütsverfassung, f) Sitte, Gewohnheit. *Moodferen* sind die Schwanzfedern eines Hahnes. In Ostfriesland hört man häufig den Ausdruck: *De Moodferen hangen laten,* das heißt, derjenige ist mutlos und verzagt.

Möög steht für Möglichkeit, Gutdünken, Belieben, Lust, Neigung. *Elk sien Möög* ist ein beliebtes Motto in Ostfriesland: Jeder nach seinem Geschmack.

Moorbrandkultur ist das Fachwort für eine Art der Moornutzung, bei der die Mooroberfläche im Frühjahr abgebrannt wird, um in der nährstoffreicheren Asche anzupflanzen (z. B. Buchweizen). Moorbrand gab es schon in früherer Zeit, er wurde dann nach 1716 wieder aufgenommen und bis ins 19. Jahrhundert hinein praktiziert.

Moorker, Moorhahntje sind nicht etwa die Moorhühner, sondern Moorsiedler, Moorkolonisten.

Moorweg ist eine Bezeichnung für den Bohlenweg (s. d.), der oft schon in vorgeschichtlicher Zeit als Knüppeldamm zur Überquerung unwegsamer Moorpartien diente.

Mööt steht für Bewegung zu oder auf etwas bzw. jemanden hin. Es bedeutet auch Begegnung, Zusammentreffen. *Well in d' Mööt* (auch *tomööt*) *komen* besagt, jemandem begegnen, jemandem entgegenkommen. *Well ut d' Mööt gahn* meint, jemandem ausweichen. *Mööt* ist außerdem ein Hindernis, eine Behinderung.

Mopp(en) heißen runde, feste Plätzchen aus Lebkuchenteig, überzogen mit Zuckerguss, sie wurden hauptsächlich zu Martini gebacken und an die Kinder verteilt.

Mors nennt man das Hinterteil, den Arsch (s. a. *Neers, Achtersteven*). In der Umgangssprache werden mit diesem Wort viele Zusammensetzungen und Redewendungen gebraucht. *De Mors tegen de Diesselboom* (= Deichsel) *smieten* bedeutet, sich widersetzen; *de Mors dichtkniepen* ist die etwas respektlose Variante für sterben. *Morsbill* oder einfach nur *Bill* ist die Arschbacke, Pohälfte, Gesäßbacke und *Morslicker, Morskruper* nennt man einen Arschlecker, Arschkriecher, Schmeichler.

Moses ist für die Küstenbewohner nicht nur eine biblische Figur, sondern auch der kleinste bzw. rangniederste Schiffsjunge.

Muck nennt der Ostfriese einen Becher, auch wenn er ohne Henkel ist (*Muckje;* s. a. *Fatt*). *Mucken hebben* besagt Grillen, Launen, seltsame Einfälle haben.

Mucker ist ein Ausdruck für einen heimtückischen Menschen, einen Scheinheiligen, Heuchler und einen Duckmäuser.

Mudderploog nennt man ein püntenartiges Boot, das so von der Mitte her aufgeklappt werden kann, dass es den Schlick aus der Fahrrinne zu einem Hafen o. ä. zur Seite drücken kann. *Mudder* ist Schlamm, Dreck, Matsch.

Muff ist auch in der hochdeutschen Umgangssprache anzutreffen, es bedeutet Gestank, moderiger Geruch. Für Ostfriesen war der *Muff* auch eine bis in die fünfziger Jahre des vorigen Jahrhunderts gebräuchliche längliche Hülle aus Pelz o. ä., in die man zum Schutz vor Kälte die Hände von links und rechts hineinsteckte. Für den Handwerker ist *Muff* ein Verbindungsstück zweier Rohre, eine Muffe.

Muffkopp wird ein dummer Mensch, ein Nichtsnutz, eine störrische, unfreundliche Person genannt. Außerdem ist es zu einem Schimpfwort für einen Niederländer geworden, sowie umgekehrt bei den Niederländern für Deutsche sich das Wort „Moffen" eingeschlichen hat. Zum Glück nimmt solches keiner mehr ernst.

Mulert steht ostfriesisch für Mauler, Brummbär und Grobian.

Mull ist der Name für den Maulwurf (auch *Moll; Mullsbült* = Maulwurfshügel). *Mull* ist auch lockere Erde, dann zerriebener Rückstand von Torf und schließlich Staub, Kehricht (s. *Gruus*).

Mundörgel ist die Mundharmonika.

Mundjeproter wird auf Plattdeutsch ein Schmeichler genannt, ein Schönredner (einer, der nach dem Munde redet). So etwas mögen Ostfriesen ganz und gar nicht.

Mundjevull ist zunächst ein Happen, Bissen, eine Mundfüllung und somit eine Kleinigkeit, andererseits bezeichnet man jemanden als *Mundjevull,* der den Mund gerne vollnimmt, also einen Aufschneider, Prahler, Wichtigtuer.

Muschelkalk wird hier erwähnt, weil lange Jahre die Kalkgewinnung aus Muschelschalen ein häufiger Erwerbszweig an der Küste war. Erst nach dem Zweiten Weltkrieg sind die letzten Anlagen stillgelegt worden (s. auch Schill).

Mutt nennt man das Mutterschwein, die Sau. Übertragen wird das Wort für eine schmutzige, schweinische Person angewendet. Außerdem heißt so das Torfschiff (siehe *Muttschipp*).

Mit solchen „Muttjes" wurde früher der Torf in die Marschen transportiert.

Muttschipp, Muttje heißt das typische Torfschiff für Fluss-, Kanal- und gelegentlich Küstenfahrt mit flachem Boden und niederlegbarem Mast; heute auch mit Motor angetrieben. Damit brachten die Moorleute vom Fehn ihren Torf in die Marschen und sie nahmen Dünger oder gute Muttererde u. ä. mit zurück.

Muud, Mude, Muhde sind Wörter für die Mündung eines Wasserlaufs und für einen kleinen Hafen bzw. Sielhafen (außerhalb des Deiches).

Muuske, Muusje bedeutet Mäuschen, auch Naschkatze, kleiner Dieb. *Muuske* ist ebenso ein Kosewort, das dem hochdeutschen Schätzchen entspricht. Auch ein rundlicher Muskel aus der Schulter des Schweines wird so genannt, dieser wird (vor allem von Kindern) gerne beim *Snirrtjebraa-Eten* (s. d.) genommen, ferner heißt so die Wurzel des Daumens beim Menschen.

Muusnüst bezeichnet ein Mäusenest, aber der Ostfriese überträgt das Wort wieder, wie in so vielen Fällen, auf den Menschen: *Muusnüsten in d' Kopp* sind Grillen, Phantastereien.

N-n

naar hat als Adjektiv die Übersetzungen armselig, elend, schlecht, schlimm, schrecklich, traurig, dann auch ärmlich, kümmerlich, klein und als Adverb sehr, arg, heftig. *Naar sehr doon* heißt, dass es sehr weh tut. Als Eigenschaftswort kommt vor allem *naar Fent, naar Kind, naar Wicht* eine wichtige Bedeutung zu. Während es im südlichen Ostfriesland armseliger, bedauernswerter kleiner Junge/Kind/Mädchen bedeutet, ist das Wort im nördlichen Ostfriesland eher liebkosend auszulegen und besagt unschuldiger kleiner Junge/Kind/Mädchen.

Nack(en) ist auch die Körperpartie namens Nacken. In Ostfriesland benennt man so aber häufig Sandbänke. Ein Nacken hat oft eine direkte Anbindung an die Küste, z. B. Greetsieler Nacken.

nakend Weerlücht steht für entblößtes Hinterteil. Eigentlich ist das *Weerlücht* mit Wetterleuchten zu identifizieren. *Nakend Wievke, Witte Wievke* ist das Schneeglöckchen.

Nakieksel heißt Lexikon. Für Ostfriesen ergibt sich dabei die kuriose Tatsache, dass das „hochdeutsche" Wort – rückwärts gelesen – das plattdeutsche ergibt: *Nokixel,* wir schreiben es lediglich ein wenig anders, nämlich *Nakieksel,* es wird jedoch nahezu *Nokixel* gesprochen.

Natersack, Naterbüdel, Natermors sind plattdeutsche Ausdrücke für Geizhals.

Natt bedeutet Nasses, Wasser, auch Regen und Trinkbares, Flüssigkeit. So lädt der Ostfriese Nachbarn, Freunde oder Verwandte gern mit dem Hinweis ein: *För Natt un Dröög is sörgt* (für Essen und Trinken ist gesorgt).

Nattnöös beschreibt einen Kindskopf und jemanden, der gerne mal einen trinkt, allerdings nicht im Sinne von Säufer!

Naumors, Naupint sind Ausdrücke für Kleinigkeitskrämer, Pedant und Geizkragen.

Naut(e) steht für Enge, auch Angst, Beklemmung, Not, Bedrängnis; *benaut, binaut* = beklommen.

Neeijahrskook(je), Knappkook(je) ist ein spezielles ostfriesisches Neujahrsgebäck, es handelt sich um dünne, gerollte oder zum Trichter geformte, untertassengroße „knackige" Gebäckplättchen, die im Waffeleisen (*Neeijahrsiesder*) gebacken werden.

Neeipüüt steht plattdeutsch für Klatschbase, für einen Ausposauner von Neuigkeiten oder Gerüchten.

Neers bedeutet Hinterteil, Gesäß, Arsch (s. a. *Achtersteven, Mors*). Das Wort *Neers* ist etwas feiner als *Mors.*

Negenklook(e) nennt der Ostfriese einen Neunmalklugen, einen Naseweis und einen Voreiligen sowie Übereifrigen.

Negenoog ist das Neunauge, sowohl das Tier als auch ein misstrauischer und scharfer Beobachter, ebenso ein Neunmalkluger.

Nickkopper wird ein gedankenloser Jasager tituliert wie auch eine charakterlose, wenig standhafte Person.

Nieder(ungs)moor s. Leegmoor

Niffke bedeutet Naseweis, Schwätzer. *He hett dat Niffke alltied boven Water* besagt, dass jemand immer vorlaut ist.

Nipptide ist der Ausdruck für einen flacheren Verlauf der Gezeitenkurve. Die Tide bei Viertel- bzw. Dreiviertelmondphase ist gemeint, der Tidenhub ist dann am geringsten, weil Sonnen- und Mondanziehung einander entgegenwirken (siehe Tide).

Nirrtjebüx, Nirrtjepuup, Nirrtjepüüt sind Begriffe für Angsthase und Zauderer.

NN, Normalnull bezieht sich auf das Amsterdamer Pegelnull. Es ist die Basis für die Höhenmessung und entspricht etwa dem Tidemittelwasser.

nöchtern Kalv Der Ostfriese hält es gerne mit Tiervergleichen. Dieser Ausdruck besagt, dass ein Kalb ohne viel Mimik etwas anguckt, dass es dasteht und glotzt. Ein Mensch, der damit verglichen wird, schaut erstaunt und ungläubig.

Nöölbröör, Nöler, Nötelbüx ist ein unzufriedener Mensch, ein Trödler, Zauderer und ein Saumseliger.

Nöösker, Nüüske(r) bedeutet Schnüffler und auch Kritiker.

Nötelee steht für Trödelei, Unentschlossenheit, Langsamkeit und für Unzufriedenheit.

Nüff heißt Nase, Rüssel, Schnauze, auch Spürnase (s. a. *Snüff*). Ein *Nüffke* ist ein kleiner Naseweis, ein kleiner Schnüffler.

Nüntjebaas nennt der Ostfriese jemanden, der häufig leise vor sich hinsingt oder summt.

Nüsselmors, Nüsseler beschreibt einen Pfuscher, einen Saumseligen, einen langsamen Menschen, der nichts beendet.

O-o

obsternaatske Keerl ist ein Ausdruck für einen aufsässigen, widerspenstigen Kerl, einen eigenwilligen Menschen.

Ofdack bezeichnet einen (Hohl-)Raum unter der Dachschräge auf dem Speicher (Boden), eine Abseite (s. a. *Ök*). Außerdem ist ein *Ofdack* eine Oberwohnung mit mindestens einer Schrägwand (Dachwand).

Ofdanken nennt man eine Predigt bei einer Beerdigung, eine Parentation, außerdem die Abkündigungen an die Gemeinde vor dem Ende eines jeden Gottesdienstes (z. B. bevorstehende oder vollzogene Hochzeiten, Gedenken an Verstorbene, Veranstaltungen u. ä.).

oflandig Wind heißt der Windstrom, der vom Land zur See hin bläst. Er entsteht dadurch, dass sich über Nacht z. B. in der wärmeren Jahreszeit das Land schneller abkühlt als die See, dadurch steigen die wärmeren Luftmassen über See auf und vom kühleren Land her füllt die nun zur See hin fließende Luft das dann eigentlich entstehende Vakuum auf.

ofschötteln bedeutet abfertigen, abspeisen (s. auch *ofsoltjen*).

Ofsetter nennt man einen Ableger oder Setzling. Außerdem ist es in Ostfriesland ein Abschiedstrunk, ein Schnaps, der nach dem Tee oder auch nach einem Mahl getrunken wird.

ofsoltjen besagt ebenfalls jemanden abfertigen, abspeisen. Früher wurden die größeren Kinder, die zu Ostern aus der Schule kamen, *ofsoltjet* oder *ofschöttelt*. Auf ihrem Teller lag ein Tütchen Salz oder ein Ende Tau, was bedeutete, dass sie im darauffolgenden Jahr nicht mehr vom Nikolaus bedacht wurden.

oflopend Water wird der seewärtig verlaufende Ebbstrom genannt.

Ogenverkökelee besagt Täuschung, Schein, Trugbild, Blendung.

Ohmke heißt eigentlich Onkelchen. Es ist eine frühere Bezeichnung für ältere Mitbewohner oder für einen Nenn-Onkel.

Ök ist eine Abseite, der hohle Raum unter der Dachschräge, häufig im Plural benutzt: *unner 't Öken* (s. auch *Ofdack*). *Ök* steht auch für Ecke, Winkel.

Ökelnaam bedeutet in Ostfriesland Spitzname, Neckname. Da Ostfriesen – wegen der ursprünglich strengen Namensregelung nach Vorfahren – sehr häufig gleiche Namen hatten (z. B. Vettern und Kusinen), benutzte man zur Unterscheidung solche *Ökelnamen* oder andere ihren typischen Merkmalen oder Eigenschaften entsprechende Zusätze.

Oll Hosock, Oll Hoossock s. Hoosock

Olljahrsdag ist der plattdeutsche Name für den letzten Tag eines Jahres, für Silvester (s. a. *Dickbuuksavend*).

Oll Schachtel ist die scherzhafte Bezeichnung für eine Frau, die an ihrem 30. (mancherorts auch 25.) Geburtstag noch nicht verheiratet ist; sie bekommt aus diesem Anlass einen Bogen, der mit vielen Schachteln (meistens Zigarettenschachteln) geschmückt ist.

Ollske bezeichnet die Alte und auch die Ehefrau oder Freundin. Der plattdeutsche Begriff hat nicht den negativen Beigeschmack des Hochdeutschen „meine Alte".

Oll Wieven, Emder O. W. s. u. Wiev

Öltüüg, Öljack, Ölbüx ist hochdeutsch Ölzeug, Öljacke, Ölhose. Früher wurde diese Kleidung für die Seenotretter (und auch andere Seefahrer) gemacht und mit Öl imprägniert, um sie wasserdicht zu halten. In den sechziger und siebziger Jahren des vorigen Jahrhunderts wurde daraus – inzwischen längst aus Kunststoff – eine Modebekleidung zumindest für feuchte Tage, es waren die sogenannten Friesennerze.

Ontje ist der plattdeutsche Ausdruck für einen Bierbauch, Schmerbauch, Spitzbauch (s. auch *Aantje*).

Er wurde zur Modebekleidung: der Friesennerz.

Oog bedeutet in der Übersetzung nicht nur Auge, sondern ist in Ostfriesland auch ein Wort für Insel (z. B. Spiekeroog, Langeoog). Außerdem versteht man eine Öse darunter.

oolk Hex ist eine boshafte, hässliche Hexe und ein Hassausdruck für ein böses Weib.

Oord, Oort, Orth bedeutet Spitze, Schneide, auch Landspitze, Landzunge, darüber hinaus Winkel, Ort, Ecke, Gegend.

Oortje, Örtje war eine kleine ostfriesische Münze im Wert von ein viertel Stüber.

Oost nennt man die Aststelle im Holz, einen Knorren und festen Auswuchs und die Himmelsrichtung Osten.

Oosterwo(h)ler ist ein etwas abfälliger Begriff für einen Hut mit großer Krempe.

Ootje ist eine liebevolle Koseform für Großmutter, Oma.

Orkanflut nennt man eine außergewöhnlich schwere Sturmflut (z. B. die vom 16./17. Februar 1962).

Ortstein, Oorteer [Oort-eer] ist der geographische Fachbegriff für einen Verdichtungshorizont in 30 bis 80 cm Tiefe vorwiegend im Geestboden (Podsol-, Bleicherdeboden), der für Wasser und für Pflanzenwurzeln nahezu undurchlässig ist.

Ös(e) benennt die Dachrinne, auch Abfall, Dreck, Schmutz und Öse (s. auch *Oog*).

Ossenkopp ist der Ochsenkopf und im übertragenen Sinne ein dummer Mensch, eine sture Person.

Overdaad, Overmood sind Ausdrücke für Übermut, Übermaß und Hochmut, Vermessenheit.

Overhaal bedeutet im Plattdeuschen Überholung, Überredung, Verführung, wird auch wohl für Fährbetrieb – eigentlich *Haal-over* – benutzt.

Overwinnst gibt eine Überwindung, einen Sieg an, steht aber auch für Kindsgeburt und Geldrücklage.

P-p

Paag nennen die Ostfriesen einen Schwächling, Stümper und auch ein altes, elendes Wesen, und zwar sowohl auf Menschen gemünzt als auch auf Tiere (insbesondere Pferde).

Paasken ist von dem französischen „pâques" abzuleiten, es steht plattdeutsch für Ostern. *Paaskefüür* nennt man das Osterfeuer am Abend des Samstags vor Ostern.

Pack ist wiederum ein Wort mit vielfältiger Bedeutung: a) Pack, Lumpengesindel (auch *Packvolk, Lögenpack, Swienpack*), b) Gepäck, Last, Bürde, c) Anzug, Kleidung (auch *Packje,* ohne den abwertenden Beigeschmack, der im Hochdeutschen mitschwingt), d) Paket, Päckchen *(Packje)*. *'n Packje Hau* heißt eine Tracht Prügel.

Packhuus nennt man ein ehemaliges Lagerhaus (Speicher) für große Firmen oder in Sielorten, auch das Lagerhaus des Zolls im Hafenbereich trägt häufig diesen Namen.

Padd ist sowohl ein (schmaler) Weg, ein Pfad als auch der Name für eine Kröte (auch *Puur*). *Paddje* ist ein plattdeutsches Wort für Bürgersteig (s. a. *Plaatske, Trottefor*). Ein *Paddkieker, Paddwiesder* ist ein Gästeführer.

Paddstock s. Pullstock

Paddstrieker ist kein Anstreicher für Pfade, auch keiner, der Wege abnimmt oder verkürzt, sondern ein Landstreicher, Spitzbube, Vagabund, Herumlungerer und ein unaufrichtiger Mensch (auch *Paddjack*).

Palm heißt in Ostfriesland die Handfläche, als Pflanze steht *Pulm* für den Buchsbaum wie auch für die Palme. Und dann gibt es da noch die *oostfreeske Palm*, das ist die beliebte – weil schmackhafte – Grünkohlpflanze.

Paltrock ist die Bezeichnung für einen groben, weiten, bis auf die Füße reichenden Mantel, einen großen Überrock. Eine *Paltrockmöhlen* ist ein Windmühlentyp, der in Ostfriesland sehr selten vorkam. Seine hölzerne Verkleidung reichte fast bis auf den Boden und glich somit besagtem Mantel. Heutzutage versteht der Ostfriese unter *Palt* nur noch Fetzen, Lappen, Lumpen (häufig im Plural gebraucht), siehe auch *Plünn, Pult*).

Pampuusjes sind Hausschuhe, Pantoffeln.

Pand ist das ostfriesische Wort für Pfand und für Anteil, Teil, Stück.

Pann bedeutet (Brat-)Pfanne, auch Dachziegel (*Dackpann*), Schädeldecke (*Bregenpann*) und Kniescheibe (*Kneeipann*).

Pans In Ostfriesland merkt man an vielen Stellen, wie sehr – neben der Schifffahrt – auch die Kuh den Sprachgebrauch mitbestimmt. Der *Pans* ist der Pansen, ein großer Teil des Kuhmagens (Wiederkäuer-). Der Begriff ist allgemein geworden für Bauch, Leib, Wanst. *Wat up Pans kriegen* meint verdroschen werden und etwas abkriegen (auch z. B. Regen). Scherzhaft wurde die Abkürzung PVC (aus dem Kunststoffbereich) in Ostfriesland mit *Pans vull Corvit* (früher ein beliebter Schnaps) ausgelegt.

Papp steht für Brei, vor allem Mehlbrei, für Kleister und alles, was klebt, natürlich auch für Pappe und – das mag ursprünglich aus Pappe hergestellt gewesen sein – für einen Schaber und ein Teigtrennwerkzeug im Bäckereihandwerk.

Parammel mag der Ostfriese überhaupt nicht gern, es bedeutet Lärm, lautes Geschrei, Getöse, Geprahle, viel Aufhebens von einer Sache machen.

Pass gehört zu den Worten mit vielen Ausdeutungen: a) Schritt, Gangart (von französisch „pas"), b) Durchgang, kleiner Weg, c) Laufpass und d) Personalausweis, Pass. *Topass komen* steht für gelegen kommen.

Peefke, Peevke ist der plattdeutsche Ausdruck für ein zartes, empfindliches Kind und für Schwächling allgemein.

Peek bedeutet Mark einer Pflanze und auch Kraft, Gehalt.

Peer heißt Birne (auch *Beer*). Dann ist es aber auch die Mehrzahl von Pferd (Sing.: *Peerd*). Bis auf wenige Ausnahmen (z. B. *Peerboom* = Birnbaum) sind ansonsten alle Wortzusammensetzungen mit *Peer* von den Pferden abzuleiten. Beispiele sind *Peerappel, Peerkötel* = Pferdeapfel, Pferdekot; *Peerblöm* = Löwenzahn (auch *Hunnblöm*); *Peerdokter* = Tierarzt; *Peeriesder* = Hufeisen; *Peertiek* = Mistkäfer. *Na de Peer kieken gahn* ist eine Umschreibung für austreten, pinkeln gehen.

Peerkoper ist ein Pferdekäufer. Auch dazu gibt es eine Umschreibung. Jemand, der – ohne sonstige Beziehungen zu haben – um eine Bauerntochter werben wollte, führte sich gerne als *Peerkoper* ein, um ins Gespräch zu kommen. Früher wurden Frauen in Ostfriesland gerne mit Pferden verglichen – somit auch das Freien mit dem Pferdekauf: *Frejen is keen Peerkoop,* denn an eine Frau war man damals zeitlebens gebunden.

In Ostfriesland gibt es auch Palmen im Schnee: die „oostfreeske Palm" – der beliebte Grünkohl.

Pegel heißt das Messgerät und die Messstation für die Bestimmung von Wasserständen. Pegelnull (Abk.: PN) ist die Bezugsbasis eines Pegels. Seit 1927 gilt an der deutschen Nordseeküste: PN = NN – 5 m (also 5 m niedriger als das Tidemittelwasser).

Peijas, Peijatz ist in Ostfriesland der Ausdruck für einen Spaßmacher, Hanswurst, für einen lockeren Burschen, einen Possenreißer („Bajazzo").

Pekelfleesk bedeutet Pökelfleisch, das ist eine Spezialität in Ostfriesland (*Pekel* = Salzlake). *Pekelher(e)ng* ist der Salzhering.

Pellmöhlen, Peldemöhlen nennt man eine Graupenmühle. Dieser Mühlentyp schält Gerste zu Graupen und Grütze. *Pellsteen* ist ganz allgemein ein Mühlstein.

Pellgoos darunter versteht man eine Gans, die gerupft werden soll. Übertragen bezeichnet man so eine etwas beschränkte Person, einen Einfaltspinsel und auch ein geistig zurückgebliebenes Kind, das leicht gehänselt wird. Weiterhin steht das Wort für einen Prügelknaben und für einen Außenseiter (ähnlich auch *Bietelgoos, Plückgoos*).

Pennlicker ist der Begriff für einen Federfuchser und sehr abfällig für einen Beamten, Verwaltungs- und Büroangestellten. *Penn(tje)* heißt Schreibfeder und Feder mit Federhalter, Schreibstift, *Pennholler* ist der Federhalter.

Penningmeester nennt man in Ostfriesland einen Schatzmeister (z. B. in einem Verein). Ein *Penningsvoss* ist ein Pfennigfuchser, Knauser, eine Kleinkrämerseele (auch *Penningskeerl*). Ein *Penningmeester* sollte auch immer ein wenig von einem *Penningsvoss* haben, allerdings nicht dessen unangenehme Eigenschaften.

Peter-Verdreet beschreibt einen Griesgram, einen pessimistischen Menschen. *Peter-Verkehrt* ist ein Querkopf, ein eigensinniger Mensch und Opportunist.

Pickpann *Pick* heißt Pech, das Produkt aus Teer und Harz, *Pickpann* wird daher als Pechpfanne gedeutet. Gerät ein Ostfriese *in de Pickpann,* dann hat man ihn unter Kontrolle gebracht, in die Enge getrieben. Ein *Pickplaaster* ist ein Klebepflaster, Heilpflaster und Zugpflaster; *picken* = kleben.

Piddel-in-d'-Püüt, Pirrel-in-d'-Püüt ist eine Speise aus *Beestmelk* (s. unter *Beest*).

Piek steht in Ostfriesland für Spieß, Spitze, Speer und für Abneigung, Groll, Zorn. *He hett 'n Piek up hum* heißt, einen heimlichen Groll gegen jemanden hegen; jemanden nicht leiden können.

Piel ist auf Plattdeutsch Pfeil und der erste Federansatz bei einem Jungvogel bzw. erster Bartspross, aber auch Pflanzenkeim. Weiterhin wird so Geifer und Speichelfluss (auch *Quiel*) genannt. *Pielliek* bedeutet geradeaus (auch *liekut*), senkrecht, aufrecht und geradewegs, direkt.

Piemel wird ein empfindlicher, feinsinniger und überaus ordentlicher Mensch genannt.

Pienlapp, Pienlieder nennt man einen Wehleidigen, einen Schmerzempfindlichen, einen Jammerlappen.

Piep bedeutet Pfeife, sowohl Tabakspfeife als auch das Musikinstrument. Weiterhin bezeichnet *Piep* einen kleinen (künstlichen) Wasserlauf und ein Hosenbein (auch *Büxpiep*).

Piepelbaas, Piepelklaas ist Ausdruck für einen eingebildeten Kranken, einen Jammerlappen, einen Schwächling. *Piepeltrien(tje), Piepenstientje* ist das weibliche Pendant dazu, eine ständig jammernde Frau, Klageweib und eben auch eine eingebildete Kranke.

Pieperling bezeichnet einen Schwächling, eine sehr empfindliche Person, eine klägliche Erscheinung.

Pier ist ein an das Fahrwasser herangebauter, fester Hafendamm mit steiler Anlegewand oder Landungsbrücke (s. a. Kai, Höft). Außerdem nennen die Küstenbewohner den Sandwurm, Wattwurm [Arenicola] so, sie fangen ihn gerne, um Fischköder zu haben.

Pierer(t), Pierdert ist ein Ausdruck für jemanden, der andere gerne ärgert, neckt oder düpiert.

Piesacker sagt man für Quälgeist, Peiniger (s. auch *Purer*); *piesacken* = kneifen, quälen, schikanieren.

Pieselweer ist der Name für das Nieselwetter, die Witterung mit leichtem Regen, wie es in Ostfriesland so leicht in den milden Wintern und in den herbstlich späten bzw. winterlich ausklingenden Übergangszeiten vorkommt.

Piethahn ist eines der vielen Wörter für den Penis (s. auch *Krüllhahn*).

Piet-Snött s. Snöttlepel

Pillerbeck, Pillerdöös, Pillermors wird ein ein Schwatzmaul, eine Plaudertasche, einer, der dummes Zeug faselt oder angibt, genannt (auch *Pillerscheet, Pillpall, Pillerpaller, Pillerk, Pillerske*).

Pilleree, Pillpalleree bedeutet nichtssagendes, unsinniges und dummes Geschwätz.

Pimpel(er), Pimpelgatt, Pimpelmors sind plattdeutsche Ausdrücke für einen Säufer.

Pingelsöpke heißt ein Schnaps mit einem Zuckerwürfel, der beim Umrühren *pingelt* = klingelt (durch das Löffelklappern am Glas).

Pingstoss wird in Ostfriesland ein herausgeputzter Angeber genannt. Der Ursprung liegt darin, dass früher Ochsen und Kühe zu Pfingsten – bzw. zur Austriebszeit um den 10. Mai herum – mit Laub u. ä. geschmückt wurden.

Pink benennt einen kleinen Finger, eine kleine Wurst, dann den Darm (insbesondere den Dünndarm) und den Penis.

Pinkel, Pinkje heißt eine fette Wurst (besonders beim Schlachtfest und als Beilage zum Grünkohl), es ist eine Ableitung von dem Wort *Pink* (siehe oben).

Pinn(e) nennt man eine Zwecke, Heftzwecke, kleine Nadel und einen Hebelarm am Steuerruder.

Pint bedeutet Halm, Strohhalm und auch Penis (s. auch *Krüll, Piethahn* u. a.).

Pintsuger ist die Umschreibung für einen Geizhals und für einen kleinlichen, engherzigen Menschen.

Piss-Hilke, Piss-Hille(ke) beschreibt eine weinerliche, stets klagende Frau, die aus dem geringsten Anlass Tränen vergießt. Pissen heißt nicht nur urinieren, sondern auch regnen. *Pissmargreet* ist der Margaretentag (13. Juli). Die Bauernregel besagt, wenn es an dem Tag regnet, dann wird weitere sechs Wochen Wasser vom Himmel fallen.

Pisspott ist das Wort für den Nachttopf. Dieser Ausdruck gilt im Plattdeutschen nicht als despektierlich (auch *Miegpott*). Wegen ihrer kelchartigen Blüten heißen auch die Acker- und die Zaunwinde *Pisspottje*.

Pitt heißt Kern, Knochenmark, Pflanzenmark und Kerngehäuse (beim Obst; auch *Hüske*). Außerdem ist *Pitt* ein weiteres Wort für Penis.

Pittjepattje bezeichnet eine alberne, schwatzhafte Person, einen kindisch daherredenden Scherzbold und auch eine Kleinigkeit.

„Pinkel" heißt die fette Wurst zum Grünkohl.

Plaat, Plate ist zwar auch ein Wort für Platte, sowohl für die ebene Fläche als auch für die Schallplatte und CD. Aber ein Ostfriese denkt dabei eher an eine Sandbank, eine flache Sanderhebung in ruhigeren Fluss- oder Wattbereichen. Viele Sandbänke haben *Plaat* als Namensteil, wie zum Beispiel die Itzendorf-Plate = *Itzendörp-Plaat* vor Norddeich/Westermarsch).

Plaats ist im Plattdeutschen der gängige Ausdruck für einen ostfriesischen Gulfhof (siehe dort), einen großen Bauernhof (zumeist mit eigenem Namen).

Plaatske nennt der Ostfriese einen Bürgersteig (s. auch *Paddje, Trottefor*).

Plack ist ein plattdeutsches Wort für Fleck, Klecks, Schmutzstelle, für etwas Aufgeklebtes und für einen kleinen Schlag, Klaps oder Klumpen, Brocken, Fetzen.

Plackeree sind viele Ostfriesen gewohnt, vor allem in früheren Jahren verlief für viele das Leben als Schufterei (s. a. *Knojeree*).

Pladderee ist – lautmalend – ein besonders starker Regen.

Plagg(e) ist ein Begriff, der in Ostfriesland lange Zeit eine große Bedeutung hatte. Man versteht darunter ein mit einem Spaten ausgestochenes viereckiges Erdstück (Sode). In der Marsch stach man (Klei-)Plaggen aus, um zum Beispiel einen neuen Deich schnell zu begrünen und damit sicherer zu machen. Auf der Geest holte man Torf- oder Heidesodenstücke, um damit den kargen Sandboden zu düngen. Diese Art der Plaggendüngung betrieb man jahrhundertelang, bevor der Kunstdünger die Landwirtschaft effektiver machte.
Zum früheren Hausbau im Moor verwandte man auch Plaggen, um beispielsweise die Mauerfächer bei Fachwerkbauten aufzufüllen (sog. „Plaggenhütten").

Plaggenfeld nennt der Ostfriese jene Marsch-, Moor-, Wald- oder Heidepartien, aus der Plaggen (s. oben) für die Deichbefestigung oder zur Düngung von Gasten und Eschs (s. dort) entnommen wurden.

Plätermuul nennt der Ostfriese ein Schwatzmaul, Großmaul, Plappermaul.

Plätje ist die Bezeichnung für eine alberne Gans, ein geziertes Frauenzimmer.

Plattje bedeutet dummdreister Schwätzer und alberner Spaßvogel.

Pleck heißt Fleck(en), Fläche und Landstrich.

Pleegsmann nennt man einen Handlanger, Hilfsarbeiter (überwiegend im Bauhandwerk).

Pleister ist ein Begriff für Putz, Verputzen (z. B. des Hauses), Ausbesserung, Reparatur, für Klebstoff, Geklebtes und für Ausdauerndes

Plicht nennt man einen kleinen Raum bzw. Kajüte vorne oder hinten in kleinen Schiffen, im Plattdeutschen bedeutet es Dienst, Pflicht, Schuldigkeit.

Plieroog beschreibt ein Triefauge, jemanden, der blinzelt und auch einen weinerlichen oder dumm dreinschauenden Typen.

Pliertje s. Bliertje

Ploog ist nicht nur ein Pflug, sondern auch eine Arbeitsgruppe von 9 bis 12 Arbeitern, insbesondere beim Deichbau.

Plöör bedeutet fades, dünnes Getränk (z. B. dünner Tee), eine dünne Suppe ohne viel Gehalt.

Plöttjegood, Plöttjes ist im Plattdeutschen ein Ausdruck für jede Art von Geschirr, vor allem Porzellan, Keramik und Steingut, aber auch Scherben, Bruchstücke.

Plückfiedel heißt die Gitarre oder Laute.

Plumpsack steht für einen klobigen und plumpen Menschen sowie für eine tollpatschige, dicke Person.

Plünn, Plünn(en)keerl bedeutet armseliger Mensch, auch Lump, Schuft, Fiesling und Lumpenhändler sowie Vogelscheuche. *Plünnen* ist ein Sammelbegriff für Kleider und Lumpen, Fetzen, Lappen. *De Plünnen binanner smieten* ist eine Umschreibung für heiraten, zusammenziehen (im Sinne von gemeinsame Wohnung nehmen). *Plünn(en)kraam, Plünntüüg* heißt Lumpenzeug und (abschätzig) die Gesamtheit aller Textilien. *Plünnvolk, Plünngood, Plünnpack* sagt man für Lumpengesindel, Pack, untere Sozialschicht.

Plünn(en)rieter wird scherzhaft (manchmal auch abschätzig) der Textilkaufmann genannt.

Plüster ist das plattdeutsche Wort für Fussel, Fädchen, Haar, weiterhin für Faser. Etwas *utnannerplüstern* bedeutet, etwas auseinanderpflücken, auffächern.

Pluusterkopp nennt man einen Struwwelpeter, Strubbelkopf, eine ungepflegte Mähne und übertragen einen mürrischen, abweisenden Menschen sowie einen dicken, aufgedunsenen (Sauf-)Kopf.

Der höchste ostfriesische Berg: der Plytenberg.

Plytenbarg heißt der höchste ostfriesische Berg: der Plytenberg bei Leer. Er erhebt sich imposante 9 Meter über das Umfeld und etwas mehr als 12,50 Meter über NN. Mit seiner Höhe erreicht der Plytenberg nicht einmal die Höhenbaumgrenze, man sieht es, denn auf seinem Gipfel ist an der Stelle eines Gipfelkreuzes ein Baum gewachsen (s. auch *Barg*).

Pockholt s. Franzosenholt, Levensholt

Pockholter nennen die Ostfriesen eine Boßelkugel, die aus dem Holz des tropischen Guajakbaumes hergestellt ist. Seine Rinde galt früher als Linderungs- und Heilmittel gegen Pocken, daher *Pockholt* (s. auch unter *Boßeln* und *Franzosenholt*).

Pöddels sind Scherben von Glas, Porzellan, Steingut u. ä. sowie auch alle Bruchstücke.

Poggenfiller ist der plattdeutsche Begriff für ein stumpfes Messer, „mit dem man nicht mal einen Frosch zerlegen kann" (*Pogg* = Frosch; *Filler* = Enthäuter, Schinder).

Polack(e) bezeichnet eine gelbe, glasierte Murmel (Knicker) und wird abschätzig für einen Menschen aus Polen benutzt.

Polder nennt man im westlichen Ostfriesland angeschwemmtes Marschenland, das rundum von Deichen eingeschlossen ist (im östlichen Ostfriesland: Groden oder Binnengroden, in Schleswig-Holstein: Koog). Polderböden sind junge Marschen und sehr fruchtbar, daher werden sie zum Anbau für hochwertige und anspruchsvolle Gemüse- und andere Kulturpflanzen genutzt.

Polderfürst hat sich als Ausdruck für reiche Polderbauern, die mehr oder minder regelrechte Gutsbesitzer sind, bei denen eingebürgert, die nicht dazu zählen. Die Polderfürsten heben sich auch gerne gesellschaftlich von den kleineren Bauern und Handwerkern, vor allem von den Arbeitern ab.

poll Wicht ist die Bezeichnung für ein wohlgenährtes, properes Mädchen (*poll* = rund, voll, strotzend, bauschig, fleischig; *Wicht* = Mädchen).

Poller heißt ein rundlicher, kräftiger, kleiner Pfahl (aus Holz oder Gusseisen) mit einem Kopf zum Festmachen von Schiffen an der Kaimauer. Weiterhin ist *Poller* die plattdeutsche Aussprache für Polder (s. dort).

Pööks, Purks wird ein Knirps, ein kleines Kind genannt, ebenso auch ein kleines Tier.

Der „Pockholter" – hergestellt aus Guajakholz.

Poolacht, Poolricht ist in Ostfriesland ein Entwässerungsverband, eine Entwässerungsgenossenschaft, ein Entwässerungsbereich. *Poolachter, Poolrichter* heißt der Verantwortliche für die Abwässerung sowohl von Mooren und Sümpfen, Binnenwasser als auch für gemeindliche Entwässerungsaufgaben. Die Bezeichnung gilt ebenso für den Aufseher von Wasserleitung, Pumpen, Brücken.

Poolhuus, Poolhütt nennt man eine niedrige, flache Hütte im Sumpf als Versteck für Entenjäger, oft aus Schilf, manchmal auch aus Holz.

Poor ist ein Ausdruck (offenbar nur) auf Baltrum: eine Tasse Tee oder Kaffee, ein Guss oder eine Ausschankportion aus einer Tee- oder Kaffeekanne.

Poos bedeutet für einen Ostfriesen Feder, Federkiel und – völlig anders – Zeitabschnitt.

Pootje ist ein (Tier-)Pfötchen; normalerweise wird der Ostfriese beim Schlachtfest damit konfrontiert – dann geht es um die *Pootjes* vom Schwein. Diese werden in einem unbeobachteten Augenblick gerne von Nachbarn oder Freunden abgeschnitten und den Besitzern (zum Beispiel per Paket, Boten o. ä.) zugeschickt, um dadurch ein Stück Fleisch oder eine Einladung zu bekommen.

Pöselee bezeichnet eine anhaltende, kleinliche und mühsame Arbeit oder Beschäftigung, ohne dass etwas Ordentliches dabei herauskommt, und auch nichtsnutziges Gelaufe.

Pöselpeerd wird ein Mensch genannt, der – ohne Eifer – seiner Arbeit nachgeht oder der die Arbeit für andere macht, sozusagen ein menschliches Arbeitspferd.

Postje bedeutet Posten, Anstellung, Amt (s. a. *Bahntje*) und Pfosten.

Pöter kann mit Stoß, Hieb übersetzt werden. *Een Pöter verdragen könen,* das wünscht man jedem: nämlich einen Stoß (Dämpfer) vertragen, etwas aushalten können. Außerdem steht *Pöter* für Störenfried und wuseliges Kind.

Pott(h)eekster wird ein junges Mädchen genannt, das immer neugierig in die Töpfe schaut. Übertragen ist es eine Person, die zu allem etwas zu sagen hat und alles kritisiert.

Pottjekacker ist ein allgemeines Schimpfwort, wörtlich: Topfscheißer, es wird benutzt für Angeber und Vornehmtuer. Man gebraucht es auch scherzhaft für ein kleines Kind. Schließlich ist es ein Schimpfwort für Emder: *Emder Pottjekacker* (s. dort), die als erste in Ostfriesland das Nachttöpfchen einführten.

Pott(je)klei nennt man den Töpferton und ein Erd-Wasser-Gemenge, wie es Kinder gerne zum Spielen bereiten. Hört man in Ostfriesland den Ausspruch: *Dat is 'n Seel van Pottklei,* dann heißt das, dass über eine gutmütige und leicht beeinflussbare Person geredet wird.

Pottlicker, Pottslicker ist der plattdeutsche Ausdruck für einen Topf(aus)lecker, für eine Naschkatze. Der *Pottlicker* ist der Zeigefinger.

Pottlood ist der Bleistift.

Potträffke bedeutet Topfgucker, auch Naschkatze, eine, die sich mit den Fingern etwas – das Beste – aus dem Topf herausfischt.

Pottschrabber sind – wie die *Potträffkes* – ebenfalls nicht gerne gesehen, nur dass sich die *Pottschrabber* das Letzte aus dem Topf herauskratzen – und somit ist es dann ein Synonym für einen Geizkragen geworden.

Praam, Prahm ist ein Ausdruck für Klemmholz, das benutzt wird, um im Schraubstock zu bearbeitendes Holz (für Holzschuhe u. ä.) festzuklemmen. Außerdem nennt man so die Bremsbacken für Mühlen und eine Nasenklemme für Pferde. Weiterhin ist *Praam, Prahm* auch das plattdeutsche Fachwort für einen großen, offenen, flachen Kahn – in mehr oder weniger kastenförmiger Gestalt – zum Transportieren von Massengütern (Erde, Sand, Schlick, Steine und auch Vieh (s. a. *Pünt*). Das Eigenschaftswort *praam*, auch *pramm*, steht für fest, dicht, gepresst. Nun gibt es aber noch eine weitere Deutung für *Praam,* das in manchen Regionen dann allerdings mehr *Pramm* (wie das angeführte Adjektiv) heißt, es bezeichnet die Brust- oder Saugwarze (auch *Speen*).

Pracher nennt man einen Bettler, einen Habenichts, einen armseligen Mitmenschen, aber auch einen Lump und einen Wucherer.

Pracksel ist das, was kleine Kinder zu essen bekommen, was sich aber auch viele Erwachsene (zumindest im ländlichen Ostfriesland) noch gerne bereiten: Brei, gestampftes und durcheinandergerührtes Essen.

Prallsteen ist der Eckstein, Kantstein (häufig ein großer Findling). Er befand sich an Tor- oder Wegeinfahrten, um den (Pferde-)Wagen von Beschädigungen am Mauerwerk abzuhalten bzw. das Gefährt auf dem Weg zu halten. Ostfriesen liebten es, solche *Prallsteenen* weiß anzutünchen, was man an manchen Höfen oder Hofeinfahrten auch heute noch sehen kann.

Pransel nennen die Ostfriesen einen Drängler, Quälgeist und auch einen Bettler.

Pratter bezeichnet einen Mauler, Protzer und Angeber, aber auch einen Vogel, den Star (s. a. *Blutter, Spraa*).

Pratthörn, Pratthook war bei Schulkindern gefürchtet, es handelte sich um die Strafecke in den Klassenräumen, in die unartige Schüler

Primärdünen heißen die ersten kleinen Dünenerhebungen, die am Strand entstehen.

geschickt wurden. *Pratt* heißt stolz, hochmütig, trotzig, prahlerisch, übermütig, blasiert; *Hook, Hörn* beschreibt u. a. eine Ecke.

Prent(e) heißt jedes durch Druck auf Papier hergestellte Bild, z. B. ein Kupferstich, Stahlstich, Steindruck. *Prent(e)* nennt man auch eine (Kunst-)Malerin, einen Buchstaben und übertragen eine alberne Gans.

Prick(e) ist der küstengängige Name für eine Buschbake (s. dort). Außerdem heißt eine eiserne Gabel mit Widerhaken zum Fischfang in Wattenprielen so *(Aalprick)* und auch ein Punkt, ein kleiner Fleck z. B. auf dem Papier oder auf der Kleidung.

Priel nennt man eine schmale Wasserrinne im Watt, die auch bei Niedrigwasser noch Wasser führt. Priele werden oft als Fahrrinnen zu den Sielhäfen hin genutzt.

Priemelmors, Priemelpott ist der schöne plattdeutsche Ausdruck für einen Pedanten, einen Kleinigkeitskrämer und für einen Perfektionisten.

Primärdüne bezeichnet die erste kleine Dünenerhebung – von See aus gesehen – am Strand noch vor den hohen Dünen. Primärdünen sind oft schon mit Dünenpflanzen (überwiegend Strandweizen) bewachsen und bleiben dadurch beständig.

Prökel heißt auf Plattdeutsch der Feuerhaken, Schürhaken, Stocher, auch jeder lange und spitze Dorn und ein handlicher Stock.

Proot, **Prootje** ist ein Begriff im westlichen Ostfriesland und bedeutet Gespräch, Gerücht, Geschwätz. Im östlichen Ostfriesland sagt man stattdessen *Snack*. Beide Wörter stehen auch für Redensart, Fabel, kleine Erzählung. *De Proot is ut* bedeutet, das Spiel ist aus, die Sache ist erledigt.

Propp heißt nicht nur Korken, Pfropfen, sondern auch kleiner Junge, Knirps und zu dicker Knabe.

Proter, Prootsack nennt der Ostfriese ein Großmaul, einen Schwätzer, einen Quatschkopf. Solche Menschen sind nicht gut angesehen.

Proteree ist im westlichen Ostfriesland Gerede, Geschwätz, Klatsch, im östlichen Ostfriesland ist es *Snackeree.*

Pruler, Prulerke bedeutet Mauler, Murrkopf, Motzer. Sagt ein Ostfriese: *Ik smiet 't nu up 't Prulen* heißt das, dass er beleidigt ist (aber mehr im Spaß) und dass er nun anfangen will zu maulen. *Pruulhörn* steht für Schmollwinkel und eine *Pruulsnuut* zieht man beim *Prulen*, es ist der Schmollmund, die Schnute.

Prüll, Prüllke bezeichnet etwas Nichtsnutziges, Wertloses, Plunder, Gerümpel und – übertragen – einen nichtsnutzigen Menschen. Ein *Prüllker* ist dementsprechend ein Lump, ein Trödler, Lumpenhändler, ein Kleinigkeitskrämer und Geizkragen.

Puckel bedeutet Buckel, hoher Rücken, Höcker, Rücken (allgemein). *Wat up Puckel kriegen* besagt für einen Ostfriesen, dass er etwas ertragen muss, dass er etwas abbekommt, zum Beispiel Dresche, Regen u. ä.

Pudding kommt ursprünglich aus dem Englischen, so steht es auch für das, was es in England ist, nämlich Pudding, Dessert, Nachspeise. Bleibt noch anzumerken, dass die Wittmunder ihrer Fußgängerzone diesen Namen gegeben haben, sie sagen, es sei die schönste Fußgängerzone in Ostfriesland.

Pudel ist, wie im Hochdeutschen, eine Hunderasse, eben der Pudel, beim Kegeln ist es ein Fehlwurf und in Ostfriesland ist es ein weiteres Wort für Hure. So wird *Pudel* auch als Schimpfwort gebraucht: Hure und Schlampe.

Puff hat im Ostfriesischen wie im Hochdeutschen so ziemlich die gleichen Deutungen: a) Schlag, Stoß, b) dicke Falte, Wulst, c) Gebauschtes (z. B. Ärmel) und d) Freudenhaus.

Puffer(t) ist eine der typischen deftigen Speisen in Ostfriesland, eine Mehlspeise, ein Hefekloß.

Puhahn heißt eigentlich Puter. Es hat sich zu einem Schimpfwort entwickelt und bedeutet Aufschneider, Großmaul, Prahlhans, Wichtigtuer.

Puhee ist ein plattdeutscher Ausdruck für Lärm, Rabatz und für Aufsehen, Aufheben.

Puler(ske) bedeutet Schäler(in) von Granat, Erbsen etc., auch Stocherer, Klauber und Umstandskrämer.

Püll heißt Flasche, Wärmflasche, auch Suff. Ein *Püllbrör* oder *Püllker* ist ein Trinker, Säufer, Zechbruder. Wenn ein Ostfriese/eine Ostfriesin *'n Püll mit twee Ohren* mit ins Bett nimmt, handelt es sich um den Partner/die Partnerin.

Püllpott bezeichnet einen Einmachtopf aus Ton (für Bohnen, Sauerkraut, Rumtopf u. ä.).

Pullstock, Pult(er)stock oder **Pulsstock** ist der Name für einen kräftigen Stab mit einer breiteren Scheibe *(Pult)* oder einem Klotz *(Kloot)* an einem Ende zur Überwindung von Gräben. Man steckt das verbreiterte Ende in einen Graben, um dann – sich am Stab festhaltend – mit Schwung über diesen zu springen (auch *Paddstock, Klootstock*).

Pult nennt man einen Schreibtisch, ein Pult mit abgeschrägter Schreibfläche. Außerdem ist es ein Fetzen, Lappen und in der Mehrzahl *(Pulten)* steht es für Lumpen und ein wenig abschätzig für Kleider.

Pulter ist ein klobiger, plumper und unbeholfener, ungeschickter Mensch.

Pulterbüx, Pulterjan, Pulterklaas sind Ausdrücke für einen Polterer, Krachmacher, Stolperer, Tölpel.

Pulteravend Polterabend wird die Feier des Junggesellen- und Jungmädchenabschieds mit allerhand Ritualen am Abend vor dem Hochzeitstag genannt. Unter anderem werden dabei Porzellanwaren zerschlagen, um böse Geister zu vertreiben und Glück heraufzubeschwören (= poltern).

Pulterkamer ist eine Rumpelkammer, Abstellkammer, ein Raum für Gerümpel.

Pummel nennt man einen dicken, unförmigen und untersetzten Menschen, insbesondere auch ein Kind mit solchen Anlagen.

Die Pünte über die Jümme bei Wiltshausen.

Pümmelwurst bezeichnet eine kurze, dicke Mettwurst oder Dauerwurst, insbesondere eine geräucherte. Sie erfreut sich großer Beliebtheit als Wegzehrung auf Wanderungen, als Verknobelungsgabe u. ä.

Pumpel heißt eine plumpe, dicke Person, ein Hinkender und Watschelnder, weiterhin ein nachlässig gekleideter Mensch (insbesondere mit weiten, unförmigen Kleidern).

Pünt bezeichnet ein großen, offenen, flachen Kahn (auch *Praam, Prahm*) von mehr oder weniger kastenförmiger Form zum Transportieren von Massengütern (Erde, Sand, Schlick, Steine, auch Vieh). Auch eine einfache – meist an Drähten gezogene oder vom Fährmann gestakte – (Last-)Fähre ist eine *Pünt(e)*, ebenso ist *Pünt* die Spitze eines Gegenstandes.

pupen, pupsen heißt furzen, „einen fahren lassen". Andere Ausdrücke dafür sind: *een rieten laten* oder *een fieren laten*.

Pupert wird der Hintern, der Popo – vor allem von Kindern – genannt (ohne dessen abwertende hochdeutsche Bedeutung).

Pupp steht für Puppe (s. a. *Bela*), für Baby, Kleinkind und für ein Getreidebündel. Außerdem sagen Kinder zu der noch von Kelchblättern umschlossenen Blütenknospe – kurz vor deren Aufgehen – *Pupp*.

Puppvisiet ist ein Brauch in Ostfriesland. Nach der Geburt eines Kindes kommen Nachbarn, Verwandte und Freunde zu Besuch, sie heißen damit das Kind willkommen und man serviert ihnen dann *Kinnertööntjes* bzw. *Bohntjesopp* (= Branntwein mit Rosinen) in einem *Brannwienskopp* (siehe dort).

Purer, Purder nennt der Ostfriese einen Sticheler, einen Treiber, eine Reizfigur, auch einen Quälgeist und jemand, der nicht locker lässt.

Purks s. Pööks

Pusselee ist der plattdeutsche Ausdruck für Pfusch, unordentliche und unsolide Arbeit, für Sudelei und Fummelei.

Pütt heißt ein früheres Raummaß (1 ostfr. Pütt hatte etwa 49 cbm). Man nennt einen gegrabenen Brunnen im Garten auf der Geest *Pütt* und die Entnahmestelle für Soden und Erde zum Deichbau (Püttloch, Spittland, Spittdobbe, Saarteich) sowie den Graben vor der Torfstichwand, der bis zum Sandboden hinabreicht. In diesem Graben sammelt sich Wasser. Der *Pütt* wird mit der Bunkerde der folgenden Torfstichbreite wieder zugeworfen. *Pütterke* ist der Stieglitz oder Distelfink.

Püttjer nennt man in Ostfriesland einen Pedanten, Kleinigkeitskrämer, einen kleinkarierten und zimperlichen Menschen. *Püttjerkraam* steht für Kleinkram, Fummelarbeit und knifflige Bastelei.

Puul bedeutet Hülse, Schote, Pelle, Schale, zum Beispiel von Obst, Garnelen, Ei u. ä.

Puun benennt eine Daunenfeder, eine Spitze oder einen Stachel, einen Nagel oder Zapfen. Sagt man in Ostfriesland: *Alls in d' Punen, so* bedeutet das, dass alles in Ordnung ist.

Puupke, Puupsteert ist ein Kosename für einen Säugling.

Puupmors, Puupsack heißt Furzer, Stinker. Darüber hinaus ist es allgemein ein Schimpfwort, vor allem für Angeber, für eine unangenehme Person.

Puur ist der Name für Kröte (auch *Padd*) und *Puur* stellt auch einen Popel, den verhärteten Nasenschleim dar.

Puurtje benennt Dreck, Kot, eine breiige (unangenehme) Masse und einen außergewöhnlich dicken und fetten Menschen.

Puurtjebreei s. Pottjeklei

Puuster(t) ist Ausdruck für einen Schnaufer, einen schwer Atmenden, einen Dickwanst, einen aufgeblasenen und eingebildeten Menschen, ferner für einen Wind bzw. einen Windstoß und für einen kleinen Handblasebalg.

Püütjepack nennt man in Ostfriesland das Windelpaket der Säuglinge und man benutzt dieses Wort scherzhaft und ein wenig abwertend auch für Einkaufstaschen.

Püüster nennt man ein Gewehr, Luftgewehr, eine Büchse und einen kleinen Handblasebalg.

Püüt ist nicht nur (kleine) Tüte, Beutel, sondern auch der Hodensack.

Puutje hat für Ostfriesen wieder zwei gegensätzliche Bedeutungen, einmal ist es ein Kosewort für ein kleines Kind oder für ein Kätzchen, andererseits spricht man abfällig so von einer Hure bzw. Dirne.

Püütjeknieper, Püütjeplacker ist eines der vielen Wörter für Pedant und Kleinigkeitskrämer.

Q-q

Quaad, Quade bedeutet Böses, Schlechtes, auch Teufel, Missetäter und Übel, Plage bzw. Dreck sowie Bosheit, Zorn und Niedertracht. *Quaadaar(d)igheid* ist die Bösartigkeit.

Quaaddoner wird ein Übeltäter oder Bösewicht genannt, *Quaadspreker* ist ein Verleumder und Lästerer, *Quaadstoker* ist ein Anstifter, Aufhetzer, Herausforderer.

Quacke, Quackel, Quackeler sind ostfriesische Wörter für einen Schwätzer, eine Plaudertasche, einen Pfuscher, aber auch für ein kränkliches, schwaches Wesen, für einen oft ächzenden, stöhnenden Menschen und für einen Geistesschwachen.

Quackedööl steht für eine kränkliche und weichliche Person; eigentlich bedeutet es (weicher) Eidotter.

Quant(je) ist Ostfriesland ein pfiffiger Bursche, ein Racker, ein Schelm, ein Spaßmacher.

Quarkmors, Quarkbüdel bedeutet Quasselstrippe, Schwätzer und Nörgler. *Quark* steht für Weichkäse, für wirre Masse, Plunder, Dreck; *quarken* = krächzen, meckern, quengeln.

Quast hat viele Deutungen: a) Quaste, Büschel, Troddel, b) breiter, dicker Pinsel, c) Ast, Knorren, d) knorriger und wunderlicher Mensch, e) Narr (im Sinne von Dumm- oder Schafskopf) und f) starker, kerngesunder Mensch.

Quatter ist der Vogel Star (auch *Blutter, Spraa, Patter*). Weiterhin ist *Quatter* ebenso Schleim, Speichel (s. a. *Quiel).*

Quattje bezeichnet einen albernen und törichten Menschen (auch *Dwattje*).

Queen, Quene nennt der Ostfriese sowohl eine Färse, d. h. eine Kuh, die noch nicht gekalbt hat, als auch ein unfruchtbares weibliches Rind, seltener wird das Wort auch für Zwitter angewandt.

Queeskopp bedeutet Querkopf, Quengler, Nörgler und verschrobene oder verrückte Person. *Quees* = (Blut-)Blase, kleines Blutgeschwür und auch Finne des Quesenbandwurms, der bei Schafen die Drehkrankheit hervorruft. Wahrscheinlich liegt im Letzteren die Erklärung für das Wort *Queeskopp.*

Queller ist für die Anlandung an der Wattenkante und am Heller eine ganz wichtige Pflanze, die hochdeutsch auch Queller, Krückfuß oder Salzhornkraut (wissenschaftlich Salicornia) heißt. Der Queller ist eine bis 25 cm hohe Salzwasserpflanze im oberen Wattenbereich, die Süßwasser (Regenwasser) speichert und Salz ausscheiden kann. Sie trägt durch die Wasserberuhigung zwischen diesen kakteenähnlich aussehenden Pflanzen zur schnelleren Sedimentation und damit zur Landgewinnung bei. Queller, übersetzt als das Sich-Entwickelnde, hat auch den Namen für das Außendeichsland, Deichvorland (s. Heller) geliefert. Es gibt auch eine Grasart, das Strandmannagras [Atropis bzw. Glyceria maritima], das in Ostfriesland als Queller oder Andel bezeichnet wird. Es wächst an der Hellerkante in der Salzwasser-Spritzzone.

Quengel, Quengelpott, Quengelmors nennt man im Plattdeutschen einen Drängler, Quengler, Nörgler und einen weinerlichen Schmeichler, der seine Tränen einsetzt, um zum Ziel zu gelangen.

Der Queller, auch „Krückfoot" genannt.

Quetelbüx, Queteldöös, Quetel(er), Quetelmors u. a. sind alles Wörter für eine ähnlich große Zahl hochdeutscher Erklärungen: Quasselpeter, Quasselstrippe, Quatschkopf, Plappermaul, Phrasendrescher, redselige Person. *Quetelee* beschreibt unsinniges Gerede, Geplapper, Geschwätz (auch *Rödelee, Kauelee*).

Quicksteert, Quickmors nennt man in Ostfriesland einen unruhigen, quirligen Menschen und ein flatterhaftes Mädchen (s. a. *Wippsteert*). Die Bachstelze (s. a. *Ackermanntje*), die ständig mit ihrem Schwanz wippt, hat daher auch diese Namen bekommen, sowohl *Quicksteert* als auch *Wippsteert.*

Quiel ist das Wort für Speichel, Geifer, auch für Tabaksbrühe. Wenn ein Ostfriese von jemandem erzählt, der *Snött un Quiel blarrt* dann meint er damit, dass derjenige Rotz und Wasser heult.

Quinkeleerer ist ein Zwitscherer, das kann auch ein Tier sein, wenn allerdings von einem Sänger die Rede ist, meint man, dass er mit Tremolostimme singt.

Quinkerer, Quinkoog wird ein Zwinkerer, ein Blinzeler genannt.

Quispelmors steht für einen quirligen, unruhigen Menschen, der ständig in Bewegung ist.

R-r

Raa, Rah, Rahe heißt das quer an einem Mast angebrachte Rundholz zur Befestigung des Segels.

Raak kann für den Ostfriesen Treffer, Treffen und auch Glücksfall sein, dann aber genauso Aschegrube im Herd und Schürhaken, mit dem die Asche in den Aschkasten gerüttelt wird.

Raakwark bedeutet Abenteuer, Wagnis und Risiko.

Raav ist eine frische Narbe, auch der schon gebildete Schorf über einer Wunde und schließlich ist *Raav* der Rabe oder Rabenvogel.

Rachfatt nennt man ein Klatschmaul, jemanden, der immer das Neueste weiß und alles ungeprüft weitergibt. Somit ist *Rachfatt* auch ein Gerüchtemacher und ein Lästermaul, also keine schmeichelhafte Titulierung.

Racker ist ein Kosewort für ein Kind und bezeichnet einen Schlingel, einen Lausebengel. Die ursprüngliche Bedeutung war Schinder und Abdecker.

Rack(je) bezeichnet ein Bord, ein Lattengestell zur Aufhängung von Wäsche, Milchkannen u. ä., außerdem eine Strecke, ein Stückchen eines Weges und als Adjektiv steht *rack* für richtig, in Ordnung.

Rajen ist für Ostfriesen ein Kanal. Ansonsten nennt man auch das Lolch- und das Raigras so.

Rakeldobb nennt man das Aschenloch, die Herdgrube (s. a. *Raak*).

Randjer bezeichnet einen (nicht ganz reellen) Händler, einen Ramscher, jemanden, der es auf nicht ganz ehrliche Weise zu etwas gebracht hat.

Rappelfatt, Rappelgatt, Rappeltask sind plattdeutsche Begriffe für Plappermaul, für jemanden, der dummes Zeug daherschwatzt.

Rappelkopp, Rappelhoppser nennt man einen aufbrausenden und jähzornigen Menschen, einen verrückten Kerl.

Rappsnuut wird ein Schwätzer, eine Person mit losem Mundwerk genannt.

Rasmus, Jan Rasmus ist ein mehr oder weniger poetischer Name für die Nordsee, vor allem, wenn sie sich – infolge Sturms – unruhig zeigt.

Ratts, Ratz heißt Riss, Hautverletzung. Wenn ein Besucher z. B. *in een Ratts* oder *unnerratts* erzählt, so heißt das, dass er in einem Rutsch, ohne Unterbrechung redet.

Rattsnuut, Rattbeck nennt der Ostfriese eine Quasselstrippe, ein Schnoddermaul, einen Schnellsprecher.

Ravenaas wörtlich Raben-Aas, beschreibt einen widerlichen Menschen, ein Ekel, eine gemeine, hinterlistige Person.

Rebett, Rebeet bedeutet Bereich, Bezirk, Gebiet, auch Angelegenheit. Heißt es: *Dat is neet mien Rebett,* so besagt das, dass derjenige nicht zuständig ist.

Reckenscheter ist eine Zwille.

Reede heißt ein Schiffsankerplatz vor dem eigentlichen Hafen oder vor der Küste. Die Reede dient hauptsächlich zum Leichtern (siehe dort) eines Schiffes, damit ein solches mit zu hohem Tiefgang doch in den Hafen einfahren und den größeren Teil dort löschen kann (zum Beispiel Möwensteert vor Emden in der Emsmündung).

Reem nennt der Ostfriese einen Riemen, einen Gürtel, außerdem ein Ruderblatt. *'n Reem up d' Örgel smieten* bedeutet allgemein etwas in Gang setzen, etwas forcieren.

Reep heißt das Tau, Schiffstau, Seil, Band. *Reepslager* ist der Taumacher, Seiler und Reeperbahn ist die Taubahn, in der die Seile und Taue gedreht werden. Der Ausdruck *Reep* kommt vor allem noch in zahlreichen Straßennamen vor.

Reet-Ernte am Großen Meer mithilfe einer Jolle.

Reet, Reit(h) benennt das Schilf [Phragmites], hochdeutsch auch Ried. Es dient für Isolierungen, Schilfmatten, zur Häusereindeckung. Ein *Reet* kann auch ein Riss, Spalt, eine Ritze sein.

Reev ist der umfassende Begriff für Gerätschaft, Arbeitszeug, Handwerkszeug (auch *Reedskupp*), darüber hinaus für Gegenstände, Sachen, Ware, Kram.

Regenback ist eine Zisterne im Haus zum Sammeln von Regen(=Trink-)wasser.

Rekel nennt der Ostfriese einen Faulpelz und einen groben, ungehobelten Burschen, einen Flegel und Schlingel.

Reken bedeutet Rechnung, auch Rechen, Harke sowie Kamm und Achtung, Ansehen. Wenn gesagt wird: *De steiht bi hör hoch in d' Reken,* dann hat er nicht etwa hohe Schulden, sondern er genießt bei ihr ein hohes Ansehen, er wird von ihr hoch geschätzt.

Repel ist vom Ursprung her eine Riffel, eine Flachsraufe, das ist ein Kamm zur Flachsbearbeitung. Sagt man in Ostfriesland, *man deit well dör d' Repel halen,* so heißt das, dass man unfreundlich über jemanden redet bzw. dass man über jemanden hersitzt.

Ribblapp stellt einen Lederlappen, Reiblappen dar, aber auch ein mageres und schlappes Gebilde (entsprechend übertragen auch auf Mensch oder Tier). Außerdem benennt man so ein Gerippe und eine schlecht beleumundete Frau.

Richel heißt ein Zaun, eine Umzäunung und ein Riegel. Ein *Richelpahl* ist ein Zaunpfahl, ein Pfahl für einen Weidezaun, ein Grenzpfahl.

Richt(el)beer beschreibt ganz anschaulich ein Richtfest, so wie man auch *Kinnelbeer* für ein Fest zur Kindsgeburt oder *Tröstelbeer* nach einer Beerdigung ansetzt.

Rick nennt der Ostfriese eine Hühnerstange, eine Holzstange als (Nacht-)Sitz für Federvieh oder allgemein ein Lattengestell.

Riebelee bedeutet Spaß, Spöttelei.

Ried s. Reet

Ried(e) wird ein kleiner, natürlicher Wasserlauf in der Marsch und im Watt genannt.

Rieg(e) ist das Wort für Reihe, Zeile, für Straßen mit (ursprünglich) einseitiger Bebauung, weiterhin ist es Namensteil einiger Reihensiedlungen (z. B. Moorriege, Teil von Lütetsburg). *All in d' Rieg* heißt alles in Ordnung.

Rhynsloot s. Riensloot

Riekschieter bezeichnet einen reichen Protz, einen Angeber.

Riem bedeutet Landstrich und ist in Ortsnamen wie zum Beispiel Holtriem oder Seriem zu finden.

Rien nennt man in Ostfriesland einen Rand, eine Kante und einen Mühlenkranz.

„Rippelmarken" im Wattenmeer.

Riensloot, Rhynsloot nennt man einen Wassergraben an der Innenseite des Deiches, einen Ringgraben (auch *Ringsloot*).

Ries bezeichnet in Ostfriesland Reisig, Holzzweig, Buschwerk, auch Rispe und Strohbund, den Pflanzennamen und die Speisebeilage Reis sowie das Papierzählmaß (1 Ries = 1000 Bogen) und den großen Menschen, den Riesen.

Rietenspliet bedeutet allgemein Wildfang und spezieller jemand, der ständig seine Kleidung zerschleißt und zerreißt – also ein ungeschickter Trottel.

Rieter ist ein Reißer, Zerreißer, Getriebener und ein unermüdlicher Arbeiter und Wühler. Ähnlich verhält es sich mit dem *Rietwurm*, damit ist ein unruhiges Kind, ein Zappelphilipp gemeint (s. a. *Rittwurm*).

Rietstick bedeutet Streichholz und *Rietstickdöske* ist die Streichholzschachtel.

Riff nennt man eine lange, schmale Sandbank im Wattenbereich, z. B. Borkumriff.

Riffbogen, Riffgürtel heißt eine Ansammlung von Riffen. Vom Ostteil der Ostfriesischen Inseln lösen sich durch die vorherrschenden Westwinde einzelne Riffe, die – gefächert – in einem nordwärts gerichteten Bogen infolge der zusätzlichen Querströmung in den Seegatten auf die östlich davon liegenden Inseln zudriften; s. auch *Barr(e)*.

Riffpiraat wurde ein Küstenpirat genannt, der Piraterie mit Hilfe von Untiefen im Wattenbereich betrieb. Manchmal wurde auch nur ein wenig nachgeholfen, weil Güter aus gestrandeten Schiffen, das sogenannte Strandgut, nach der Fürstenzeit den Findern (Insulanern oder Küstenanwohnern) zustand. Später ist der Begriff dann mehr als Beschreibung eines kleinen Gauners angewandt worden.

Riff-Raff bedeutet Abfall, Auswurf, Lumpen und Gesindel, Pöbel, Lumpenpack.

Ringsloot s. Riensloot

Rinkelmors ist der Ausdruck für einen leichtsinnigen und waghalsigen Mitmenschen.

Rippelmarken ist die Bezeichnung für die kleingewellte Oberflächenstruktur des Küsten- und Inselsandes, die durch Wind und ständigen Wellenschlag verursacht wird.

Ritt ist der plattdeutsche Name für Durchgang, Durchfahrt, Lücke. Behauptet ein Ostfriese: *De is up Ritt (Rutt)* oder noch deutlicher: *De is mit Mors up Ritt (Rutt),* meint er damit, dass derjenige ein unordentliches Leben führt und sich herumtreibt (s. a. *Rutt*).

Rittwurm heißt wörtlich Reißwurm. *Een Rittwurm in d' Mors hebben* besagt, unruhig und hektisch sein (siehe auch *Rietwurm/Rieter*).

Rödelee, Rötelee steht für unsinniges Gerede, Geplapper, Geschwätz (siehe *Quetelee, Kauelee*). Geschwätz mag der Ostfriese eigentlich überhaupt nicht.

Rödeldöös, Rödelfatt, Rödelmors sind Wörter für einen Schwätzer, Faselhans, Dummredner.

Rojer ist zum einen ein Ruderer und auch ein lärmender Nachtschwärmer, ein Trunkenbold; *rojen* steht für rudern, für wild brüllend herumjagen (s. a. *bissen*) von Vieh und auch für den Inhalt eines Flüssigkeitsbehälters messen.

Rökelee bedeutet Rüttelei und Räucherei (letzteres auch *Rökeree*).

Roodwurst hochdeutsch Rotwurst, das heißt in Ostfriesland: Blutwurst mit reichlich Speckstückchen dazwischen.

Roof ist ein Sargdeckel und in der Seemannssprache ein dachartiger Aufbau auf dem hinteren Schiffsteil bzw. Aufenthaltsraum auf dem Schiffsdeck.

Roop bedeutet im Plattdeutschen Seil, Strohseil, aber auch Schrei, Ruf und Gerücht.

Roopahl bezeichnet einen Begrenzungspfahl zweier Deichruten (zweier Aufsichtsbezirke) z. B. auf dem Deich zwischen Lintelermarsch und Ostermarsch (heute Stadtteile von Norden). Der dort befindliche *Roopahl* wird fälschlicherweise oft als *Rood Pahl* (Roter Pfahl) bezeichnet (*Roo* = Rute als Längenmaß, s. Rute).

Roov bedeutet Raub und Schorf, (frische) Narbe (letzteres auch *Raav,* s. d.).

Ropper(t), Roppsack ist der plattdeutsche Begriff für Raufbold und habsüchtiger, unersättlicher Mensch bzw. Raffer.

Rötel- s. Rödel-

Rott nennt man in Ostfriesland einen Unterbezirk einer Bauerschaft oder einer ländlichen Gemeinde. Auch die Stadt Norden war bis ins 19. Jahrhundert hinein in Rotts eingeteilt (auch *Theen, Kedschaft*).

Rött steht plattdeutsch für Fäulnis, etwas Morsches, Verwesung, Zersetzung. Spricht man von *rötterg Fent*, so verwest der nicht gerade, bescheinigt aber, dass es sich um einen faulen und nichtsnutzigen Burschen handelt. Findet etwas bei *Regen un Rött* statt, dann ist damit Unwetter gemeint. Auch das so ungeliebte Tierchen, die Ratte, heißt *Rött,* ebenso ist das – durchaus widersprüchlich – ein Kosename für ein kleines Kind: *mien lüttje Rött. Röttìes* ist brüchiges, tauendes Eis und *Röttslag(g), Röttstapp* eine Rattenfalle.

Rubb ist zunächst die Robbe oder der Seehund. Dann aber gilt das Wort zusätzlich für einen wilden und unruhigen Menschen (auch *Rubaart),* für eine grobe und boshafte Person, einen Grobian, einen Nichtsnutz. Und schließlich benutzt man es auch wieder als Kosename für ein (Krabbel-)Kind.

Rubbsack bedeutet wildes und unruhiges Kind (siehe aber auch *Ropper(t), Roppsack*).

Rücken ist eine häufige Sandbankbezeichnung (z. B. der Schweinsrücken = *Swiensrügg* in der Leybucht); auf Plattdeutsch heißt der Rücken *Rügg*.

Rüder(t), Rüdewold nennt man einen Wühler, Herumreißer, einen Zerstörer und einen unruhigen Menschen bzw. Haudegen.

Ruffel, Ruffelmors, Ruffeltask sind Begriffe für einen flüchtigen und unordentlichen Arbeiter oder Schreiber, auch für Pfuscher, Hudler. Ein *Ruffel* ist auch ein großer Hobel.

Ruffelee bezeichnet unordentliches Gekritzel, schwer lesbare Handschrift, Pfusch und oberflächliche Arbeit.

Rüffke ist der Ausdruck für einen neugierigen Menschen, einen Schnüffler und einen Nascher (auch *Pottrüffke*).

Rugert nennt der Ostfriese einen rauen, wilden, unsensiblen Mitmenschen, eine rücksichtslose und ungesittete Person und auch einen stümperhaften Arbeiter. Zudem ist es der Name für Wildschwein.

Rukel, Rukelbusk, Rukelstruuß ist ein (wohlriechender) Blumenstrauß. Den bringt der Ostfriese – zumindest auf dem Lande – seiner Frau selten ins Haus. Meistens hat er Blumen im Garten und sieht einen solchen Strauß als Verschwendung an, oder er fürchtet die Frage: *Hest wat utfreten of bist bi 'n annern Froo west?* (Hast du was ausgefressen oder bist du bei einer anderen Frau gewesen?).

Rukeldöös ist ein Riechdöschen, *Rukelwater* bedeutet Parfüm, dafür gibt es auch den schönen plattdeutschen Ausdruck *Loop-mi-na*.

Rum mit Bunk nennt man Rum mit einem Zuckerwürfel. Nun ist Rum schon seit den Handelsfahrten (vor allem der Niederländer) nach Mittelamerika im 17. und 18. Jahrhundert an der gesamten Nordseeküste ein äußerst beliebtes alkoholisches Getränk. *Bunk* heißt eigentlich Knochen, mit einem solchen Zuckerwürfel macht das Getränk natürlich schnell heiter oder gar betrunken.

Rummel bedeutet in Ostfriesland Markttreiben, Vergnügung, Durcheinander und Haufen, Menge. So weit ist dieses Wort auch schon in die hochdeutsche Umgangssprache eingegangen. Für Ostfriesen ist aber außerdem mit dem Wort *Rummel* noch ein großer Versammlungsraum, ein Rathaussaal gemeint. Als solcher ist er nicht ins Hochdeutsche gelangt.

Rummelpott heißt ein trommelähnliches Musikinstrument, es wird z. B. zum Martinisingen gebastelt und bespielt. Man nimmt dazu einen ausgehöhlten Kürbis, Topf oder ein Blechgefäß, das mit einer Schweinsblase bespannt wird. Manche Martiniläufer trommeln nur damit, andere stecken aber ein Stöckchen oder Rohr so geschickt ein, dass beim Auf- und Abbewegen dessen ein abenteuerlicher Laut – das Rummeln – entsteht, das den Gesangs- oder Sprechrhythmus – recht eintönig – unterstützt.

Rusebuse s. Bambuse

Ruseree bedeutet Unruhe, Geräuschkulisse, Gewusel (*rusen* = rauschen, brodeln, brausen, stürmen).

Rüststee heißt Raststätte, aber auch Ruhestätte im Sinne von Grab.

Rute ist ein früheres Längenmaß mit regionalen Abweichungen (z. B. 1 preußische Rute = 3,76 m, 1 oldenburgische Rute = 2,96 m).

Rutt, Rutter besagt holperige Fahrt; *up Rutt wesen* siehe *Ritt*. *Rutterkaar* nennt man ein wackeliges und schlecht gepflegtes Gefährt.

Ruugbeck, Ruugbeen, Ruugsack nennt der Ostfriese ein Raubein, einen Grobian und rücksichtslosen Flegel. Als Hunderasse wird in dieser Weise der Schnauzer charakterisiert. *Ruugfoor* = Rohkost, *Ruugwark* = Pelz.

Ruugfreter wird jemand genannt, der alles isst, was man ihm vorsetzt, ein nicht wählerischer Esser.

Ruughauer(ske) bezeichnet eine Person, die schlecht und stümperhaft arbeitet, ein Pfuscher und Nichtskönner.

Ruugweer heißt in Ostfriesland windiges, stürmisches, regnerisches Wetter, eben typisches Herbstwetter. Unter *Ruugfröst* versteht man Raureif, aber auch ein Raubein, einen rauen und unempfindlichen Burschen.

Ruuntje s. Buseruuntje

Ruusje bedeutet Lärm, Unruhe und auch Streit, Händel.

Ruut steht für Fensterrahmen, auch Fenster und Fensterscheibe, weiterhin Wurzelwerk, Gestrüpp und Raute, außerdem Rute, Gerte.

Der „Rummel", ein repräsentativer Sitzungssaal im Alten Rathaus (Museum) von Norden.

S-s

Saag heißt Säge, auch Sage, Überlieferung.

Saarteich Er wurde nicht etwa im Saarland erfunden, sondern darin steckt der Begriff *saar,* was bedeutet, dass Land allein zum Zweck der Deichausbesserung ausgegraben und zu einem Kolk gemacht wurde. Ein Saarteich liegt binnenwärts nahe dem Deich. Solche deichnahen Kleientnahmestellen werden heute nicht mehr angelegt und die noch bestehenden werden in der Regel zugeschüttet, weil sie nach neueren Erkenntnissen die Sicherheit der Deiche gefährden.

Sabbel ist plattdeutsch für Speichel, Spucke und auch (abfällig) für Mund, Schnauze, z. B.: *Holl dien Sabbel!* (= Halt den Mund!).

Sabbelee bedeutet Geschwätz, Gerede, aber auch Geknutsche und Küsserei. *Sabbelfatt, Sabbelpott, Sabbelsnuut* steht für jemanden, der viel redet, für Klatschbase, Quasselkopf. Dasselbe gilt für *Sabbelkopp, Sabbelmors.*

Sackdook s. Büüsdook

Salzpflanzen nennt man solche, die an salzhaltigen Standorten (z. B. auf dem Heller oder Außengroden) gedeihen können und die auch einige Zeit – während des Hochwassers – Salzwasserbedeckung vertragen können (beispielsweise Queller, Schlickgras).

Sandbank ist der Name für eine flache Sandansammlung, die bei niedrigem Wasser frei liegt, bei Hochwasser aber unter die Meeresoberfläche gerät. Solche Bänke haben an der Nordseeküste verschiedene Namen: Riff (z. B. Borkumriff), Rücken (z. B. Schweinsrücken in der Leybucht), Plate (z. B. Itzendorfplate vor Norddeich), Nacken (z. B. Greetsieler Nacken) oder Steert (z. B. Geisesteert bei Jemgum) im Wattenbereich und in der Ems.

Sandgräser werden Pflanzen genannt, die im Sand, besonders in den Dünen gedeihen, z. B. Strandhafer, Strandquecke, Helm.

sangen kommt bei der Benennung einer blauroten Säufernase vor: *sangen Nös; sangen,* auch *vigelett,* ist violett und auch blutunterlaufen.

„Sarksteen" eines Hofes in Groothusen mit den stilisierten Figuren seiner Bewohner und deren Initialen.

Sarksteen Er ist vom Ursprung her kein Grabstein, sondern ein Giebelstein, z. B. ein repräsentativer Jahrgangs- oder Namensstein am Haus. Trotzdem hat *Sarksteen* etwas mit dem Grab zu tun, denn *Sark* bedeutet Sandsteinplatte und als solche kommt sie natürlich auch auf manchen Grabsteinen vor. Der *Sarkhauer* ist der Steinmetz.

Saterdag ist der Sonnabend. Allerdings ist es auch ein häufig zu hörender Fluch, angewandt deshalb, weil die Menschen gelehrt bekamen, das Wort Satan zu vermeiden.

Anmerkung: Sch = gesprochen Sk [z. B. Skaa]

Schaa heißt Schaden, Verlust, auch Nachteil und Gebrechen.

Schaal bedeutet Schale, flaches Gefäß, Napf, dann Waagschale und auch Hülle, Hülse, Pelle, Schale (als Umhüllung, siehe auch *Schill*).

Schaamte ist der plattdeutsche Ausdruck für Scham, Blöße und allgemein für die Geschlechtsmerkmale, vor allem für weibliche Reize, was noch aus einer insgesamt sehr prüden Zeit übriggeblieben ist.

Schaap ist nicht nur ein Ausdruck für Schaf, sondern auch für eine kleine frühere Geldmünze in Ostfriesland. Wie im Hochdeutschen ist *Schaap* auch eine abfällige Bezeichnung für einen einfältigen, geduldigen Menschen.

Schaapschink nennt man den Schafschinken und – scherzhaft – auch die Geige, die Violine.

Schaapkopp, Schaapmors, Schaapnöös sind Ausdrücke für Schafskopf und ähnliche Bedeutungen, auch für Dummkopf und Einfaltspinsel.

Schaar bezeichnet eine Schar, eine Gruppe, eine Abteilung, auch die Pflugschar kann gemeint sein (nicht zu verwechseln mit *Scharr,* s. d.).

Schaardiek nennt man einen Deich ohne Vorland (ohne Heller). Er muss durch schweres Schutzwerk besonders gesichert werden, denn ein breites Vorland ist der beste Schutz für den Deich, weil dadurch die bei hohen Fluten anrollenden Wogen brechen und ihnen die Kraft genommen wird.

Schaats, Schaatsen ist mehr ein Begriff im westlichen Ostfriesland, es sind Schlittschuhe.

Früher waren insbesondere die Riepster *Schaatsen* bekannt, neben den Breinermoorer *Schöfels* (s. auch *Döörloper*).

Schalk bedeutet Schalk, Schelm und Holzstückchen, kleiner Holzklotz, Holzscheit.

Schaluppe s. Slupp

Schamp Wenn der Ostfriese etwas *mit 'n Schamp* mitkriegt, dann heißt das, dass er etwas im Vorbeigehen mit einem kurzen, flüchtigen Blick gerade noch mitbekommen hat.

Schampschööt beschreibt einen Streifschuss und übertragen einen Seitenhieb, eine Frotzelei und Stichelei.

Schandaalmaker steht für Krachmacher, Unruhestifter, Zeterer. *Schandaal,* aus dem französischen „scandale" hervorgegangen, heißt Krach, Lärm und Streit, Skandal.

Schandeckel wird die oberste Schiffsplanke genannt.

Schardeich s. Schaardiek

Scharr ist das plattdeutsche Wort für Schatten und für die Plattfischart Scharbe, die im Wattenmeer beheimatet ist. Letztere wird auch *Scharrntje* genannt.

Schartek(e) nennt man eine ältere – insbesondere unsympathische – Frau. Zudem gilt der Ausdruck für ein älteres Buch oder Theaterspiel, dessen Inhalt nicht mehr aktuell ist.

Schatthuus ist ein an mehreren Orten – insbesondere auf der Marsch – vorkommender Name für einen großen Bauernhof. *Schatt* ist ein altes friesisches Wort für Vieh („Schatz"), Reichtum, Vermögen und für Steuer, Abgabe. Ursprünglich handelte es sich bei einem *Schatthuus* um einen Versorgungshof für ein Kloster oder eine Burg. Die *Schatthusen* wirtschafteten sicherlich auch selbst, sie waren aber vor allem Abgabestellen für den Erntezins.

Schaudiek heißt der Hauptdeich, der – mindestens zweimal jährlich – einer amtlichen Inspektion unterliegt.

Scheel bedeutet Streit, Zwist, Ärger, Zank, Auseinandersetzung, Meinungsverschiedenheit und auch Unterschied, Differenz (letzteres auch *Verschill*).

Scheelkieker oder **Schellkieker** versteht sich schon fast von selbst, es ist ein Schielender. *Schellig kieken* bedeutet schielend, schief oder falsch sehend.

Scheepkist, Schippskist ist die unvermeidliche Schiffstruhe, die vor allem auf den hölzernen Schiffen eine Schutzfunktion für Kleidung und andere Schätze hatte.

Scheet benennt einen kleinen Kothaufen, einen Schiss, Furz und darüber hinaus eine Kleinigkeit, ein Nichts allgemein (= *dat is 'n Scheet,* auch *Schietscheet*).

Scheihack ist eine etwas abwertende Bezeichnung für jemanden, der schiefe Hacken bzw. Füße hat oder verdreht und schief läuft.

Schelf wird ein großer Getreide- oder Heuhaufen genannt, der unter einem Schutzdach steht. So sieht man es zumTeil immer noch an großen Höfen.

Schemeravend s. Schummertied

Schepel bezeichnet ein früheres Hohlmaß, einen Scheffel.

Schepper ist ein neutraler Name für Gott, für den Schöpfer und Erschaffer. Außerdem bedeutet *Schepper* Schöpfkelle, Schöpfgefäß.

Scheppke ist ein Ausdruck für Kleinigkeit, für ein Löffelchen, ein Schäufelchen (o. ä.) voll.

Scheppsel hat mit dem *Scheppke* wenig gemein, es dreht sich vielmehr um ein Geschöpf, ein Wesen (häufig leicht abwertend). So wendet man den Begriff gerne an für einen armen, bedauernswerten Menschen und für eine dumme, unkultivierte Person.

Scherbellenskopp oder **Scharbellenskopp** bezeichnet eine (oft etwas fratzenhafte) Gesichts-Maske, wie sie z. B. von schon etwas größeren Kindern am Martinstag benutzt wird.

scheren kann übersetzt werden mit scheren, abschneiden, beschneiden, auch mit aufziehen, spannen (z. B. auf einen Webstuhl) und *sük scheren* besagt, sich (um etwas) kümmern und sich entfernen, verschwinden.

Schick ist ein Wort für adrette Kleidung, für Anstand, Würde *(mit Schick an een Saak rankomen),* weiter für Gestalt, Form, Erscheinung und für ordentliche Art und Weise.

Schicksel bedeutet Gestalt, Form, Erscheinung; heißt es zum Beispiel *'n (albern* oder *wunnerlik) Schicksel van Wicht,* so ist damit ein albern oder wunderlich erscheinendes Mädchen gemeint.

Schien hat mehrere Bedeutungen: a) Schein, Glanz, Schimmer, Strahl, b) Anschein, Wahrscheinlichkeit, c) Bescheinigung, Schein und d) Geldschein.

Schienfatt heißt die Laterne, das Windlicht. An vielen vornehmeren Häusern war – und ist heute noch recht häufig zu sehen – ein *Schienfatt* über der Haustür angebracht, es spendete Licht für die Eingangsstufen und auch in die Diele hinein.

Ein außergewöhnlich schönes „Schienfatt".

schier ist ein vielfältig verwendbares Wort, es bedeutet rein, beigabenlos, dann sauber, blank sowie hübsch, nett, weiterhin akkurat, ordentlich und, last but not least, beinahe, fast.

schieren besagt erledigen, klar machen, ins Reine bringen, ordnen und säubern, putzen.

Schiet steht für Scheiße, Kot, Mist und für Dreck, Schmutz, Unrat. *Schiet* wird gern als Fluch benutzt, es wird allerdings in allen Varianten kaum als vulgär empfunden (im Gegensatz zum Hochdeutschen).

Schietbödel, Schietbüdel sind plattdeutsche Begriffe für Nichtsnutz, kleiner Scheißer, Würstchen, Taugenichts und es sind Kosewörter für ein Kleinkind.

Schieter ist mit Scheißer – ohne den vulgären Touch des Hochdeutschen – zu übersetzen. Es ist ebenfalls ein Kosewort für ein Kleinkind: *mien lüttje Schieter.*

Schieteree ist der Begriff für Durchfall.

Schietgood(je) bedeutet Scheißzeug, wertloses Zeug und Lumpenpack, Pöbel.

Schiethuus, Schietsgemack beschreibt das Toilettenhäuschen (vor allem, wenn es im Garten oder hinten im Stall ist).

Schiet-in-d'-Büx sagt ein Ostfriese abfällig für Hosenscheißer, Jammerlappen, Angsthase, Schwächling und es ist, wie bei fast all diesen *Schiet*-Wörtern auch wieder ein Kosewort für ein Kleinkind.

Schietkeerl ist mehr als Schimpfwort anzusehen: Scheißkerl, Feigling, Taugenichts und gemeiner Mensch.

Schietkraam heißt wörtlich Scheißkram, gemeint ist gewöhnlicher, nichtsnutziger Kram, eine schlechte Sache.

schietwies bedeutet altklug, frech, naseweis, neugierig, vorwitzig.

Schiev steht für Scheibe, sowohl für Lebensmittel (Brot, Wurst u. ä.), als Platte (Schallplatte, CD, als Unterlegscheibe etc.) und als Fensterscheibe (dann jedoch besser *Ruut*).

schieveln besagt flache Stücke abspalten, splittern, abblättern, besagt vorwärtskommen, durchführen, steht für weichen, Platz machen und für schwanken, wanken sowie schonen, Rücksicht nehmen, Nachsicht üben, auch schenken, (Schulden o. ä.) erlassen.

Schiffer ist jemand, der etwas aussondert, absondert, trennt, jemand, der Wasser lässt, pinkelt, uriniert. Der hochdeutsche Schiffer ist im Plattdeutschen *Schipper*!

Schill ist der ostfriesische Begriff für Schale (z. B. von Obst), Haut, Hülle, Hülse, Rinde, auch für Schüsselchen und für leere Muschelschalen, wie sie z. B. durch Wellenschlag angehäuft am Strandspülsaum liegen oder für die Verarbeitung zu Muschelkalk gesammelt werden.

Schilleree, Schilleraasje nennt der Ostfriese eine Schilderanhäufung (z. B. Verkehrsschilder), auch ein einzelnes (großes) Bild oder Gemälde, eine große Zeichnung. Weiterhin steht *Schilleree* auch für Geflimmer, Widerschein.

Schimp heißt Schimpf; *Schimp un Schann* ist der Ausdruck für Schimpf und Schande, Empörung, Verachtung.

Schipperbahntje, Schipperpackje nennt man die Schifferkleidung, *Schipperklaveer* ist die Handharmonika, das Akkordeon.

Schipperee damit hatten es die Ostfriesen seit Urzeiten zu tun, sie galten stets als große Seefahrer und haben auch im Schiffsbau immer wieder Akzente gesetzt. *Schipperee* bedeutet Schifffahrt und auch Schiffergewerbe, Schifffahrtsgesellschaft.

Schitteree s. Schieteree

schitterg ist nicht nur ein Wort für dreckig, schmutzig, sondern auch für belanglos und lächerlich.

Schlafdeich s. Slaapdiek

Schlenge s. Lahnung

Schleuse s. Slüüs

Schlick s. Sliek

Schlickfall s. Sliekfall

Schlickgras s. Sliekgras

Schlicktorf s. Darg

schofel bedeutet schäbig, gemein, unwürdig, schändlich, auch elend, schwach. Die Auslegungen zeigen, dass sich nicht nur ein ganzes Volk, sondern auch eine einzelne Person nach gewissen Krankheiten oder anderen Schicksalsschlägen recht *schofel* fühlen kann. *Schofel Tieden* haben die Ostfriesen immer wieder durchstehen müssen, in größerem Stile zuletzt nach dem verheerenden Zweiten Weltkrieg. *Schofelant* ist plattdeutsch für einen miserablen und armseligen Wicht.

Schöfel ist ein Ausdruck für Schlittschuh, vor allem im Rheiderland ist stattdessen das Wort *Schaats* gebräuchlich. *Schöfelies* ist die Eisbahn. *Schöfelbruud* nennt man eine Partnerin beim Schlittschuhlaufen, das ist eine kurze Freundschaft auf dem Eis und bedeutet auch, dass sie nicht von Dauer sein wird.

Schoffel, Schöffel heißt Schaufel, ein *Schoffelbaas, Schöffelbaas* ist jemand, der viel mit der Schaufel arbeitet und einer, der sich die Speisen hineinschaufelt, ein hastiger Esser und Schlinger.

Schofftied nennen die Küstenbewohner eine Pause, Rast (auch *Paus, Fiefteihn*) und ebenso die etwas längere – und zumeist wohlverdiente – Rast, den Feierabend und die Freizeit.

Schohlapper ist plattdeutsch für Schuster, Schuhflicker und allgemein für einen größeren Schmetterling (auch *Flinderk, Filapper, Bottervögel*) und eine große Libelle (andere Namen dafür sind *Blainbieter, Schuurskarr, Düvelspeerd*).

Schojer ist der Inbegriff für einen Halunken, Betrüger, Strolch, Schuft und für einen Herumtreiber, Landstreicher oder Vagabunden. *Schojerpack* heißt demnach Lumpengesindel, Lumpenpack.

Schojeree, **Schojerstreek** steht für Betrügerei, Betrug, Gemeinheit.

Schoner, Schuner nennt man ein zwei- oder mehrmastiges Segelschiff, dessen größter Mast hinten ist. Eine Schonerbark ist ein Segelschiff mit drei Masten.

Schoof bezeichnet allgemein eine Schar, Menge und speziell eine Säugetier- oder Vogelgruppe. *Een Schoof Patriesen* ist eine Schar, eine Kette Rebhühner.

schoon off bedeutet völlig erschöpft, völlig ermüdet, ausgepumpt sein. Diesen Begriff *Ik bün schoon off* hört man sehr häufig von Plattsprechern als eine Art Stoßseufzer nach einer größeren Anstrengung oder nach einem kräftezehrenden Tagwerk.

Schöör nennt der Ostfriese einen Riss, Sprung (z. B. im Porzellan) oder auch eine Scherbe. Wird allerdings von einem Zeitgenossen behauptet: *De hett 'n Schöör in d' Kopp,* dann will das sagen, derjenige ist verrückt, überspannt, hirnrissig.

Schoot bedeutet Schoß, auch Rockschoß, Zipfel und Tau bzw. ein Spannseil am Schiffssegel.

Schööt hat mehrere Deutungen, deren Ursprung aber vom Grundbegriff her durchaus plausibel erscheint. *Schööt* ist Schuss, ein Wurf und ein Zähler beim Boßelspiel, eine Dosis, Gabe, ein Spritzer (im Sinne von Schuss z. B. bei Flüssigkeiten), dann ist *Schööt* aber auch Wachstum, Zunahme und Trieb, Spross. Zudem steht er für Hexenschuss (s. a. *Flöt*) und er ist ein Längenmaß.

Schöpfwerk (plattdeutsch *Schöppwark*) ist der Name für eine Pumpstation, die die Entwässerung des Binnenlandes regelt. Früher geschah dies durch windgetriebene Wassermühlen, heute mittels elektrischer Pumpen. Die großen Schöpfwerke können heutzutage viele kleinere Siele (s. d.) ersetzen, vor allem deswegen, weil sie auch während eines tagelangen Hochwassers zu arbeiten vermögen.

Schötel heißt der Riegel, Schieber (z. B. zum Schließen einer Tür).

Schott hat viele Deutungen: a) Wehr, b) dichter Zaun, c) Laderaumabdeckung oder Quer- und Längswände bei Frachtschiffen, Scheidewand, d) Dreck, Schlamm, e) Steuer, Abgabe (s. auch unter *Schatthuus*). *Maak de Schotten dicht!* fordert scherzhaft auf: „Tür zu!"

Schötteldook ist ostfriesisch für Spültuch, Schüsseltuch, Wischlappen. Übertragen heißt das Weichling, Schwächling, Jammerlappen.

Schöttelke bedeutet Schüsselchen, Schälchen und Untertasse.

Schöttelwater ist zum einen Abwaschwasser, zum anderen labberiger, dünner Tee.

schraa besagt elend, schlecht, auch mager, kärglich und armselig, kläglich.

Schrabber wird ein Kratzer, Kratz-, Scharr-, Schrapp- oder Schabewerkzeug genannt, ein Rasierer, Rasierapparat, auch ein Bartscherer, Frisör, dann ein Schinder bzw. Kadaverenthäuter, ein Geizkragen, Raffzahn und letztlich einer, der sich beeilt, ein (Schnell-)Läufer.

Schraffel bezeichnet für Ostfriesen einen Kratzer oder Scharrer als Werkzeug, übertragen auf den Menschen ist damit ein Geizhals, ein Lump, elender Wicht oder eine gierige Person gemeint.

Schreevkathrien ist schlicht und einfach eine Heulsuse (*schreven* = weinen, heulen).

Schrickwier kann einem wirklich schon mal einen bösen Schreck versetzen (*Schrick* = Schreck, Wier = Draht), wenn man nicht darauf gefasst war und versehentlich einen elektrisch geladenen Draht, einen elektrischen Weidezaun berührt hat.

Schrieveraatje bedeutet für Ostfriesen ein (meist unverständliches) Geschreibsel. *Schriever* nennt man einen Schreiber oder Schrift-

Das Schöpfwerk in Greetsiel neben einem älteren, sogenannten „gedeckten" Siel.

steller; ein *Schrieverke* ist ein im Sommer auf der Wasseroberfläche in schwungvollen Kreisen laufendes Insekt, der Wasserläufer.

Schrögel nennt man in Ostfriesland ein dürres und mageres Wesen, einen erbärmlichen Wicht und auch einen alten, elenden Menschen oder ein entsprechendes Tier (z. B. Pferd).

Schrubber beschreibt – mit schönster Lautmalerei – eine Scheuerbürste, einen Scheuerbesen. Übertragen wird damit ein Geizkragen, Raffzahn, Habgieriger genannt.

Schrumpel bedeutet im Ostfriesischen eine Runzel oder Falte, bei Pflanzen eine Welkstelle und allgemein etwas, was sich zusammengezogen hat.

Schruuv bezeichnet eine Schraube und *oll Schruuv* ist ein abwertender Begriff für eine ältere unangenehme, verschrobene Frau, eine Schreckschraube.

Schruvendamper heißt wörtlich Schraubendampfer, gemeint sind Kunstlaufschlittschuhe mit kurzen Kufen. Diese wurden früher an die Schuhsohlen geschraubt (s. auch *Halifaxen*).

Schubb ist eine Schuppe (von bestimmten Tieren, z. B. Fisch u. ä.). Kriegt aber ein Ostfriese einen Mitmenschen *bi de Schubbens*, so heißt das, dass er ihn beim Schlafittchen packt und zur Rechenschaft zieht, weil er ihn bei irgendeiner Tat oder Untat erwischt hat.

Schubbe(r)debunk heißt wörtlich übersetzt: Schab (kratz) den Knochen. Mit der Redewendung *up Schubbedebunk gahn* ist das Umherziehen von Bettlern oder Schmarotzern gemeint, auch von hungrigen und gierigen Menschen oder Tieren (z. B. Hunden). Schließlich ist es allgemein Ausdruck geworden für einen Streifzug.

Schubbejack nennt man einen kleinen Gauner, einen, der (harmlose) Untaten begeht, einen Lausekerl und Halunken, einen Schuft oder Lump, einen Flegel und einen schmuddeligen und unflätigen Menschen.

Schubber(t) heißt ein fester, kleiner Besen, ein Kratzer, Reiber und übertragen ein Schlingel, Necker, Fopper, Spaßvogel bzw. ein schlauer Fuchs und – aus völlig anderem Gebiet – ein deftiger Pfannkuchen (z. B. *Bookweitenschubber*, siehe *Bookweit*).

Schüddkopp beschreibt einen Menschen, der häufig mit dem Kopf schüttelt und ein notorischer Neinsager ist.

Schulp meint einen Schwapp, einen kleinen Guss einer Flüssigkeit, ein Spalt- oder Schnittgeräusch oder die Rückenplatte eines Tintenfisches, die man hin und wieder am Sandstrand der Inseln finden kann.

Schummel(ke) ist plattdeutsch für Schmutz, für Schlampe oder nachlässige Person und für eine watschelig gehende, plumpe Person.

Schummelee nennt man den Hausputz, das Großreinemachen, die Putzerei und auch kleine Betrügereien.

Schummeltiek steht für Schmutzfink oder Schmierfink und für ein Kind, das sich ständig beschmutzt (*Tiek* = Käfer).

Schummertied, Schummerstünn sind Ausdrücke für das Zwielicht, für die Dämmerung (auch *Schemeravend*) und verallgemeinernd für die meist sehr düsteren Dezembertage.

Schundjer ist das plattdeutsche Wort für Herumtreiber, Stromer, Strolch und für Schleicher, heimlicher Beobachter.

Schun(d)ster wird eine Herumtreiberin, Straßendirne oder eine gemeine Person genannt.

Schüpp bedeutet Fußtritt, Schubs, Stoß und auch Schaufel, Schippe.

Schütt nennt der Ostfriese einen Zaun (vor allem aus Holz oder Brettern) und eine (hölzerne) Schutzwand. *Schütt, Schott* ist auch ein Damm vor einer Wasseransammlung bzw. zum Wasserstau. Weiterhin ist *Schütt* auch ein Begriff für Pforte, Tor, Sperre.

Schuul bezeichnet Schutz, Zuflucht, auch einen geschützten kleinen Platz, ein Versteck, einen Unterstand, einen Schuppen und eine wind- und wettergeschützte Ecke.

Schuulohr ist als Gegenstand ein Schlapphut, übertragen ein charakterloser Mensch, eine heimtückische, hinterlistige Person.

Schwarztorf ist besonders gutes Brennmaterial.

Schuur ist für Ostfriesen Schauer, aber auch das, was vor Schauern schützen kann, ein Schuppen, Schutzdach und allgemeiner Obdach, Schutz.

Schüürpahl heißt ein Scheuerpfahl, wie ihn das Vieh gerne hat. Ein Mensch, der als *Schüürpahl* betitelt wird, ist ein Prügelknabe, ein Sündenbock.

Schuurscharr, Schuurschott ist die Libelle.

Schuut hochdeutsch Schute, nennt man in Ostfriesland eine Art Frachtpünte. Es ist dies ein flacher, offener, oft kastenförmiger Kahn ohne Takelage und zumeist ohne Eigenantrieb zur Aufnahme von Baggergut u. ä. Außerdem bezeichnet *Schuut* einen haubenartigen Frauenhut. Die Schürze hingegen schreibt sich *Schuud*.

Schuuv bedeutet Schublade, Schieber, Riegel, Schub und Schubkarre (auch *Schuuvkaar*).

Schüüvke stellt eine Neckerei, einen kleinen Streich, Faxen und Possen dar. Ein *Schüüvkemaker* ist ein Possenreißer, Spaßmacher,

Schelm, dummer August. Man benutzt dieses Wort auch gerne, um einen lausbubenhaften Jungen zu charakterisieren.

Schwarztorf nennt die Wissenschaft die untere dunkle Hochmoortorfschicht, die besonders gutes Brennmaterial liefert.

Schwemmland ist der Ausdruck für die vom Meer und von Flüssen durch Sedimentation aufgelandete Fläche, z. B. die Marsch.

Schwingrasen nennt man die vermoosten, verfilzten, schwimmenden Pflanzenbestände, die an den Ufern von verlandenden Gewässern vorkommen und beim Betreten in Schwingung geraten. Insbesondere gibt es ihn in den Hochmooren, wo die Pflanzenmasse fast ausschließlich aus Torfmoosen [Sphagnum] besteht.

Sedimentation ist der (wissenschaftliche) Begriff für die Ablagerung von organischen und anorganischen schwebenden Substanzen im Meerwasser. Es entstehen dadurch Schichtungen auf dem Wattboden (s. a. Marsch).

See s. Meer

Seegatt bezeichnet eine Meerenge, z. B. die zwischen den Ostfriesischen Inseln. Es ist dort die schmale Wasserverbindung zwischen dem Wattenmeer und der offenen Nordsee.

Seekartennull Das Seekartennull (Abkürzung SKN) ist die Bezugsebene für Tiefenangaben, dies entspricht dem mittleren Springtideniedrigwasser.

Seeklima bedeutet ozeanisch maritim, das heißt, die Luftfeuchtigkeit ist – durch die See (das Meer) beeinflusst – hoch, gering sind die täglichen und jährlichen Temperaturschwankungen. Das ergibt insgesamt gesehen milde Winter und milde Sommer. Ostfriesland zählt zum Bereich des Seeklimas.

Seemeile Eine Seemeile (Abkürzung sm) entspricht einer Bogenminute am Äquator, und das sind 1852 Meter.

Seestraße Als Seestraße bezeichnet man das ausgewiesene Schiffs-Fahrwasser im freien Seeraum außerhalb der Staatsgrenzen. Innerhalb der Hoheitsgewässer nennt man sie Seeschifffahrtsstraßen, auch Außentiefs.

Seezeichen ist der Sammelbegriff für alle Einrichtungen und Kennzeichnungen von Schifffahrtswegen.

Segg steht für Sage, Märchen, auch Gerücht. Außerdem ist die Pflanzengattung der Riedgräser gemeint, die Seggen. *Seggwies* bedeutet Redensart, Sprichwort und Aussprache, Dialekt. *Seggwoord* ist Sprichwort, Ausspruch.

Sehr heißt Wunde, Furunkel Geschwür, aber auch Schmerz, Leid. *Sehrkellig* meint schmerzempfindlich, wehleidig und ein *Sehrkleener* ist ein Wehleidiger (auch *Pienlapp*).

Sett bedeutet Weile, Zeitabschnitt, *Settje* ist entsprechend Weilchen, Augenblick, kurze Zeitspanne. *Sett* heißt auch ein flaches Gefäß mit Milch zum Absetzen des Rahms. *Melksett* ist der Melkplatz für das Vieh. Außerdem wird *Sett* als Satz, Sprung und Pfand, Pfandrecht verstanden.

Settbuur ist das ostfriesische Wort für den Verwalter eines Bauernhofes.

Setter bezeichnet einen Setzling, eine junge Pflanze, auch den, der die jungen Pflanzen in den Boden bringt, den Pflanzer (*setten* = setzen, pflanzen). Zudem ist ein gedrungener, stämmig gebauter Mensch ein *Setter. Settbohn* nennt man die Saatbohne.

Settrecht steht im Plattdeutschen für Gewohnheitsrecht, feststehende Ordnung, Regel.

Sichter ist ein Fachwort für einen Abzugsgraben und Ableitungskanal. Außerdem ist es eine Person, die Getreide mäht – insbesondere mit der Kurzsense, der Sichel.

Sied bedeutet im Plattdeutschen sowohl Seite als auch Seide.

Siedland, Sietland heißt niedrig gelegenes, in der Regel anmooriges Wiesen- und Weideland in der Marsch mit hohem Grundwasserspiegel. Siedlande liegen meistens am Geestrand im inneren Teil der Marsch. Sie werden auch als Wisch(er) bezeichnet (s. *Leegmoor, Hammerk*).

Siel ist im Hochdeutschen als Abzugs- und Entwässerungsgraben angegeben. Die Ostfriesen bezeichnen solches als *Sieldeep*. So ist an der ostfriesischen Küste unter Siel mehr ein verschließbarer Durchlass im Deich, eine Deichschleuse, zu verstehen. Ein solches Siel mit verschließbaren Toren fungiert fast wie ein Ventil, indem es sich bei niedrigem Wasserstand außen, infolge seiner Bauart, öffnet und bei auflaufendem Wasser wieder verschließt. Das Wort Siel kommt häufig in Ortsnamen vor (z. B. Greetsiel). Ein „gedecktes" Siel ist wie ein Tunnel durch den Deich gebaut (s. Abb. S. 121), neuere Siele sind offen, d. h. ohne „Dach".

Sielacht heißt der Entwässerungsverband. Dieser hat die Aufgabe, die Entwässerungsanlagen (Siele, Schöpfwerke, Tiefs u. ä.) im Verbandsgebiet zu bauen und zu unterhalten, um die Wasserverhältnisse im Landesinneren zu regeln.

Sieldeep s. Binnendeep

Sielhafenort Sielhafenorte, Sielorte entstanden an jener verkehrsgünstigen Lage, wo ein Sieltief in die Ems oder in die Nordsee mündet. Es siedelten sich dort Schiffer, Händler und Handwerker an. Einerseits nahm man von dort aus am Seeverkehr (Baustoffe, Brennstoffe u. ä.) teil, andererseits erfolgte von dort aus der Küstenhandel und die Erschließung des Binnenlandes (landwirtschaftliche Produkte, Torf). Das Ende der Blütezeit der Sielhafenorte wurde mit dem Ausbau von Straße und Schiene eingeleitet, danach übernahmen mehr die Küstenfischer das Konzept im Sielhafen und die an der See gelegenen Orte entwickelten sich vielfach zu Küstenbadeorten.

Sielrichter wird der gewählte Vorsitzende der Sielacht (s. dort) genannt.

Sietland s. Siedland

Sietwende ist ein Binnendeich, plattdeutsch *Achterdiek,* mit der Funktion, die niedrige Marsch gegen das von der Geest abfließende Wasser zu schützen.

Sinbohnsopp, Sinbohntjesopp ist keine besondere Bohnensuppe, sondern eine alkoholische Flüssigkeit, die so aussieht wie Bohnensuppe. Die Mehrzahl der Menschen versuchte stets, die von der Obrigkeit als „sündige Gewohnheiten" eingestuften Sitten mit harmlosen Namen zu vertuschen. Mit *Sinbohnsopp* aus dem *Brannwienskopp* (s. dort) feiern die Erwachsenen das Willkommen für einen neuen Erdenbürger zwischen seiner Geburt und der Taufe. Es handelt sich um Rosinen, die in Branntwein eingelegt werden und eine durchaus „gefährliche" alkoholische Wirkung zur Folge haben können. *Sinbohntjesopp* wird auch – ähnlich harmlos – *Kinnertööntjes* genannt.

sinnig ist wieder ein vielfältiger plattdeutscher Begriff, er bedeutet – je nach dem Zusammenhang, in dem er gebraucht wird – vernünftig, überlegt, auch bedächtig, besonnen, ruhig, dann behutsam und allmählich, langsam, sacht; *nu man sinnig* = langsam an.

Slaapdiek hochdeutsch Schlafdeich, nennt man einen Deich, der nicht mehr in der vordersten Schutzfront gegen Sturmfluten dienen muss. Die ursprünglichen Hauptdeiche werden nach der Einpolderung oder nach einer neuen seewärtigen Deichverlegung oft nicht abgetragen, sondern bleiben als Reserve bei immer noch möglichen Deichbrüchen stehen.

Slaapluus wörtlich Schlaflaus, nennt man das Phänomen, dass abends die Kopfhaut oder andere Partien der Haut jucken. Man sagt *hum targen de Slaaplusen* (ihn quälen die Schlafläuse).

Slaapsluntje, Slaapslunter wird ein schlaffer, schlottriger, auch schlotternder Mensch genannt. *Slaapdott* heißt Schlafmütze, Langschläfer.

Slaatje nennt man eine kleine Portion Kautabak, einen Priem.

Slabbertje heißt ein magerer ungesalzener Hering.

Slabbke, Slappke bezeichnet ein Lätzchen, wie es kleine Kinder zur Schonung der Kleider beim Essen vorgebunden bekommen, und

„Sinbohntjesopp", ostfriesische Bohnensuppe.

Slabbke beschreibt auch einen kleinen Walm (ein Dach mit rundum abgeschrägten Flächen, in diesem Falle ein Krüppelwalm, wobei an den Giebelseiten nur ein Teil des Dachbereichs abgeschrägt ist).

slackern besagt kleckern, unsauber essen (auch *slabbern*), dann auch nässen, leicht regnen und schlenkern, wackeln.

Slafittje ist ursprünglich der Flügel eines Vogels (Schlag-Fittich), übertragen bedeutet das Wort Zipfel, Rockschoß, Ärmel.

Slagg steht für Schlag, Stoß, Ordnung, Rhythmus, Takt, Fertigkeit, Geschick, auch Art, Sorte. *Slagg* ist auch Gattung, Gemütsart, Verschlag, Unterkunft für Tiere, Schlinge und Ackerstück. Sagt ein Ostfriese: *De hett d'r Slagg van,* dann bewundert er denjenigen (er versteht sein Geschäft) und bei *He is van 'n anner Slagg* stellt er fest, er hat eine andere Gemütsart.

Slagghacke bescheinigt dem so Titulierten, dass er durchgedreht, durcheinander, auch geistig minderbemittelt ist. Dasselbe ist damit gemeint, wenn es heißt: *De hett 'n Slagg mit 'n natten Sack hatt* (wörtlich: Er hat einen Schlag mit einem nassen Sack gehabt).

slampampen ist wieder ein plattdeutsches Wort mit deutlicher Lautmalerei, es bedeutet schlemmen, schwelgen, üppig leben. *Slampamp* ist der Brei.

Slanter, Slunter nennt der Ostfriese eine unordentliche, schlampige, träge Person. Ähnliches gilt für den *Slapps*, gemeint ist ebenso ein schlaksiger, nachlässiger und träger Mensch und übertragen ein nachgiebiger, unzuverlässiger Mensch, eine Haltung, die für Ostfriesen stets wenig verständlich ist.

Slappsteert ist ein häufiger Vorwurf in friesischen Landen, es steht für Schlappschwanz, Schwächling, für einen unentschlossenen, lauen Menschen.

Slatt nennt man in Ostfriesland die Landfläche binnendeichs, die zur Soden- und Kleientnahme für die Deichausbesserung vorgesehen ist. Ist sie ausgebeutet, bleiben an deren Stelle die Saarteiche (siehe dort) zurück.

Sleef ist ein großer (Holz-)Löffel, heutzutage auch eine Schöpfkelle (Suppenkelle o. ä.) aus anderem Material. Übertragen wird in Ostfriesland ein unerfahrener, tölpelhafter und unbeholfener Mensch *Sleef* genannt.

Sleng s. Lahnung, Buhne

Slenter benennt – etwas abfällig – eine schlaksige, bequeme und bummelige Person, *slentern* ist schlendern, bummeln.

Sleper bezeichnet als landwirtschaftliches Gerät einen Schlepper, Trecker und in der Schifffahrt einen Schleppdampfer.

Slickeree ist der plattdeutsche Ausdruck für Schleckerei, Naschwerk, Süßigkeit. Ein *Slick* – stets gerne genommen – steht für Schleck, Portion und *slickmundjen* bedeutet, sich mit der Zunge über die Lippen zu lecken bzw. sich den Mund zu lecken und gierig zu sein.

Slidderbahn ist die Schlitterbahn – das Kindervergnügen auf dem Eis oder – und das ist für die Ostfriesen das Wichtigere – bei der Schiffswerft die Gleitbahn für neue oder reparierte Schiffe beim Stapellauf.

Sliek hochdeutsch Schlick, ist der Meeresschlamm, eine Mixtur aus Sand, Ton-, Kalkbestandteilen und eingemischten organischen Bestandteilen. *Sliek* setzt sich bei jeder Flut im Wattenbereich ab. Er ist in direkter Küstennähe durch das Absetzen der feinsten Schwebteilchen meist sehr weich. Je weiter sich der Wattwanderer von der Küste entfernt, umso fester und sandiger wird der Wattboden infolge der schnelleren Sedimentation der gröberen Bestandteile.

Slieker bedeutet Schleicher, Hinterlistiger und auch Schwindler.

Sliekfall heißt die Sedimentation (das Absetzen) der Schlickteilchen auf der Wattoberfläche bei Flut, der sogenannte Schlickfall.

Sliekgras ist das Schlickgras [Spartina], ein horstbildendes Salzgras, das 1927 aus England eingeführt wurde. Es soll den Schlickabsatz und damit eine schnellere Landgewinnung durch die Beruhigung des Wassers zwischen den Pflanzenpulken fördern. Leider hat das Schlickgras aber nicht in allen Fällen gehalten, was die Küstenschutzbehörde sich davon versprochen hatte, denn in der Nähe der Pflanzenhorste entstanden auch immer wieder kleine Auskolkungen. Insofern ist der heimische Queller, bei dem das nicht geschieht, die bessere Alternative.

sliep-ut, sliem-ut ist ein gängiger Ausruf zur Verhöhnung, er lässt sich am besten mit dem umgangssprachlichen „ätsch" wiedergeben.

Slier bedeutet Schwung, Drehung, Windung. *He kweem mit so 'n rechten Slier um de Hook to* besagt, er kam mit viel Schwung um die Ecke. *Sliertjen* bedeutet allerdings schleichen.

Sliertje, Slirrtje ist ursprünglich ein leichtes und abgetragenes Kleid, übertragen gebraucht es der Ostfriese für eine Herumtreiberin, für ein leichtes und leichtsinniges Mädchen.

Slietaasje ist der ostfriesische Begriff für Verschleiß und Abnutzung. *Slieten* bedeutet verschleißen, abnutzen, abreißen, zerstören, loswerden; ein *Slieter* ist ein Ruinierer, Abnutzer und Zerstörer.

Slingerlapp, Slingerleerlapp ist eine Zwille, eine Schleuder (auch *Reckscheter*). Es war dies früher ein sehr beliebtes Spielzeug vor allem für Jungen, war aber nicht ganz ungefährlich, weil oft genug mit Steinchen oder ähnlich harten „Kugeln" geschossen wurde. Das Zwischenwort *Leer* heißt Leder, weil das Geschoss in solch einen Lederlappen eingelegt wurde.

Slipprock nennt der Ostfriese den sogenannten Gehrock oder „Schwalbenschwanz". *Slipp* bedeutet Zipfel, Rockschoß, wird heute auch für das kurze Unterhöschen, den aus dem Englischen herübergeschwappten „Slip", genommen.

Slocker(t) ist die plattdeutsche Bezeichnung für einen gutmütigen, nachgiebigen und etwas dummen Mitmenschen. Das Eigenschaftswort *slock* bedeutet gutmütig, nachgiebig, träge, schlaff, gleichgültig und lustlos.

Slömer gilt für Faulenzer, Nichtstuer, Träumer, etwas, was dem Ostfriesen gar nicht gefällt.

Slöör heißt Schlendrian. Übertragen ist *Slöör, Slöörhack, Slöörpott* der Begriff für einen körperlich und geistig trägen und träumerischen Menschen. *Slöörderee* heißt Nachlässigkeit, Schlendrian.

Sloot bedeutet Graben. Mit *Sloten* haben die Ostfriesen im wasserreichen Ostfriesland schon von alters her ihre Besitztümer abgegrenzt und auch die vornehmeren Häuser vor unliebsamen Eindringlingen geschützt (siehe Gracht). Die Gräben sind auch heute noch allgegenwärtig, obwohl inzwischen viele kleinere Abzugsgräben verrohrt wurden und – durch die generelle Grundwasserspiegelabsenkung – die Weiden zusätzlich mit Drähten (s. auch *Schrickwier*) gesichert werden müssen. Die großen Abzugsgräben, *Togg* bzw. *Toggsloten,* sind jedoch noch immer vorhanden.

Sloov bezeichnet in Ostfriesland, ein wenig bedauernd, einen alten, abgearbeiteten und armseligen Menschen, einen, der sich abmüht und schmutzige Arbeit nicht scheut. *Sloven* heißt schuften, mühsam und schwer arbeiten, sich abquälen.

„An d' Slootskant".

Slopp nennt man den Durchbruch in einer Dünenkette, der durch eine Sturmflut entstand z. B. das *Slopp* auf Langeoog.

Slött bedeutet sowohl Schloss, Burg als auch Türschloss.

Sludderee, Sludderkraam steht im Plattdeutschen für Nachlässigkeit, Schlamperei, Schlendrian. *Sludderg* bedeutet unordentlich, nachlässig, schlampig.

Sluff beschreibt ursprünglich einen großen, weiten Pantoffel. Auf den Menschen übertragen steht *Sluff* für einen körperlich und geistig trägen Menschen, für eine schlampige, unordentliche, verlotterte Person. *Sluff* als Adjektiv bedeutet kraftlos, hinfällig, matt, müde, welk, lasch, feucht.

Slump nennt der Ostfriese einen Glückstreffer, etwas, das ihm unerwartet zugefallen ist. Übertragen steht das Wort für einen unordentlichen Menschen. *Slumpwies, slumps* heißt zufällig, zufälligerweise.

Slüngel ist ein Ausdruck, der für Ostfriesen tadelnd oder als Kosewort einzusetzen ist, er besagt Schlingel, Lausejunge, Bengel, Lümmel.

Slunter bezeichnet einen unordentlichen Menschen. Das gilt sowohl für die Kleidung als auch für den Körperzustand bzw. für die Körperhaltung. *Slunt, Sluntje* heißt Fetzen, Lappen und Lumpen; *slunterg* steht für schlaff, locker; lumpig, abgerissen, nachlässig, unordentlich, feucht, weich.

Slupp, Sluup hochdeutsch Schaluppe, ist der Name für einen einmastigen, kutterartigen Segelschiffstyp, der als Hilfs- und Frachtenboot, auch als Fischer- und Küstenboot eingesetzt wird. Inzwischen ist zur besseren Fortbewegung längst auch ein Motor eingebaut.

Sluuk, Strött nennen Ostfriesen die Kehle, Gurgel, den Hals (auch *Halsgatt*). Der Adamsapfel bzw. Kehlkopf wird mehr durch *Sluuk, Strött* allein beschrieben. *Sluuk* oder noch deutlicher *Sluukhals, Slukert* ist eine abfällige Bezeichnung für einen Schlucker, Säufer, aber auch Vielfraß, Fresser, Egoist oder Raffer.

Sluup heißt Ecke, Schlupfwinkel, Versteck, steht aber auch für Schaluppe (siehe *Slupp*). *Sluupsteerts* bedeutet beschämt, betreten, niedergeschlagen.

Sluur ist ein hackenloser, sandalettenartiger Hausschuh mit Stroh- oder Ledersohle, ein Pantoffel. *Sluren* ist schlurfen, nachlässig oder schleppend gehen, schleifen, schleppen.

Slüüs ist die Schleuse, ein trogähnliches Wasserbauwerk mit zwei Toren an beiden Enden. Ihre Funktion besteht darin, Schiffe – mittels der mit Wasser auffüllbaren oder ablassbaren Kammer – aus niedrigerem Wasserstandniveau in eine höher gelegene Wasserstraße zu heben oder umgekehrt, vom hohen zum niedrigeren Niveau abzusenken. Die kleineren (Kasten-) Schleusen auf den (Fehn-)Kanälen heißen in Ostfriesland *Verlaat*.

Smachtlapp ist der plattdeutsche Ausdruck für einen Hungerleider und einen Habenichts. Auch ein dürrer und unterernährt wirkender Mensch oder ein Schwächling wird als *Smachtlapp* bezeichnet. *Smacht* ist (großer) Hunger.

Smackschipp ist die Bezeichnung für ein kleines Küsten- oder Fischerboot, das ursprünglich mit Segeln ausgestattet war.

Smeer bedeutet für den Ostfriesen Schmiere, Schmierfett, auch eine Salbe und ebenso Nahrungsfett, wie z. B. Schmalz oder Butter. Ein *Smeerbuuk* ist ein Schmerbauch, ein fetter Bauch und übertragen auch ein Schmarotzer. Ein *Smeerlapp* ist nicht etwa ein verschmierter Lappen, sondern ein Schmierfink, Schmutzfink, eine Schlampe.

Smeet heißt einerseits Lust, Gier und Verlangen, andererseits ist *Smeet* der (Ball-)Wurf und das Erfolgsziel eines Wurfs, der Treffer.

Smöökbaas, Smöker heißt Raucher. Der Rauch ist plattdeutsch *Smook,* auch *Rook,* wobei beide Ausdrücke auch für das Räuchern gelten.

Smuddelee bedeutet Schmiererei und Sudelei. Ein *Smuddellapp* ist ein Schmutzlappen, auch ein Schmierfink bzw. Schmutzfink. *Smuddelweer* heißt in Ostfriesland Niesel- und Regenwetter, das Schmuddelwetter.

Smüsterlachen nennt der Ostfriese das Lächeln, Grinsen, Schmunzeln (siehe auch unter *gnifflachen*).

Smuu besagt leichter Betrug oder Unterschlagung, auf unredliche Weise Gewinn machen; umgangssprachlich: Schmu machen.

Snaak ist der Name für eine kleine Schlange z. B. eine Ringelnatter. *Snaak* ist aber auch der Begriff für Spaßvogel, Posse, Scherz.

Snack ist mehr im östlichen Ostfriesland üblich. Es bedeutet Gespräch, Unterhaltung, Gerede, auch Redensart, Klatsch. Im westlichen Ostfriesland wird dafür *Proot* verwendet. *Snackeree* heißt Gerede, Geschwätz, Klatsch.

Snarrder sind absolut nicht gerne gesehen in Ostfriesland, es sind Angeber und Schwätzer.

Snater, Snaterbeck steht plattdeutsch für Plappermaul, Schnattermaul. *Snatergoos* ist mehr das weibliche Pendant, eine Schnattergans, eine schwatzhafte Person.

Snau steht für Biss, Schnauze, Maul, auch für Tadel, Verweis und Beute bzw. Fang. Darüber hinaus ist *Snau* die Bezeichnung für ein zweimastiges Segelschiff.

Snee bedeutet Schnitt, Schneide, Schnitte, abgeschnittene Scheibe. Hat der Ostfriese *een Snee in d' Nöös*, dann besagt das, dass er beschäuselt oder gar betrunken ist. Der Schnee ist plattdeutsch *Sneei.*

Snibb ist ein ostfriesisches Wort für Schnabel oder Schnauze und für eine Art Kopftuch.

Snick, Snigg, Snigge sind Namen für ein leichtes, spitz zulaufendes Boot für Binnenkanäle. *Snigg* steht außerdem für Schnecke.

sniddjen heißt im ostfriesischen Platt sowohl schnitzen als auch schnell flitzen. So *sniddjen* z. B. die Eisschnellläufer über die zugefrorenen Kanäle und Tiefs.

snirr sagt ein Ostfriese für schneidig. Übertragen bedeutet *snirr* bissig, gehässig, heftig. *Snirren* heißt zischen, brutzeln, scharf anbraten und – übertragen – höhnen, spötteln. *Snirrt* ist eine dünne Suppe.

Snirrtjebraa ist jedem Nichtostfriesen unbedingt einmal anzuraten, es handelt sich nämlich um eine Spezialität, um einen Brutzelbraten. Ursprünglich entstand dieses Essen – mit einigen zusätzlichen Beilagen – beim Schlachtfest. Dabei fallen, zur Abrundung etwa gleich großer Fleischstücke, kleine Bröckchen ab, die – scharf angebraten – am Ende des Schlachttages von allen Helfern als Belohnung gegessen werden. *Snirrtje* ist ein Synonym für Kleinigkeit, Stückchen geworden, obwohl *snirrtjen* – man scheint es förmlich an der Lautmalerei zu hören –, brutzeln bedeutet. *Har(v)stmahltied* ist ein anderes Wort für den *Snirrtjebraa.*

Snoperee nennt man eine Leckerei, Süßigkeit. *Snoper, Snoopster* heißt ein Näscher.

Snösel sagt man in Ostfriesland zu einem dummdreisten jungen Menschen, einem Bengel, Flegel.

Snöttlepel, Snöttfatt, Snöttlapp sind Ausdrücke für einen sogenannten Rotzlöffel, eine Rotznase, einen Flegel, einen Naseweis. Auch der Begriff *Snöttpeter* zielt in diese Richtung, er steht zudem für einen albernen, unbeholfenen, vorwitzigen Menschen. *Snött* heißt Rotze; muss jemand *Snött un Quiel blarren,* so besagt das, dass derjenige Rotz und Wasser heult. *Snöttdook* siehe *Büüsdook.*

Snückertrien nennt man eine Heulsuse, eine leicht schluchzende oder weinende Person. Manche Frauen bedienen sich gerne dieser Form weiblicher Waffen, weil sie darauf hoffen, dass auch ostfriesische Männer den Frauentränen nicht lange widerstehen können.

Snückup ist der Schluckauf, der oft im unpassenden Augenblick auftritt.

„Snirrtjebraa", auch Harvstmahltied genannt.

Snüff bezeichnet die Schnauze eines Schweines, einen Rüssel, eine Spürnase und allgemein die Nase.

snüstern mögen viele Ostfriesen sehr gerne, das kann z. B. im großen Einkaufszentrum, im Baumarkt oder in den Angelegenheiten anderer Leute sein. *Snüstern* bedeutet schüffeln, stöbern und suchen.

snüüs steht im Plattdeutschen für spitz, spitz zulaufend, scharf und für pfiffig, klug.

Snuutje, Snuuti wörtlich Schnäuzchen, sind Koseworte im Sinne von Liebling. *Snuut* heißt Maul, Schnauze, auch Gesicht und Schuhspitze.

Snuuvdook s. Büüsdook

Sock(en)sitter ist für Ostfriesen ein Schimpfwort im Sinne von Bummelant, Transuse, auch Tagedieb, Stubenhocker.

söken bedeutet suchen. Weist aber ein Ostfriese einen Mitmenschen unmissverständlich darauf hin, dass er an einer bestimmten Stelle *nix to söken hett,* so bedeutet das, dass er keinen Zutritt hat und gefälligst verschwinden möge.

Sömmerdiek, Butendiek, Vöördiek heißt ein Außendeich. Ein *Sömmerdiek* ist ein kleiner Deich – selten höher als 2 m – im Vorland. Er schützt vor den schwächeren Sommerfluten. Und in manchen Erzählungen taucht dann *Trientje van d' Sömmerdiek* auf, eine fiktive Person von irgendwo.

Sömmergroden, Sömmerpoller wird ein polderartiger Heller genannt, der nur durch einen zur Seeseite hin niedrigen Deich (*Sömmerdiek, Vöördiek* bis 2 m Höhe) vor Sommerfluten geschützt ist.

Sönndagsstaat, Sönndagspackje ist die Sonntagskleidung, Festtagskleidung. Früher, als es noch keine pflegeleichten Stoffe und keine Waschmaschinen gab, war es so üblich, sonntags – insbesondere zum Kirchgang – in ein festlicheres Gewand zu schlüpfen, in das *Sönndagspackje* oder den *Sönndagsstaat* (siehe auch *karkensönndags*).

Sood hochdeutsch Sode, wird ein viereckiger Gras-Erde-, Klei- oder Torfplacken genannt, den man an anderer Stelle (z. B. zur Deichabdeckung) wieder verwenden wollte. Viele Brunnen *(Pütten)* – vor allem auf der Geest – wurden mit Torfsoden ausgekleidet. In den Pionierzeiten gab es sogar Moorhütten aus Bunkerdesoden oder auch aus Torfsoden.

Söpke Ein *Söpke* ist in Ostfriesland fast immer willkommen, handelt es sich doch um einen Schnaps, einen sogenannten Kurzen *(Körten, Lüttjen).* Ein Schnaps mit einem Zuckerwürfel darin ist ein *Pingelsöpke* (s. dort).

Spaabladd nennt man ein Spatenblatt und auch ein Schulterblatt (*Spaa* = Spaten).

Spaak ist plattdeutsch für Dürre, Trockenheit und für Schimmel und Stockflecken.

Spann bedeutet Gespann und Ehepaar, auch Fußrücken und Zeitspanne. Eine *Spann* ist ein altes Längenmaß, die Spanne zwischen Daumen und Zeigefinger bzw. kleinem Finger, zirka 20 bis 25 cm. Das *Spannwark* ist das Fuhrwerk, *'n Spann Peer* ist das Pferdegespann.

Spatenrecht heißt ein alter Brauch der Ostfriesen, der mit dem Motto *Well neet will dieken, mutt wieken* zusammenhängt. Mit anderen Worten meint dieser, dass ein sorgsam gehüteter Deich für das Überleben eines ganzen Volkes vor jeglicher Art von persönlichem Wohlergehen zu stehen hat. Die Deichverbände zwingen mit der Deichordnung die Deichanwohner, den ihnen zugehörigen Deichteil im Interesse der Allgemeinheit in Ordnung zu halten. Derjenige, der nicht mehr in der Lage ist, seinen Abschnitt zu warten oder wiederherzustellen, steckt einen Spaten in den Deich und verliert Hab und Gut sowie Pflichten an denjenigen, der den Spaten herauszieht.

Speckendicken ist ein deftiger ostfriesischer Silvesterpfannkuchen – überwiegend in den westlichen Bereichen – aus Weizen- und Roggen(schrot)mehl, Sirup, Wurst- und Speckscheiben sowie Gewürzen.

Speckschapp nennt man einen Trockenschrank für Esswaren. Der hölzerne Schrank *(Schapp)* erinnert äußerlich an einen Kleiderschrank, er steht in einem möglichst trockenen Raum – nicht an der Außenwand – und schützt zu trocknende und vor allem schon getrocknete Wurstwaren, Speck- und Fleischwaren vor Feuchtigkeit und vor Tieren.

Sperrwerk bezeichnet ein Wasserbauwerk quer durch einen Tidefluss mit Verschlusseinrichtungen, die bei Sturmfluten geschlossen werden, damit das Seewasser nicht ins Binnenland eindringen kann (z. B. Ledasperrwerk bei Leer, Emssperrwerk bei Gandersum).

Spieker wird ein größerer Nagel, Metall- oder Holzstift genannt, außerdem ein Speicher bzw. ein Kornboden.

Spiekermuus ist zunächst eine Spitzmaus. Man nennt auch ein leichtes, langes und spitz zulaufendes Boot so und übertragen ein altkluges, naseweises Kind, einen kleinen Menschen (vor allem ein Kind) mit spitzem Gesicht oder scharfen, hellen Augen.

spiekern ist das ostfriesische Wort für nageln, auch speichern und – sehr derb (vor allem in der pubertären Sprache) – für koitieren.

Spier bedeutet Halm, Grashalm, ein einzelnes Haar. *'n Spier, Spierke* ist eine Kleinigkeit, eine kleine Menge und es steht für einen dünnen, schmächtigen Menschen. *Spierfett* heißt das Fettauge, Fettkörnchen oder Fettbläschen.

„Speckendicken" – ein deftiger Pfannkuchen.

Spiet steht für Ärger, Verdruss, Bedauern, Reue. Sagt der Ostfriese: *Dat spiet mi,* heißt das, dass ihm etwas leid tut. Als Landschaftsform bedeutet *Spiet* ein sanftes Tal zwischen zwei flachen Sandwällen, wie sie auf der Geest und am Geestrand (z. B. in Form von Eschs, siehe dort) vorkommen. In Norden ist eine Straße am Rande eines *Spiets* nach diesem benannt. Infolge der Bebauung ist das leichte Tal aber leider nicht mehr erkennbar.

Spijöök bedeutet Neckerei, Scherz, Spott.

Spill heißt Spiel, auch Angelegenheit, Sache. Auch ein Anwesen, z. B. einen Bauernhof, bezeichnet man als *Spill,* darüber hinaus eine Kurbelwelle, Kurbelwinde bzw. ein Gewinde zum Aufwinden (z. B. ein Ankerspill). Zudem wird eine Spindel oder ein Mühlengetriebe und ein eiserner Bolzen *Spill* genannt. Ähnlich bedeutet *Spillwark* auch Angelegenheit, Spielzeug, Spielerei, Getriebe einer Mühle. Ein *Spillverdarver* ist ein Störenfried, ein Spielverderber.

Spinnaker ist ein leichtes und großes dreieckiges Vorsegel.

Spinnfootje, Spirrelfink sind beides plattdeutsche Ausdrücke für einen Schwächling.

Spitt bedeutet Spatenstich, Spieß und spitzer Bolzen. Außerdem ist es ein ausgehobenes Erdloch (beim Torfstich redet man von *Törfspitt, Spittdobben, Pütt*) und es ist die Rille, die beim Umgraben auf einem Acker entsteht.

Spitzlicker heißt das plattdeutsche Wort für Wortklauber, Haarspalter und Naseweis.

Spökenkieker ist der Name für einen Hellseher, zudem für einen Pessimisten, weil er ständig Unheil und Negatives voraussieht.

Spölfeld nennt man eine niedrigliegende Fläche, die durch Aufspülung mit Baggergut mittels Spülrohren zu einer künstlichen Marsch gemacht wurde, z. B. die Spülfelder im Riepster Hammrich östlich von Emden und im Rysumer Nacken bei Emden, die beide in der zweiten Hälfte des 20. Jahrhunderts entstanden sind (*spölen* = spülen).

Spood bedeutet Eifer, Eile und gutes Gelingen sowie Erfolg.

Spöök steht für Spuk, Gespenst, Lärm, Gepolter, für eine geisterhafte Erscheinung und auch für einen abgezehrten, blassen Menschen: *He sücht ut as 'n Spöök.*

Sprang beschreibt einen Sprung, einen Satz und den Galopp.

Spreed versteht der Ostfriese als eine Schutzdecke, Überdecke und eine Stange sowie speziell den Bugspriet, den über den Bug schräg aufragenden Mast.

Sprick, Spricke, Sprickje ist ein kleiner, dürrer Zweig und auch ein hagerer Bursche.

Springtide nennt man die Gezeiten mit höherem Hochwasser und niederem Niedrigwasser, was bei Voll- und Neumond, also alle 14 Tage vorkommt.

Spucht ist der plattdeutsche Ausdruck für einen schmächtigen, abgemagerten Menschen und für einen Schwächling. *Spucht* steht auch für Gerippe, einen Geist bzw. ein Gespenst.

Spütterbaas bezeichnen Ostfriesen einen Menschen, der beim Sprechen Speichelspritzer von sich gibt. Ein *Spütter* ist ein Spritzer, sowohl von Flüssigkeiten als auch von Dreck u. ä.; zudem sind es einzelne Regentropfen. *Spütterblick, Spütterbredd* ist das Schutzblech.

Staak, Stake nennt man den Zweig einer Familie, eine Stange und einen größeren Stock. Weiterhin ist *Staak* ein Spross und allgemein ein Stamm sowie ein kleiner Amboss. Übertragen benennt das Wort einen unbeholfenen Menschen und eine hagere, steife Person.

Staalkes, Staaltjes werden gerne in Ostfriesland erzählt und gehört. Es handelt sich um kleine Geschichten, Erzählungen und Schwänke.

Staat ist plattdeutsch u. a. auch das, was man hochdeutsch darunter versteht, nämlich eine amtliche Regierungseinheit. Außerdem ist es eine Verfassung (dies gesetzlich und auch im

Sinne von Zustand). Letzteres deutet schon auf die ostfriesischen Auslegungen hin, z. B. *een goden Staat upwiesen* (in gutem Zustand sein) oder *daar kannst keen Staat mit maken (*damit kannst du keinen guten Eindruck machen). Sagt ein Ostfriese: *Dat was 'n Staat,* dann meint er, es war ein erhebendes Gefühl. Schließlich bedeutet *Staat* ostfriesisch auch Repräsentanz und Feiertagskleidung, Festtagsgewand.

Stacker(t) bezeichnet einen armseligen, bedauernswerten Menschen, eine gebrechliche, hinfällige und steife Person.

Stahfast ist ein Ausdruck für einen standhaften, unerschütterlichen Menschen und er besagt ebenfalls, dass es sich um eine stämmige Person handelt, einen Kraftmenschen.

Stah-in-d'-Weg beschreibt ein Hindernis oder auch einen Menschen, der im Wege steht (sowohl wörtlich als auch im übertragenen Sinn).

Stamerbuck ist ein Stotterer, ein Stammler.

Stapelrecht, Stapelzwang war ein Privileg, das manchen Städten an den Flüssen zugestanden wurde. Jedes auf einem Wasserlauf hinauf- oder hinabfahrende Schiff musste in solch einem Ort mit Stapelrecht (wie z. B. Emden) seine Ladung – oder wenigstens einen Teil davon – drei Tage zum Verkauf anbieten. Das brachte den entsprechenden Hafenstädten erheblichen Wohlstand. In den meisten Fällen wurde der Stapelzwang im 19. Jahrhundert aufgehoben (Emden 1843).

Stapelwark heißt das tragende (Holzbalken-) Gerüst des ostfriesischen Gufhofes, es handelt sich um das Ständerwerk ohne Dachsparren.

Stee wird Stelle, Stätte, Platz, Ort, Besitz, Hof, Abschnitt genannt, ebenso eine schadhafte Stelle an Lebensmitteln. *Futt up d' Stee* besagt sofort und *all up Stee* bekräftigt, dass alles in Ordnung ist.

Steekpann s. Beddpann

Steernkieker ist nicht nur ein Sterngucker und Astronom oder Astrologe, sondern auch ein Fernrohr bzw. Teleskop.

Steert ist ursprünglich Schwanz bzw. Schweif. In Ostfriesland ist es ebenso eine häufige Sandbankbezeichnung (z. B. Geisesteert in der Ems bei Jemgum). Übertragen bedeutet *Steert* auch Rest oder Rückstand. *Steertbunk(je)* heißt das Steißbein. Ein *Steertholler* ist abwertend ein unbedeutender Mensch, ein Mitläufer, ein wenig nützlicher Gehilfe oder Diener, der nur für nebensächliche Dinge zu gebrauchen ist.

sticken hat für Ostfriesen eine vielfältige Bedeutung, nämlich: sticken, ersticken, umkommen, dämpfen, löschen, aber ebenso zünden, Feuer fangen, zudem (Torf) stechen, abstechen, (ein Tier) anpflocken und Stroh beim Deichbau feststecken.

Sticken ist hochdeutsch Bestickung; es besagt, dass nicht mit Gras bewachsene Stellen an der Außenböschung des Deiches mit Langstrohschichten bedeckt und mit Strohbinden in der Erde verankert werden, um dem Wasser keine Angriffsmöglichkeit zu bieten.

Sticker nennt man den Spaten zum Torfstechen. Außerdem ist ein *Sticker* ein Torfstecher und jener Deicharbeiter, der das Besticken erledigt.

Stickje steht für Stöckchen, für Haarspange, Zopfspange. *Alls is up 't Stickje* heißt, dass alles in Ordnung ist.

Stiekel ist die Bezeichnung für Stachel, Dorn, auch für die Distel und übertragen für eine ekelige, eigensinnige, störrische Person. *Stiekelbusk* ist ein Dornbusch, *Stiekelstagg* ein Stichling, *Stiekelwier* der Stacheldraht.

Stiekelswien übersetzt man mit Stachelschwein. Da es in Europa aber keine freilebenden Stachelschweine gibt, wendet man das Wort plattdeusch für Igel an (ansonsten *Swienegel*). Übertragen ist ein *Stiekelswien* ein sprödes, unnahbares Mädchen.

Stievkopp, Stiefkopp, Stiefnack beschreibt einen Trotzkopf, Dickkopf oder Starrkopf, einen sturen, eigensinnigen Menschen.

Stigg(t) ist ein Steg, ein hölzerner Ein- oder Ausstieg, z. B. bei Schiffen.

Stinker(t) heißt auch plattdeutsch Stinker, eine stinkende Person. *Stinker(t)* wird sowohl als Schimpfwort wie auch als Kosewort für Kleinkinder verwendet. Außerdem gebraucht man das Wort mehr scherzhaft für Hintern.

Stipp ist für Ostfriesen ein kleiner Fleck, Punkt, Tupfen, dann eine Soße oder Tunke. Es gibt zudem einen Augenblick, eine kurze Zeitspanne an. *Stippvisit* besagt kurzer Besuch.

Stoffel nennt man eine ungeschickte, unhöfliche Person, einen Tölpel und Dummerjan.

Stokebrand bedeutet Anstifter, Rädelsführer, Unruhestifter.

stökeln steht für stochern, anfachen, schüren, auch jemanden antreiben, aufstacheln, reizen.

Stöönpahl heißt eigentlich Stützpfahl. Übertragen wird das Wort benutzt für einen Souffleur, eine Souffleuse (auch *Topuuster*). *Stöön* bedeutet Stütze, Halt.

Ein wichtiges Haushaltsgerät ist das „Stoovke".

Stoov nennt man eine Fußbank mit einem Feuerbehälter und ein Gerät zum Wärmen oder Erwärmen. Ein *Stoovke* ist das Stövchen, eine Warmhaltevorrichtung für Tee oder Kaffee, es ist für das Teetrinkerland Ostfriesland ein sehr wichtiges Haushaltsgerät aus den verschiedensten Materialien.

Stoppelkatten sind im Herbst geborene Kätzchen. Sie gelten als anfällig, was aber – zumindest bei der heutigen Im-Haus-Haltung – nicht zutreffen dürfte. Bei wildlebenden oder verwilderten Katzen wäre denkbar, dass solche Tiere für einen harten Winter nicht genügend Überlebenssubstanz haben.

Stört bedeutet für Ostfriesen Sturz, jäher Fall, zudem dünnes Eisenblech und (Topf-)Deckel.

Stöter ist der plattdeutsche Ausdruck für Stößel, Stoßgerät und für die Greifvögel allgemein sowie für den Falken speziell, darüber hinaus für einen alten, gebrechlichen Menschen.

Strambulster nennt der Ostfriese einen verdrießlichen, mürrischen und widerborstigen Menschen.

Strandrecht ist ein ehemaliges Recht der Küstenbewohner, sich alle an den Strand getriebenen Gegenstände, das Strandgut, aneignen zu dürfen. Für die arme Bevölkerung war das stets ein Lichtblick in ihrem kargen Dasein. Aber, wie so oft in solchen Fällen, konnten einige nicht genug davon bekommen und haben manchmal ein wenig nachgeholfen, dass z. B. Schiffe aufliefen. Dies – aber auch die Aussicht auf einen Anteil an der Beute – veranlasste die Regierenden, selbst das Heft in die Hand zu nehmen. So wurde – durch das Einsetzen von Strandvögten und durch Gesetze – das alte Strandrecht immer stärker vom Staat übernommen und für die kleinen Bürger eingeengt. Heute meldet der Staat bzw. der Eigner seine Besitzansprüche auf das Strandgut an.

Strandzaun nennt man Buschwerkreihen, die in den Strand oder in die Dünen gesteckt werden, um den treibenden Sand zur Dünengewinnung aufzufangen.

Strapp, Strüpp ist ein Wort für Streifen, für Riemen und für eine (Haar-)Strähne.

Streek bedeutet in Ostfriesland Strich, Linie, Reihe, ein Streifen Ackerland, weiterhin Landstrich, Region, Gebiet, Gegend, Strecke, Umgebung (auch *Gewest[en], Kuntrei*) und es ist ein Wort für Eigenart, Eigenheit sowie Streich *(He hett alltied Streken in d' Kopp).*

Kinderreim beim Melken: Stripp, strapp, strull – is de Emmer noch neet vull?

Streektaal ist die (Umgangs-)Sprache einer Region. In Ostfriesland wird heute die ostfriesisch-plattdeutsche Sprache gesprochen, eine niedersächsische und nicht mehr friesische Sprache. Dennoch sind einige friesische Elemente aus dem (Ost-)Friesischen übriggeblieben, die das ostfriesische Platt deutlich von dem norddeutschen Platt unterscheiden. Einheitlich ist der ostfriesische Sprachraum aber keineswegs, es gibt mehrere Dialekte in den einzelnen Landstrichen (s. *Streek)* und innerhalb dessen kleine Varianten von Ort zu Ort.

Stremel ist ein häufig zu hörendes Wort, vor allem in der Bedeutung von Sache und Angelegenheit. *De ritt sien Stremel of* (er arbeitet unbeirrt vor sich hin) oder *Dat is 'n Stremel för sük* (das ist eine Sache für sich). Außerdem steht es für Spanne, Zeitabschnitt. Ursprünglich besagte es Streifen oder schmales Stück Land, aber auch ein kleines Stück Stoff oder Papier.

Strick bedeutet für die Ostfriesen nicht nur Strick, Seil, Schlinge, Schleife, sondern auch – ein wenig abschätzig – Schlips bzw. Krawatte.

Stripp steht zunächst für Strippe und (Bind-)Faden, in Ostfriesland versteht man allerdings auch die Zitze am Euter darunter. Der Kinderreim dazu ist auch in die – zumindest norddeutsche – Umgangssprache eingegangen: *Stripp, strapp, strull – is de Emmer noch neet vull?*

Strohdiek ist keine Strohbarriere gegen die Nordseefluten, sondern ein Deich mit Strohbestick, das ist notwendig, wenn beim Neubau oder bei der Reparatur eines Deiches an den betreffenden Stellen noch kein Grasbewuchs entstanden ist (siehe *Sticken*).

Stroop, Ströp ist ein ostfriesisches Wort für Streifen, Streifzug und auch für Sirup. *Ströp* gilt ebenso für Hohlsaum und Reißverschluss.

Ströper steht plattdeutsch für Herumtreiber, Vagabund und für Gelegenheitsdieb.

stroppen bedeutet schlingen, knüpfen, jemanden erhängen, *sük stroppen* sollte man besser nicht – es heißt sich erhängen (*Stropp* = Schlinge, Strick, Strang).

Strukel nennt man einen unangenehmen Menschen, jemand, der sich abstoßend, unfreundlich und widerspenstig benimmt.

strullen wird gesagt für hervorsprudeln, heftig herausfließen, urinieren, pinkeln (auch *miegen*). *Strull* ist ein scharfer, kräftiger Strahl einer Flüssigkeit (Urin, Milch, s. auch *Stripp*).

Strumpelbaas, Strumpeltrien ist die männliche und die weibliche Variante für Stolperer und solche, die unsicher gehen oder zumindest so erscheinen (*strumpeln* = humpeln, stolpern, straucheln, unsicher gehen).

Strunt wird benutzt für Schund, unbrauchbares Zeug, auch für Dreck, Kot, Mist. Es ist ein häufiges Schimpfwort, wenn man unzufrieden vor sich hinbrummelt.

Struntsel ist ein verächtlicher Ausdruck für ein liederliches Weibsbild, eine Schlampe, Herumtreiberin, Hure und etwas weitergehend für gemeines Pack. Ein ähnliches Wort gebraucht man für einen Homosexuellen und einen Päderasten. Man nennt ihn *Struntstamper*.

Struukrover, Struukdeev heißt Strauchdieb, Wegelagerer.

Stübber ist der ostfriesische Name für einen handlichen Staubbesen oder eine Staubbürste mit Stiel.

Stück hat im Plattdeutschen und im Hochdeutschen zunächst dieselbe Bedeutung. Man spricht plattdeutsch auch von *'n Stück Schiet,* womit man Dreckstück, Miststück durchaus auch übertragen meint. Ein Weibsbild wird *een Stück Wiev* genannt. Für Ostfriesen heißt *in een Stück stahn blieven* so viel wie vor Schreck erstarren, wie gelähmt sein. Ist etwas *stücken gahn,* dann ist es entzweigegangen, kaputtgegangen.

Stuker(t) steht für Stockung, Hemmnis, Hindernis. Ein *Stukeldamm* hindert das Wasser am freien Abfluss, es ist ein Staudamm.

Stummel ist ursprünglich ein Stumpf, Strunk, Stumpen, ein verkürztes und verstümmeltes Ende. In Ostfriesland (häufiger im nördlichen Teil) ist es allerdings auch noch ein gern benutztes Kosewort für ein kleines Kind.

Stuper(t) bedeutet, wie *Stuker(t),* eine Stockung, ein Hemmnis, zusätzlich aber auch Anfall, Laune, Schrulle.

Stutenkeerl ist ein Nikolausgebäck in Form eines Mannes oder Reiters mit Pferd aus Weißbrotteig (*Stuut* = Weißbrot). *Stutenweek* nennt man eine Festwoche und *Stuutweken* die Flitterwochen. Weißbrot gab es früher nur an Feiertagen. *Stuutje* heißt Brötchen, Semmel.

Stuuk steht für Laune, Schrulle, Anfall, für Stockung, hemmenden Stoß und für einen aufgeschichteten Haufen, zum Beispiel die winddurchlässig aufgestapelten Torfhaufen, die *Törfstuken.*

stuur wird übersetzt mit anstrengend, mühsam, schwierig, auch stur, steif und eigensinnig, hartnäckig sowie störrisch, widerspenstig.

Stüür heißt Steuer in seinen vielfältigen Bedeutungen. Ist ein Ostfriese *over d' Stüür,* dann meint das, er ist überrascht, er ist außer sich. Ist er aber *van d' Stüür ofkomen,* so ist das nicht gerade ein gutes Zeichen, er ist dann vom Pfad abgekommen, er ist durcheinandergeraten.

Stüürboord hochdeutsch Steuerbord, ist – in Fahrtrichtung – die rechte Seite des Schiffes.

Stuver ist wörtlich ein Staubmacher, übertragen ein Prahler, ein Windbeutel, ein unzuverlässiger Windhund. Außerdem ist *Stuver* auch Name für den Wirbelwind.

Stüver heißt ein früheres ostfriesisches Geldstück (hochdeutsch Stüber). 1 Stüber entsprach dem Wert von etwa 5 $^{1}/_{3}$ Pfennigen.

Sücht hat nichts mit Sicht zu tun. Vielmehr ist es ein Seufzer und auch eine Sucht, Begierde, Sehnsucht.

Suddel, Suddelmors, Suddeltrien bezeichnet einen Drecksack, eine schmuddelige, faule Person, insbesondere eine entsprechend liederliche Frau, eine Schlampe.

Südwester heißt eine zur Ölbekleidung gehörende Sturmmütze mit Krempe und Nackenschürze. Außerdem nennt man den aus südwestlicher Richtung kommenden Wind *Südwester.*

sühnig steht für sparsam, haushälterisch und für achtsam, sorgsam, umsichtig.

Sünnerklaas ist kein sündiger Klaus, der Wortteil *sünner* bedeutet Sankt. *Sünnerklaas* ist der St.-Nikolaus-Tag (6. Dezember). Der Nikolaus ist nach altem Brauch in Ostfriesland bereits am Vorabend des Nikolaustages unterwegs. Er wird häufig begleitet von Knecht Ruprecht oder – mehr im westlichen Ostfriesland – von dem Swarten Piet.

Sünnermarten ist der Sankt-Martins-Tag (11. November). In Ostfriesland wird am Vorabend gesungen, die Kinder laufen mit Laternen von Haus zu Haus, singen Martinilieder – in der Regel auf Martin Luther abgestimmt – und bekommen kleine Gaben in Form von Leckereien, Obst, Süßigkeiten u. ä. dafür. Jugendliche zwischen etwa 11 und 14 Jahren verkleiden sich häufig auch mit einer Maske, einem *Scherbellenskopp* (siehe dort), um anonym zu bleiben.

Susesajer, Sujesajer, Sujeseuer sind Namen für eine Schaukel, s. auch *Bummbamm*.

Süßwasserlinse Jede der Ostfriesischen Inseln hat eine Süßwasserlinse. In der Inselmitte sammelt sich das – gegenüber dem Salzwasser – leichtere Regenwasser in einer linsenförmigen Wasserblase, aus der früher das Trinkwasser entnommen wurde. Auch die nichtsalzverträglichen Pflanzen beziehen ihr Wasser daraus. Die Trinkwasserversorgung der Inseln erfolgt heute überwiegend per Leitung vom Festland.

Süster nennt der Ostfriese seine leibliche Schwester, die Krankenschwester dagegen wird als *Swester* bezeichnet.

suterg bedeutet schmutzig, schmierig, ungewaschen. Eine Person, die solche Eigenschaften hat, wird als *Suudje* (Grumsige) tituliert.

Suupkopp, Suupmors, Suupnöös, Suuppüll, Suupsack, Suupswien, Suupülk, Suuput, Super sind alles Ausdrücke für einen Säufer. Wenn eine Eigenschaft mit so vielen Namen bedacht wird, dann muss es entweder ungewöhnlich viele Säufer in diesem Ländchen geben – oder diejenigen, die es tatsächlich gibt (und das ist auch der wahre Grund), fielen in dem lange Zeit sehr puritanischen Gebiet besonders auf und waren über alle Maßen verpönt.

Suursnuut ist die plattdeutsche Bezeichnung für einen Griesgram, Schwarzseher, für einen unfreundlichen Menschen.

Suusjekringel bezeichnet ein windbeutelähnliches, lockeres Hefe-Gebäck mit einer leichten Zucker-Eiweißschaum-Durchmischung in Form eines Kringels oder einer Brezel.

süver steht für sauber, rein, schmutzfrei, makellos, auch für moralisch und rechtlich einwandfrei sowie in Bezug auf Nahrungsmittel für frisch und unverdorben.

swaarfoots wörtlich schweren Fußes, bedeutet träge, langsam. *Swaarfoots* dient aber auch als Synonym für schwanger. *Se geiht swaarfoots* (sie ist schwanger).

Swajen, Swojen nennt man insbesondere das Schlittschuhlaufen, die schwingende Bewegung, die man dabei macht, und allgemeiner das Schwenken, das Sich-Drehen, Schwanken und Taumeln.

swalken heißt schwärmen, schweifen, sich herumtreiben, schaukeln, schlingern und speziell das Sich-Hin-und-Herbewegen von Schiffen.

swartbunt wörtlich schwarzbunt, ist die Bezeichnung für schwarzweißes Vieh.

Swartweger war lange Zeit eine Bezeichnung für einen Moordorfer, weil er ursprünglich am Schwarzen Weg wohnte. Dieser Ausdruck hat sich als nicht gerade schmeichelhaft eingebürgert, er wurde allgemein eine Art Schimpfwort für Landstreicher, Asoziale und Dunkelhäutige. Glücklicherweise verschwindet der Begriff allmählich aus dem Sprachgebrauch.

Sweertslager heißt wörtlich Schwertschläger. Man versteht darunter einen Beistand für einen Bräutigam vor und während der Trauung etwa in der Funktion eines „best man“ für den englischen Heiratswilligen.

swelen ist zunächst schwelen, glimmen. In Ostfriesland versteht man darunter auch den Arbeitsvorgang, Gras zu Heu zu trocknen und zusammenzurechen. *Sweelweer* ist ein Ausdruck für Sommerwetter, das man eben benötigt, um Heu zu machen.

Swell beschreibt eine Geschwulst, ein Geschwür oder Furunkel, außerdem die Türschwelle (besser *Drüppel*) und die Eisenbahnschwelle.

swepen bedeutet sich schwingend bewegen, schwanken, vibrieren und peitschen, schlagen (*Sweep* = Peitsche).

„Swajen“ nennt man die schwingende Bewegung beim Schlittschuhlauf.

Swester ist die Bezeichnung für die Krankenschwester, im Gegensatz zur leiblichen Schwester, der *Süster*.

Swiemel kommt auf natürliche, aber auch auf unnatürliche Weise vor. *Swiemel* steht für Schwindel, Taumel, Rausch und übertragen für einen Nachtschwärmer und – schlimmer noch – für einen Trunkenbold.

Swien heißt das Schwein. Es gibt eine große Anzahl von Zusammensetzungen mit *Swien*, bei denen fast immer die angebliche Unsauberkeit ausschlaggebend ist. Hier einige Beispiele: *Swiengood* besagt schmutziges, liederliches, unreinliches Volk, *Swienhuck* steht für Schweinestall und eine Wohnung, die wie ein solcher aussehen soll, *Swienpreester* ist – sehr abfällig – ein unmoralischer, unflätiger Mensch, ein Miststück, *Swientitt* sagt man ähnlich abfällig für schweinische Frau, *swiensk* bedeutet schweinisch, zweideutig, doppelsinnig, schlüpfrig, unflätig. Positiver gemeint sind dagegen *Swienvisit,* eine Einladung zum Schlachtfest, und *Swientje,* als Scheuerbürste, eine stiellose, grobe Bürste aus Schweineborsten.

Swiendriever wörtlich Schweinetreiber, ist eine abfällige Bemerkung für einen rohen, schmutzigen Mitmenschen.

Swienegel ist der plattdeutsche Name für den Igel. Übertragen auf den Menschen ist es ein Schimpfwort und bedeutet Schmutzfink, Saukerl, unflätige oder liederliche Person.

Swier ist der plattdeutsche Ausdruck für Drehung, Wendung, Schwung. Übertragen steht das Wort etwas abschätzig für einen lockeren, üppigen Lebenswandel. *Swieren* ist zum einen bummeln, sich herumtreiben, nachtschwärmen, feiern, zum anderen sich schwingend hin- und herbewegen, z. B. beim Schlittschuhlaufen mit einigen Kunstfiguren. *Swierbröör, Swierbold* nennt man einen Nachtschwärmer, eine Person mit flottem Lebenswandel, auch jemand, der oft betrunken ist.

Swupp, Swupps gilt für Schwung, rasche Bewegung, auch für Augenblick. *Swuppdiwupp* heißt im Nu, plötzlich.

T-t

Taal ist ostfriesisch (vor allem im Westen) für Sprache, Aussprache, Nachricht, Kunde. Erhält man von jemandem *keen Taal of Teken,* kein Lebenszeichen, so besagt dies, die Spur wurde verloren.

Taalke nennt man eine kleine Geschichte, eine Erzählung, ein Märchen. Daneben ist Taalke auch ein Mädchenname.

Tack heißt der Ast, ein größerer Zweig, Zacke und Spitze. Das Adjektiv *tack* heißt steif, stramm, aufrecht, ungebeugt. Ein *Tackenhüpp(k)er* ist ein unzuverlässiger Mensch.

Tahl, Tall bedeutet Zahl, Ziffer, Anzahl.

Takel ist der Begriff für Flaschenzug, Winde, auch die Kurzform von Takelage. Letzteres ist eigentlich die *Takelaasje,* die Segelausrüstung eines Schiffes; ebenso bezeichnet es allgemein die Ausrüstung, Kleidung und Schmuck, Gepränge.

Takelee bedeutet seemännisch die Ausrüstung, das heißt die gesamte Ausstattung eines Schiffes. Etwas despektierlich bezeichnet man mit *Takelee* auch die etwas zu üppig ausgefallene Aufmachung einer Frau, vor allem, wenn sie nicht mehr ganz jung ist.

Talent beschreibt die Fähigkeit einer Redegabe, Überredungsgabe. Spricht ein Ostfriese vom *luud Talent, fell Talent,* dann drückt er damit aus, dass jemand eine laute, kräftige Stimme hat.

Talt s. Tult

Tann steht für Zahn, auch *Kuus,* zudem ist *Tann,* wie im Hochdeutschen, eine Zacke vom Zahnrad. Das *Tannwark* ist das Gebiss.

Tapp wird plattdeutsch der Zapfen genannt, es ist ein instrumenteller Hahn, ein Kran, außerdem Pflock und Spund. *Tapper* heißt der Zapfer, der Gastwirt.

Targeree ist im Plattdeutschen eine harmlose Neckerei, die allerdings – wenn sie penetrant wird – zur Quälerei werden kann. Somit wird der Ausspruch verständlich: *Du hest mi up d' Targ hollen* (du hast mich geärgert, und auch, du hast deine Zusage nicht gehalten). Derjenige, der *targt* ist ein *Targer,* ein Necker, Reizer bzw. – schon schlimmer – ein Quälgeist oder gar Streithammel.

Tater, Totter ist vom Ursprung her ein Wort für Zigeuner, übertragen wird es auf Plappermaul, vorlautes Mundwerk. Ein *Tatermors* ist dementsprechend ein Quasselkopf bzw. ein(e) Schwätzer(in).

Tattergoos, Tottergoos nennt man eine Schnattergans, eine dumm schwätzende Person, aber auch einen gutmütigen Menschen.

taren, toren, torren, todden steht für ziehen, schleppen, mühsam tragen.

Teek wird das Angespülte am Meeresufer, der Meeresauswurf aus Pflanzenresten, Tierleichen, Schmutz, Zivilisationsmüll u. ä., eben das Treibzeug, genannt, das in der Regel einen ganzen Spülsaum bildet. Von Zeit zu Zeit wurde solches angeschwemmte Material früher – dann aber normalerweise auf der Binnenseite des Deiches – aufgehäuft und abgebrannt, man nannte solches *Teekfüür.* Ein *Teekfüür* durfte wegen der Verwechselungsgefahr mit Leuchtfeuern nicht *butendieks* abgefackelt werden. Die am Ostersonnabend noch sehr verbreiteten Osterfeuer wurden häufig zusätzlich auch mit Teek gefüttert.

Teekook spielt in Ostfriesland eine große Rolle, nicht nur beim Tee. Teekuchen ist ein Blechkuchen mit Butter-, Zucker- und häufig auch Zimt-Auflage, er heißt in anderen norddeutschen Regionen Butterkuchen.

Teems nennt man ein Sieb (auch *Seev*), ein sehr feinmaschiges Sieb, das mehr als Filter für Flüssigkeiten (wie Milch) dient.

Teev ist der ostfriesische Ausdruck für eine – leicht giftige – Hündin. Übertragen dient es als Schimpfwort, es besagt etwa so viel wie liederliche Person oder gar Hure.

Teevisit ist ein Besuch zum Tee, das Wort dient ebenfalls als Synonym für ein Damenkränzchen. *Teenöös* heißt Teeliebhaber und *Teepott* (auch *Treckpott*) ist eine Teekanne.

tegen steht für gegen oder zuwider. Wenn jemand sagt, *dat löppt mi tegen*, dann stellt er damit fest, dass etwas zuwider läuft, etwas misslingt. Heißt es aber: *Ik hebb d'r nix up tegen,* meint das, ich habe nichts dagegen.

tegendes bedeutet in dem Zusammenhang *ik bün d'r tegendes weer* = ich bin bis dahin, bis zu dem Termin zurück. *Tegenswaarig* ist augenblicklich, *tegenwordig* ist gegenwärtig.

tegeneseln ist eine der vielen Zusammensetzungen mit *tegen*, es besagt gegenarbeiten, gegen jemand oder gegen eine Sache angehen. *Tegenhollen* will hindern, verhindern, zurückhalten, gegenhalten. *Sük tegensetten* ist das plattdeutsche Wort für sich sträuben, sich widersetzen und für Kräfte messen.

Tegenkrabber ist ein Widersacher, Gegner. *Tegenpart* bedeutet Gegner und Rivale, scherzhaft auch Ehegatte. *Tegenproot,* auch *Tegenspraak,* steht für Gegenrede und Widerspruch, *Tegenbild* wird mit Ebenbild übersetzt, *Tegendeel* mit Gegenteil. *Tegensinn* ist Abneigung und Widerwille, *Tegenstried* ist Zwietracht, Zwist.

Tegenstööt, Tegenslagg ist ostfriesisch für Fehlschlag, Missgeschick, Hemmnis, Widerwärtigkeit. Dazu gehört die schöne Lebensweisheit: *Nüms word sünner Tegenstöten deftig* (niemand wird ohne Schicksalsschläge lebenstüchtig).

Tehren steht für Zehrung, Wegzehrung, Proviant, auch für Verzehr, Verbrauch, Nießbrauch, Nutzungsrecht und Auszehrung, Schwindsucht.

Teihnührtje ist die Frühstückspause um zehn Uhr, eine Pause, die dem Ostfriesen heilig ist.

Teken bedeutet für die Ostfriesen Zeichen, Kennzeichen, auch Symbol, Anzeichen, Signal, Wink und Zeichnung, Entwurf, Grundriss, Plan (s. a. *Taal*).

Telg ist das plattdeutsche Wort für Zweig, Ästchen, Spross, Abkömmling.

Tell gilt für Zählung, Rechnung und für das, was auch zählt, für Hochachtung.

Test wird ein kleiner Feuerbehälter, eine Schale für ein durchgeglühtes Stück Kohle oder Torf genannt. Der Behälter (aus Ton, Blech u. ä.) wird in das Stövchen hineingestellt und kann so die Füße darauf wärmen. Vor allem, als es noch keine Heizungen gab und in den Wohnküchen und Kirchen Steinböden üblich waren, wurden sie gerne bereitgestellt.

Das Wappen der Theelacht zu Norden.

Theelacht [Theel-acht] ist kein lachender Tee, sie hat gar nichts mit Tee zu tun. Vielmehr nennt man eine Versammlung auf genossenschaftlicher Basis so, die – nach historischer Überlieferung – schon uralt ist. Es ist kein Druckfehler, die Theelacht ist bereits 884 gegründet worden. Sie führt ihren Ursprung auf eine Schlacht zurück, die damals nahe bei Norden stattgefunden hat. Die Wikinger (Normannen) verunsicherten zu den Zeiten die Nordsee-Küstenregionen und fielen immer wieder – von See kommend an unterschiedlichen Stellen – plündernd und brandschatzend ein. In der erwähnten Schlacht stellten und vernichteten die Friesen die Wikinger so entscheidend, dass sie danach nie mehr in Ostfriesland aufgetaucht sind. Das Schlachtfeld nahm man in gemeinschaftliche Obhut, Anteilseigner wurden die Schlachtteilnehmer und ihre Abkömmlinge. Bis heute teilen sich die Nachkommen in direkter Blutlinie in der Versammlung der Theelachter – nach verbrieftem Recht – im Alten Rathaus zu Norden zweimal im Jahr die Pachterlöse – natürlich bei überlieferten Sitten und Bräuchen. Ein *Theelbuur* ist jemand, der Anteil an der Theelacht hat und Erbzins daraus bezieht.

Theen s. Rott

Tick heißt ein leichter Stoß oder Schlag, eine leichte Berührung und der Übergang von Nahrungsmitteln in einen verdorbenen Zustand, zum Beispiel: *De Melk hett al 'n lüttjen Tick* (= die Milch hat bereits einen leichten Stich). Außerdem ist *Tick* ein Name für einen Stich überhaupt und für einen kleinen Rausch.

Tide plattdeutsch *Tie, Tied,* ist das ständige Gezeitenspiel Ebbe und Flut unter Einwirkung der Anziehungskraft von Mond und Sonne. Eine Tide zählt von einem Niedrigwasser (Abkürzung: Tnw) zum folgenden Niedrigwasser, eine Tidendauer beträgt 12 Stunden, 25 Minuten und 53 Sekunden. Tideströmung heißt die fast ständige Gezeitenströmung, der Flut- oder Ebbestrom.

Tidehochwasser (Abkürzung Thw; nicht mit Flut gleichzusetzen) ist der Wasserhochstand in der zeitlichen Mitte zwischen zwei Tideniedrigwassern (Tnw). Berechnet werden u. a. die Mittelwerte (MThw und MTnw) über einen längeren Zeitraum, zumal sich Hochwasser- und Niedrigwasserstände schon im normalen Vierwochen- bzw. Mondphasenrhythmus (siehe Nipptide, Springtide) täglich ändern.

Tidemittelwasser (Abkürzung Tmw) ist das berechnete Mittel zwischen mittlerem Tidehochwasser (MThw) und mittlerem Tideniedrigwasser (MTnw). Fünf Meter niedriger als dieses Tidemittelwasser ist Pegelnull (PN), die Bezugsbasis für einen Pegel (siehe dort).

Tidenhub (Abkürzung Thb) ist die mittlere Höhendifferenz zwischen dem Tidehochwasser und den beiden (benachbarten) Tideniedrigwassern während einer Tide. Der mittlere Tidenhub vor Borkum beträgt etwa 2,20 m, vor Emden etwa 3,00 m, im Jadebusen bei Wilhelmshaven ca. 3,60 m (der höchste Tidenhub an der gesamten deutschen Nordseeküste). In engen Buchten z. B. am Atlantik in Frankreich oder Großbritannien kann der Tidenhub erheblich größer sein (bis zu 12 m).

Tied ist plattdeutsch für Zeit und für die Tide. *Binnen de Tied* besagt in der Zwischenzeit, innerhalb der Zeit, *to d' Tied utfallen* (wörtlich aus der Zeit herausfallen) ist eine Umschreibung für sterben bzw. gestorben sein.

Tiedverkörter heißt wörtlich Zeitverkürzer, Zeitvertreiber. Der Begriff ist eine Umschreibung für einen Schnaps.

Tief s. Deep

Tiefsee Eine wirkliche Tiefsee gibt es in deutschen Gewässern nicht. Die Wissenschaft hat das Tiefsee-Maß für Meeresbereiche unter 800 Meter angesetzt. Die Nordsee ist fast nirgends tiefer als 200 Meter. Der höchste deutsche Kirchturm, der vom Ulmer Münster, würde – auf dem Nordseegrund stehend – noch nahezu überall aus der Wasseroberfläche herausragen.

Tiepelee, Tiepelkraam, Tiepelwark bedeutet Tüftelarbeit, zeitraubende Feinstarbeit, auch Tändelei, nutzlose Spielerei und ermüdende Arbeit. *Tiepelmors* heißt ein Kleinigkeitskrämer, ein umständlich Tüftelnder. *Tiepeln* besagt an etwas herumzupfen, etwas entwirren, betasten, tändeln, knifflige handwerkliche Aufgaben lösen.

Tieraap, Tiermors ist der nicht gerade schmeichelhafte Ausdruck für einen Angeber, Geck, für ein albernes Ding und eine aufgedonnerte Frau. Sük *tieren* = sich zieren, sich anstellen.

Tiertart [Tier-tart] ist das ostfriesische Wort für einen Plagegeist, für jemanden, der ständig neckt und frotzelt. *Tiertargen, tiertarren* heißt ständig necken und plagen.

Tjalken – Treffen der Traditionsschiffe im Hafen von Leer.

Tiffke benennt eine kleine Hündin, einen kleinen Kläffer. Übertragen bedeutet *Tiffke* eine streitsüchtige Person, eine Keiferin. Urteilt ein Ostfriese, dass jemand *alltied sien Tiffke boven Water hett,* dann zeigt er damit – missbilligend – an, dass derjenige zu allem was zu sagen haben will, dass er überall mitreden und vor allem mitstreiten will, ohne allzu viel Ahnung zu haben.

Tipp hat im Plattdeutschen nichts mit Toto-Glücksspielen zu tun. Es bedeutet Spitze, Zipfel, auch leichte Berührung und Fleck, Punkt, winzige Stelle. Ist der Ostfriese allerdings *up Tipp treden,* dann ist er beleidigt – und das kann dauerhaft sein.

Tittenrackje ist eine scherzhafte Bezeichnung für den Büstenhalter, ein *Rackje* ist eine Halterung, ein Gestell, *Titt* bedeutet Zitze, weibliche Brust und die Brustwarze (letzteres auch *Speen*). Ein *Tittkind* ist ein Säugling, eine *Tittjebuddel* die Babyflasche, das Milchfläschchen für Säuglinge. Hierbei muss erklärt werden, dass das Wort *Titt* – wie andere ähnliche Ausdrücke – im Plattdeutschen nicht den negativen Beigeschmack des Hochdeutschen hat.

Tjaa, Tjaad ist ein Begriff für einen kleinen Fluss, einen kleinen – ursprünglich natürlichen – Wasserlauf. Inzwischen wird dieser auch für einen künstlichen Entwässerungsgraben verwendet.

Tjalk ist ein in Ostfriesland sehr beliebter Küsten- und Wattenschiffstyp mit flachem Boden. Als die Tjalk noch mit Segeln betrieben wurde, hatte sie nur einen Mast und Seitenschwerter.

Tocht steht für Fahrt, Reise und für eine mehr oder minder sportliche Massenveranstaltung, bei der z. B. mit einem Pulk an Schlittschuhläufern bestimmte Stellen – wie auf einer Rallye – berührt werden müssen. In den friesischen Niederlanden gibt es z. B. die „Elfstedentocht", solch ähnliche *Tochten* gab es hier früher auch in kleinerem und privaterem Rahmen, sie sollen nach dem Willen einiger Eislauffreunde neuerdings wiederbelebt werden.

todden s. taren

tofahrt heißt zumute, zuwege. Häufig hört man von bedauernswerten Ostfriesen den Satz: *Ik bün schofel tofahrt*, das will sagen, mir geht es nicht gut. – Na, dann gute Besserung!

Töffel ist ein beliebtes, nicht unbedingt nur negatives Schimpfwort. Es wird mit Tölpel, Dummkopf, ungeschickter und naiver Mensch eigentlich zu abschätzig übersetzt. *Töffelee* ist genau genommen ebenfalls harmloser, als es die hochdeutsche Wiedergabe (Ungeschicklichkeit, Dummheit, Eselei) erscheinen lässt.

Togg steht für Zug, Ziehen, für Strömung oder Abfluss, auch für Eisenbahnzug, für großen Schluck (z. B. aus einer Flasche) und für am Zuge sein. Ein *Toggsloot* ist ein größerer Abzugsgraben, der zu einem Tief hinführt.

tohoop besagt gemeinsam, zusammen, wörtlich zuhauf. Wenn Ostfriesen *de Hannen tohoop slaan,* schlagen sie ihre Hände zusammen bzw. sie drücken damit aus, dass sie sich wundern.

tokehr gahn heißt sich aufführen, (schlecht) benehmen, sich gebärden, deutlicher noch toben, rasen, Krawall machen.

Töönbank, Toonbank nennt man einen Ladentisch. Das Wort kommt nicht von *Töhn* = Zeh, den man unter den Ladentisch stellen könnte, sondern von *tonen*, was ausstellen und zur Schau stellen bedeutet.

Tööt bedeutet Schwätzer, Plaudertasche, Klatschmaul und/oder dumme Gans. *Töötje* ist eine kleine alberne Schwätzerin. *Töötjeree, Töötjederee* meint belangloses Geschwätz oder eine unbedeutende Arbeit.

Toppla(n)teern ist eine Laterne an der Mastspitze (z. B. eines Schiffes). *Topp* ist das Oberste, das Haarbüschel, der Gipfel, der Zipfel und die Mastspitze bzw. die Spitze allgemein. *Toppleverke* ist der Name für eine Haubenlerche, *Toppmeeske* für eine Haubenmeise.

Topuuster bezeichnet einen Souffleur (auch *Stöönpahl*) z. B. bei Theaterveranstaltungen.

Torfhocken im Moor.

Torf nennt man ein unter weitgehendem Sauerstoffabschluss entstandenes Zersetzungsprodukt der Moorpflanzen.Wirtschaftlich von Wichtigkeit ist der Hochmoortorf. Den unteren Teil bildet der stark zersetzte Schwarztorf, der als Brenntorf dient. Darüber liegt der sogenannte Weißtorf, der noch verhältnismäßig wenig zersetzt ist und zu Torfmull bzw. Düngetorf für die Bodenverbesserung genutzt wird.

Törf, Törfkopp, Törfsnuut beschreibt einen Dummkopf, einen begriffsstutzigen Zeitgenossen.

Törfbuur ist ein Moorlandwirt, ein Habenichts, ein armer Schlucker, der enttorften und wenig fruchtbaren Boden beackert. Übertragen wird als *Törfbuur* ein etwas ungehobelter Mitmensch, der sich nicht zu benehmen weiß, bezeichnet.

Törfspitt heißt die Grube des im Vorjahr beim Handstich abgetorften Flächenstückes. Sie steht in der Regel voll Wasser. Die im laufenden Grabejahr anfallende oberste Weißtorfschicht, die Bunkerde, wird in dieses *Törfspitt* hineingeworfen, um daraus später Ackerland zu gewinnen.

Torfstich nennt man den im Handstich bearbeiteten Hochmoorteil. Die oberste Weißtorfschicht, die Bunkerde, wird in das vorjährige *Törfspitt* geworfen (siehe *Törfspitt*). Der unter dem Weißtorf lagernde Schwarztorf wird kastenförmig in Torfsoden mittels bestimmter Moorgrabgeräte ausgestochen und auf der schon früher abgetorften Fläche zum Trocknen ausgebreitet. Im Laufe des Sommers wird der Torf mehrfach umgelagert (das heißt hocken), er wird zunächst in kleine Türmchenhaufen mit Lücken dazwischen gestapelt (das nennt der Ostfriese *stuken*) und schließlich in immer größere Haufen geschichtet, bis er im Herbst – ziemlich trocken – abgefahren werden kann. Das moderne Torfgraben geschieht mit riesigen Baggern, der Weißtorf wird als Dünger und Bodenverbesserer in Säcke verpackt und verkauft. Der Schwarztorf wird schon beim Stechen gepresst, muß noch einige Zeit – ähnlich dem Handstichverfahren – nachtrocknen und kann dann als Presstorf auch in den Handel kommen.

Törn bedeutet Drehung, Wendung, letzteres z. B. auch beim (Segel-)Schiff, es ist darüber hinaus eine Schicht bei der Werksarbeit, ein Akt beim Theaterstück, zudem bedeutet *Törn* eine Zeitspanne, Weile und eine Reihenfolge, Turnus. *In een Törn* heißt für den Ostfriesen ohne Unterbrechung, in einem Rutsch.

Torsiel Ein Torsiel oder gedecktes Siel war früher der vorherrschende Sieltyp. Es war so in den Deich eingearbeitet, dass der Deich selbst über dem rundbogigen Siel in der vollen Höhe weiterlief. Durch ein solches Siel konnten Schiffe mit festverankerten Masten nicht ins Binnenland einfahren, daher sind in neuerer Zeit offene Siele bevorzugt worden. Ein Torsiel – noch erhalten – ist z. B. das Alte Siel am Hafen in Greetsiel.

tosamendoon ist das plattdeutsche Verb für zusammentun, vereinigen. In Ostfriesland hat es mit *sük tosamendoon* noch eine andere Bewandtnis, es heißt nämlich heiraten.

Tötelmors s. Rödelmors

Tötjeree, Tötjederee ist – wie *Rödelee* (siehe dort) – belangloses Geschwätz.

Töverland bedeutet Zauberland, es ist ein altes volkstümliches Wort für die Insel Juist. *Töverske, Toverske, Töverhex* ist die Zauberin.

Traankopp, Traankuus sind Ausdrücke für Schlafmütze, für einen tranigen, langweiligen, umständlichen Menschen. *Traanoog* ist ein Triefauge bzw. eine Person, die darunter leidet (*Traan* = Tran, aber auch Träne).

Traanküsel, Traankrüsel [Traan-krüsel] ist die plattdeutsche Bezeichnung für Tranfunzel, Tran- bzw. Petroleumlampe.

Trabant nennt man ein kleines Kind, deutlicher noch einen Bengel, Schlingel, Wildfang. Ursprünglich verstand man einen Leibwächter bzw. Diener darunter.

Trallje wird ein flaschenzugähnliches Krangebilde an einem alten Handelshaus genannt, um Sackware o. ä. in obere Stockwerke zu hieven. Solche sind noch an vielen Häusern in allen ostfriesischen Städten und Flecken zu erkennen. Außerdem ist *Trallje* der Name für einen Vogelbauer, ein Käfiggitter oder für einen einzelnen Gitterstab.

tramtatern ist ein plattdeutscher Ausdruck für lärmen, toben, misshandeln, quälen, schinden.

Trapp bezeichnet einen Tritt, eine Fußspur, auch einen Absatz, eine Stufe, Treppe (dann oft auch *Trappen*) und eine Falle, ein Fanggerät vor allem für kleinere Säugetiere wie z. B eine Mausefalle = *Muustrapp.*

Treck steht für Zug, Ziehen, für Neigung, Hang, für Gefolge, Begleitung, für Bewegung, Strömung und für einen Luftzug. Heißt es in Ostfriesland, *wi hebben Treck*, dann wird damit gesagt, dass man Lust hat, etwas zu tun.

Treckaap ist das Wort für einen, der gerne sein Gesicht verzieht, einen Grimassenschneider.

Treckpott In einem *Treckpott* muss der Tee ziehen, so heißt die Teekanne. Davon abgeleitet meint man mit einem *Trecksel* eine Portion Tee, bemessen nach der Anzahl von Mittrinkern. Oftmals ist der mit Tee gefüllte Teedosendeckel ein solches Maß.

Treckfahrt bedeutet das Treideln der Binnenschiffe vor allem von und zu den Fehnen. Ein *Treckfahrtsdeep* oder Treckfahrtskanal ist ein Fluss bzw. Kanal, durch den die Schiffe gezogen wurden, als man noch keine Motoren dafür hatte. Ein Beispiel ist das Treckfahrtstief in Emden.

Trieselpiep,Trüggelpiep ist ein Wort für einen Drängler und (menschlichen) Plagegeist.

Trift beschreibt eine Deichrampe zur Überquerung eines Deiches mit Fahrzeugen. Früher hatte man Durchlässe in den Deichen belassen, entweder in Höhe der Deichsohle oder in halber Deichhöhe, man nannte sie *Diekgatt*, Plural *Diekgaten.* Diese wurden dann im Winterhalbjahr mit Bohlen verschlossen. Da aber der Deich an solchen Stellen besonders gefährdet war, ist man in neuerer Zeit dazu übergegangen, den Deich mittels Rampen über die Deichkrone hinweg zu überwinden. *Trift, Drift* ist auch die Bezeichnung für einen Viehtriebsweg (siehe *Drift*).

Trillerbaas, Trillerbüx s. Beverbüx

Trockenstrand Als die Fremdenverkehrsplaner vor einigen Jahren in Upleward, einem alten Warfendorf in der Gemeinde Krummhörn (zwischen Emden und Norden) sich einen Trockenstrand ausdachten und verwirklichten, galt das in ganz Deutschland als neuester Ostfriesenwitz und Lachnummer. Dieser Trockenstrand liegt nicht direkt am Wasser, sondern ist binnendeichs eingerichtet wie eine kleine Dünenlandschaft auf einer Insel. Jenseits des Deiches kommt das Wasser der Außenems bei Hochwasser direkt an den Deich heran. Zum Sonnen und Spielen hat man durch den hohen Deich an diesem Trockenstrand den Windschutz vor den zumeist aus Westen kommenden Winden und eine vorzügliche Sonnenlage. Inzwischen lacht keiner mehr darüber und der Strand im Binnenland hat seine Liebhaber gefunden. In der Wissenschaft bezeichnet man den Strandteil zwischen der normalen täglichen Hochwasserlinie und der Linie des Sturmflutwasserstandes als Trockenstrand.

Tröstelbeer war eine Sitte, die abgewandelt noch heute vorkommt in der Form der Teetafel nach einer Beerdigung. Früher gab es beim Leichenschmaus – nach Stuten (= Weißbrot) und Tee – sirupversüßtes Bier, eben das *Tröstelbeer*.

Trottefor ist eines der Wörter, das verballhornt vom französischen „trottoir" aus der napoleonischen Zeit zurückgeblieben ist, hochdeutsch der Bürgersteig (auch *Paddje, Plaatske*).

Troyer, Tröi, Tröjer war ursprünglich eine Art wollener, gestrickter Pullover, der als Unterkleidung für Seeleute und Seefischer diente. Heutzutage versteht man darunter die überwiegend blauen Pullover mit Rollkragen und Reißverschluss – an der Küste sehr beliebt.

Trüggeler, Trüggelmors wird plattdeutsch ein unaufhörlich bittender Mensch, ein zudringlicher Bettler genannt, genauso aber auch ein Zauderer, Zögerer. *Trüggelheini, Trüggelmaid* nennt man bettelnde Kinder, wobei mehr das Betteln um Süßigkeiten o. ä. gemeint ist.

Trüll ist zum einen die sehr anschauliche Bezeichnung für einen kleinen, rundlichen und beleibten Menschen. Zum anderen ist es die Rollstrecke der Boßelkugel oder des Kloots nach dem Aufprall, diese Strecke wird zum Wurf dazugerechnet.

Trulla gilt abwertend für dumme Gans, liederliche Person, albernes Mädchen (auch *Bela*), außerdem ist auch *Trulla,* wie *Trüll*, eine kleine, runde, beleibte Person.

Trumm steht für Blechbüchse, Dose, Trommel, wobei letzteres sowohl den Behälter als auch das Musikinstrument (auch *Trummel*) meint.

Trüsel ist ein Taumelnder, Torkelnder, eine langsame Person und Transuse, zudem als Zustand ein Taumel, Schwindel, Rausch.

Trütt, Trüttje, Drüttje nennt der Ostfriese ein dummes, dickes Weib, eine alberne Gans.

Tucht bedeutet Zucht, Anstand, Disziplin, auch Züchtung, Aufzucht, Brut, Nachkommenschaft; weiterhin eine Menge, Horde, einen Haufen, Schwarm. *Well in Tucht nehmen* heißt für einen Ostfriesen, jemand härter anfassen, strenger beaufsichtigen.

Tüdelkraam, Tüterkraam, Tüünkraam benennt eine ergebnislose Sache, dummes Gerede, dummes Zeug, Kleinkram und Plunder.

Tuffel ist der Name für die Kartoffel (auch *Eerdappel*). Außerdem steht *Tuffel* für Pantoffel und man nennt einen Menschen mit schwerem oder schlurfendem Gang *Tuffel*.

Tüg heißt Zeug, Werkzeug, Gerät. *Dumm Tüg* ist für den Ostfriesen etwas, was er nicht mag, dummes Gerede, Geschwätz. Ein Zeuge ist plattdeutsch *Tüüg*.

Tüll(e) bezeichnet – wie *Püll* – einen Trunkenbold und Säufer.

Tult häufig im Plural als *Tulten*, bedeutet Fetzen, Lappen, Stück, Klumpen und übertragen eine Schlampe, Hure, ein gemeines Weib.

Tunesien ist ein Staat in Nordafrika. Für die Ostfriesen ist *Tunesien* ein äußerst beliebtes Ferienziel, liegt es doch quasi hinter dem Haus. *Tunesien* ist nämlich die scherzhafte Bezeichnung für den eigenen Garten (*Tuun* = Garten). *Ferjen in Tunesien* besagt, man hat die Ferien im eigenen Garten zugebracht, man ist zu Hause geblieben.

Tung ist die Zunge, sowohl die im Mund als auch die Seezunge. Hat ein Ostfriese *sien Tung stiev in d' Hals stahn*, dann heißt das, dass er sehr durstig ist.

Tünn wird die Boje und die Seezeichen-Tonne genannt, die Kennzeichnung des Fahrwassers oder von Gefahrenstellen durch verschieden gefärbte und verschieden geformte – gegebenenfalls auch durch solche mit unterschiedlichen Lichtzeichen und Heultönen. Ganz nebenbei ist eine Tonne, *de Tünn* – wie im Hochdeutschen – auch eine Gewichtseinheit (1000 kg) und das, was sie sonst ebenso besagt, *Tünn* ist Tonne, Fass, Gefäß.

Tünnschojer nennt man einen Herumtreiber, einen Spitzbuben, Eckensteher.

Tünteler ist der ostfriesische Begriff für einen Zauderer und Zögerer, für jemanden, der langsam und mühsam arbeitet.

Tütter wird eine leichtsinnige, schwatzhafte Frau, ein versoffenes Weib genannt. Ursprünglich bedeutet *Tütter* Hühnchen, Huhn.

Tüsselee ist nicht nur einfach Beruhigung, Besänftigung, sondern auch ein Ausdruck übertriebener Zusprache oder Zärtlichkeit.

Tuusk s. Büüt

Tuusterkopp ist zuerst einmal ein Struwwelpeter, übertragen aber ein mürrischer, unfreundlicher Mensch (*Tuus* = Büschel, Knäuel; *Tuust* = Haarbüschel). *Tuusterluus* ist ähnlich wie der *Tuusterkopp* ein zerzaustes, strubbeliges Wesen.

Tüüt nennt man die Tülle, das Ausgussrohr, den Haarknoten sowie die Watvögel Goldregenpfeifer und Rotschenkel (beide nach ihrem Ruf). Außerdem sind *Tüüt, Tüüti, Tüütje* beliebte Kosenamen für ein kleines Mädchen. Da auch die Verliebten immer gerne in der Kindersprache bleiben, sind *Tüüt, Tüüti* und *Tüütje* ebenfalls Kosenamen für die Herzallerliebste. *Tüüt* ist vom Ursprung her Hühnchen.

Tüütjeflicker ist ein plattdeutsches Wort für einen Kleinigkeitskrämer.

Tweedüster, Tweedunker bedeutet Dämmerung, Zwielicht und Abenddämmerung (auch *Schummertied*).

Tweekrieger nennt man einen speziellen Spaten, einen Torfspaten für zwei Torfsoden.

Tweesprakenland ist ein Land mit zwei Sprachen, wobei nicht so sehr eine solche Trennung der Regionen wie in Belgien und in der Schweiz gemeint ist, sondern eher das Beispiel Ostfriesland gilt. Die echten Ostfriesen beherrschen zwei Sprachen (Hochdeutsch und Plattdeutsch), in denen sie beliebig oft von der einen zur anderen wechseln können. Ein anderes Beispiel dafür ist Luxemburg.

Twigstelgen, Twickstellen ist eine Lauf- und Stellgalerie im ersten oder höheren Stockwerk einer Mühle der holländischen Bauart, von der aus die Mühlenflügel in den Wind gedreht werden können.

U-u

Überschlickung ist eine Form der Bodenverbesserung. Vor allem die nassen und anmoorigen Böden der wenig brauchbaren Siedlande (s. d.) sind besonders im Bereich des Riepster, Petkumer und Widdelswehrster Hammrichs – östlich von Emden – nach dem Zweiten Weltkrieg mit Hilfe von Überschlickungen zu einer Art künstlichen Marsch verbessert worden. Dazu ist Schlick von Baggerungen in der Ems und im Emder Hafen per Spülleitung auf die niedriggelegenen Geest- und Niedermoorflächen aufgebracht worden. Dort salzte er nach dem Absetzen und dem Rückführen des überschüssigen Wassers aus. So entstanden große Flächen nunmehr fruchtbaren Landes.

Uke-Duse ist ein ostfriesischer Ausdruck für Nichtsnutz, Schelm, Träumer.

Ulenflüggt steht für Abenddämmerung, die Zeit des (Schleier-)Eulenfliegens. Da Eulen wegen des Mäusefangens gern geduldete Gäste sind, haben die Bauern ein wenig nachgeholfen und den lautlosen Vögeln eine offene Stelle im obersten Giebelteil belassen, durch die Eulen in die Scheunen fliegen können – auch zum Nisten. Dieses Loch wird ebenfalls *Ulenflüggt* genannt.

Ülk ist der Iltis, ein marderartiges, sehr gewandtes Tierchen, dem insbesondere Gestank nachgesagt wird. Somit sagt man von einem unangenehm riechenden Menschen *He stinkt as 'n Ülk.* Dennoch ist das Wort *Ülk* ein Kosewort für ein kleines Kind geworden. *Ülkebült* ist der Name für ein Iltisnest, einen Iltishügel und – recht häufig – für einen Bauernhof.

Ülkert bezeichnet einen unsauberen Menschen, vor allem eine solche Frau.

Umloop beschreibt plattdeutsch Umgang, Umlauf, Kreislauf, Rundgang. *Umslagg* bedeutet Umschlag, Rundbewegung, Drehung und den Umsatz eines Betriebes.

Umstreek, Umtreck heißt Umgebung.

Unband nennt der Ostfriese ein ausgelassenes, unbändiges Kind, einen Wildfang.

Undeer Von *Undeeren* ist in ostfriesischen Geschichten viel zu hören, es handelt sich um Untiere, Ungeheuer. Das können phantastische Fabelgestalten oder Wölfe, Bären (die es schon seit Jahrhunderten nicht mehr wild in Ostfriesland gibt) oder auch angriffslustige Stiere, schlagende Pferde, bissige, große Hunde sein.

Undöög(d) kann als Angelegenheit eine Unart, Unfug, Schlechtigkeit, Böses, Undank sein oder personifiziert einen Taugenichts bzw. Bösewicht (nicht nur ernst gemeint, sondern auch scherzhaft) darstellen.

Ungelswater ist etwas für die Frauen, nämlich Parfüm (auch *Loop-mi-na, Ruukwater*). *Ungel* ist eigentlich Fett, Talg vom Rind; das *Ungelswater* hat aber seinen Namen nicht daher, sondern es bedeutet ungarisches Wasser.

unklüm, unklün ist ein häufig gebrauchtes Wort, es heißt unbeholfen, ungewandt, auch klobig, klotzig, plump und ungeschickt sowie tölpelhaft.

Unland gab es sehr viel in Ostfriesland, es bedeutet unkultiviertes, unfruchtbares Land (auch Wilde). Unland war im Grunde genommen auch das weitverbreitete Siedland (siehe dort) und das gesamte Hochmoor. Bei den vielen Kultivierungsmaßnahmen seit Jahrhunderten muss jetzt schon die Umkehr einsetzen, nämlich die Rückgewinnung von Naturland.

Unnerdack mussten nach dem Kriege die vielen Ostflüchtlinge finden, die nach Ostfriesland kamen, heutzutage suchen es die Touristen, nämlich Obdach, Unterkunft, Unterschlupf.

Unnösel nennt man einen unsinnig Handelnden, einen Unbedarften und Unerfahrenen, einen Einfältigen, Dummkopf, einen Flegel und unruhigen Menschen. *Unnöselheid* heißt entsprechend Einfalt, Dummheit, Unvernunft, Flegelhaftigkeit, Rücksichtslosigkeit.

Unrüst verspüren so manche Mitmenschen, nämlich Unruhe, Rastlosigkeit und in vielen

Ostfriesische Girlanden – die beliebten „Updrögt Bohnen".

Fällen auch innere Erregung. Das muss aber nicht unbedingt mit *Untüg, Ungood,* d. h. Ungeziefer, Unkraut oder mit *Unweer,* Unwetter und Gewitter, zu tun haben.

Updrögt Bohnen sind ein typisch ostfriesisches Gericht. Es handelt sich um einen Eintopf, bestehend aus Bohnen, die an langen Bändern aufgereiht an der Decke über dem Ofen getrocknet wurden, Kartoffeln und Speck (*updrögen* = trocknen, dörren).

Upfreter heißt wörtlich Aufesser, Gefräßiger. Erkennt der Ostfriese einen Zeitgenossen, der *een anner sien Upfreter is,* dann hat er einen unverschämten Nutznießer entlarvt, jemand, der auf Kosten anderer lebt und somit ein Taugenichts ist.

Uphaler ist jemand, der etwas einsammelt, der andere (ab)holt zu einer gemeinsamen Sache. Das kann auch jemand mit einem Taxi oder Rufbus sein. Ein *Uphaler* kann jedoch auch ein Polizist oder ein Justizbeamter sein, der jemand verhaften und ins Gefängnis stecken muss.

Upkamer bezeichnet einen höher gelegenen Raum über einem (Hoch- oder Halbhoch-) Kellerteil, den Bauteil eines Wohnhauses, besonders eines Bauernhauses. Oftmals war in vornehmeren Bauernhäusern die *Upkamer* die gute Stube, das Prunkzimmer.

Uplanden ist ein Vorgang, der schon seit Jahrhunderten und auch jetzt noch – ständig und immer wieder neu – an der Küste betrieben wird. Es bedeutet, das Deichvorland zu erhöhen, indem man das Seewasser – das bei Flut in kammerartige, buhnenumgrenzte Wattflächen eindringt – möglichst lange zum Stillstand bringt, damit der Schlickfall das Wattgebiet erhöht. Man kann mit Begrüppung nachhelfen, d. h., man zieht kleine Gräben (= *Grüppen*) in diese Flächen hinein, deren Aushub auf die dazwischenliegenden Felder gebaggert wird. In den *Grüppen* setzt sich dann viel schneller neues Sediment ab, so dass man nach etwa 7 bis 10 Jahren bereits erste Pflanzen darauf wachsen sieht. Wird der neu gewonnene Heller nicht mehr regelmäßig überflutet, beginnt eine Phase der allmählichen Aussalzung mit Hilfe des Regenwassers (siehe Heller).

Upstalsboom-Denkmal an historischer Stelle in Rahe bei Aurich.

uplandig Wind nennt man den Windstrom, der von der See zum Land hin bläst. Er entsteht dadurch, dass sich tagsüber z. B. in der wärmeren Jahreszeit das Land schneller erwärmt als die See, dadurch steigen die wärmeren Luftmassen über dem Land auf. Nun würde dort ein Vakuum entstehen, was aber durch die vom kühleren Meer her zum Land hin fließende Luft aufgefüllt wird.

uplopen bedeutet auflaufen, ansteigen. *Uplopend Water* wird der zum Land hin fließende Flutstrom genannt. *Uplopen* heißt auch auf Grund laufen, weiterhin anschwellen, dick werden, wachsen, dann aufkeimen, sprießen und schließlich aufbrausen.

Uppass ist der plattdeutsche Ausdruck für Aufsicht, Kontrolle und Pflege, Sorgfalt.

Üpperst(e) nennt man den Obersten, den Anführer, Befehlshaber, Leiter, das Oberhaupt.

Uprücksel ist immer sehr beliebt, wenn es sich um Pause, Freizeit, Unterbrechung eines Vorgangs und um eine kurze Erholung handelt. Ob aber ein Aufschub, eine gesetzte Frist immer zur Freude beiträgt, ist eher zweifelhaft.

Upsettsel heißt Aufbau, Aufsatz auf einen Untersatz. Auch ein Schriftstück, das aufgesetzt wird, ist damit gemeint, ferner ist *Upsettsel* das plattdeutsche Wort für Erdichtung, Erzählung, Märchen und Klatsch.

upsmieten bedeutet nicht nur einen Erdhaufen aufwerfen, sondern ist auch ein Begriff aus der Wirtschaft in dem Sinne, dass eine Arbeit etwas abwirft, etwas einbringt. Auch die Produktion steht mit *upsmieten* im Zusammenhang, dann heißt es erzeugen, hervorbringen.

Upsnieder gehören für Ostfriesen zu den unsympathischen Zeitgenossen, es dreht sich dabei um Aufschneider, Bluffer, Maulhelden.

Upspölen s. Spölfeld und Überschlickung

Upstall ist ein Satz, ein Sprung in die Höhe.

Upstalsboom Er ist das Nationalheiligtum der Friesen, eine Thingstätte etwa 3 km südwestlich von Aurich im Stadtteil Rahe. Es ist davon auszugehen, dass es sich um einen frühmittelalterlichen Grabhügel handelt, der vom 12. bis zum 14. Jahrhundert als Versammlungsstätte der Vertreter aller Friesen vom Vlie bis zur

Weser (Landfriedensbund der sog. Sieben Seelande – etwa das heutige Ostfriesland war das sechste Seeland) diente, und zwar immer am Dienstag nach Pfingsten. Es wurden rechtliche Zweifel geklärt, Gesetze beschlossen, Verträge verbrieft (mit einem eigenen Siegel), Landrechte und sogenannte Küren (eine Art übergeordneter Grundrechte) beschlossen. Über die Entstehung des Namens gibt es mehrere Erklärungsversuche. Neueren Erkenntnissen zufolge hatte jede Gemeinde zu damaliger Zeit ein Volksgericht, dem ein Richter vorstand, in Friesland „stalling" genannt, d. h. Stuhlrichter. Dieses Amt konnte nur ein Edeling innehaben. Tagte jedoch das Volksgericht der Sieben Seelande, so kamen die „Ober"richter, die „up"stallinge zusammen, und zwar am „upstalsbom". Im Altfriesischen bedeutet „stal" nicht nur Stall, sondern auch Stuhl, in diesem Falle also der Stuhl, auf dem der Richter saß, und „bom" war der Baum oder Pfahl, wo Gericht gehalten wurde. – Im Mittelniederländischen bedeutet „upstal, opstal" Platz zur öffentlichen Verhandlung bzw. Gerichtsplatz.

Upstreek ist ein langgestreckter (wissenschaftlich: hufenartiger) Streifen Landes in (mittelalterlichen) Reihensiedlungen an früheren Hochmoorrändern. Eine Hufe *(Upstreek)* hatte in Osteel (südlich von Norden) z. B. etwa 40 bis 50 m Breite und bis zu 2 km Länge.

Upstreekrecht Das *Upstreekrecht* war das Recht der Bauern, die hinter ihrem Hof gelegene Hufe *(Upstreek)* so weit durch Abtorfung und Kultivierung ins Moor treiben zu dürfen, bis sie auf die Flur einer anderen Siedlung stießen. Das *Upstreekrecht* wurde 1765 durch das Urbarmachungsedikt (siehe dort) aufgehoben.

Urbarmachungsedikt Friedrich II., König von Preußen und auch Fürst von Ostfriesland, erließ 1765 das Urbarmachungsedikt. Es bestimmte, dass die großen Hochmoorflächen und Teile der Gemeinheiten an den Staat fielen. Diese Flächen wurden zur Besiedlung freigegeben. Man wollte einmal der allgemeinen Siedlungsknappheit entgehen, die Hollandgängerei (s. *Büüsloper*) vermindern und die Staatseinnahmen erhöhen. So entstanden dadurch 83 Moorkolonien in Ostfriesland, die bekannteste ist wahrscheinlich Moordorf.

Utaarder, Utaardsel ist ein Aus-der-Art-Geschlagener, ein Bastard, eine Kreuzung.

Utdieken steht für Ausdeichung, Rückdeichung. Nach Sturmfluten konnten, vor allem vor dem 20. Jahrhundert, die Landverluste und Schäden so groß sein, dass man vorher geschützte Flächen durch landeinwärts neu errichtete Deiche nunmehr dem Vorland überlassen musste (s. auch *Utland, Utkolken*).

utdoppen besagt enthülsen, aus der Schale nehmen und herausgeben, zurückgeben.

Utkiek steht für Aussichtsplatz. An vielen Orten ist es der Name für exponiert liegende Hotels oder Gaststätten. *Utkiek* heißt auch der Ausguck z. B. im Mastkorb eines Segelschiffes. Allgemein wird *Utkiek* mit Aussicht, Ausguck, Ausblick, Ausschau, mit Beobachtungsposten und Aussehen übersetzt.

utklareren bedeutet ausklarieren (Schiff und Güter vor der Ausfahrt verzollen), abfertigen, ein Schiff zum Auslaufen fertig machen.

Utkolken ist der Ausdruck für einen Landverlust, da bei Deichbrüchen oft tiefe Kolke entstanden, um die – vor allem früher – die Deichlinie binnenwärts herumgelegt werden musste, um an dieser Stelle nicht schon für die nächste Sturmflut eine Sollbruchstelle vorzugeben.

Utkübben nennt man eine Abseite, einen kleinen Raum unter dem sehr niedrigen Scheunendachteil. Im ostfriesischen Bauernhaus z. B. sind die Schweine-, Schaf- und Ziegenställe oft unter den *Utkübben* untergebracht.

Utkummst benennt die Auskunft und das Auskommen, den Lebensunterhalt.

Utland heißt Ausland, das ist sicher keine Überraschung. Die Auslegung in Ostfriesland ist wahrscheinlich dann doch überraschend, man versteht darunter in erster Linie das nach einer Sturmflut preisgegebene und anschließend ausgedeichte Land.

Üts ist die Kröte und auch die scherzhafte Bezeichnung für ein kleines Kind.

V-v

Vaderke heißt wörtlich Väterchen. Für seinen Vater benutzt der Ostfriese das Wort aber gar nicht. Es ist die liebevolle Bezeichnung für einen kleineren Jungen.

Veen ist die niederländische Schreibweise für das deutsche Fehn, Veen in den Niederlanden ist allgemein das Moor und beinhaltet nur nebenbei auch das, was wir als Fehn, nämlich die schon in der Kultivierung begriffene Fehnsiedlung, bezeichnen. Im ostfriesischen Platt kommen auch die mehr an das Niederländische angeglichenen Schreibweisen vor. *Veen* ist z. B. Namensbestandteil von Veenhusen (Ortsteil der Gemeinde Moormerland) bei Leer. *Venn* ist häufig in der Bedeutung Niedermoor in Flurnamen vertreten, auch mit der deutschen Schreibweise Fenn.

Veerkant ist ein Viereck, scherzhaft gilt dieser Ausdruck auch für ein frei stehendes Bett.

Veermaster bezeichnet ein viermastiges Segelschiff. Dabei handelt es sich schon um einen sehr großen und sehr seegängigen Segler.

Venien ist ein plattdeutsches Wort für Gift, *veniensk* steht für giftig, hämisch, heimtückisch, hinterlistig, womit schon angedeutet ist, dass es sich dabei um entsprechend reagierende Personen handelt.

Verblindruusker nennt man einen Blender, jemanden, der andere für dumm verkauft.

verdeffendeeren scheint auch aus dem Französischen zurückgeblieben zu sein. Es heißt verteidigen, *sük verdeffenderen* besagt sich verantworten, sich rechtfertigen.

verdi(e)deln klingt eher wie ein modernes Wort, es gehört aber durchaus zum älteren Wortstamm und bedeutet etwas durchbringen, vergeuden, verschwenden.

Verdoon steht für Vertun, Irrtum und für Verschwendung.

Verdreet bedeutet Streit, Zwist, Verdruss, Kummer und Unannehmlichkeit, Ärger.

verfehren heißt erschrecken, in Furcht versetzen. *Ik hebb mi verfehrt* = ich habe mich erschreckt.

Vergetelkbook Diesen Ausdruck gibt es nur in der Redewendung *in't Vergetelkbook komen,* was besagt, etwas gerät in Vergessenheit.

Verhaal bedeutet Erholung, Pause und auch Erzählung, Bericht, Darstellung.

verklookfideln heißt jemandem etwas erklären, erläutern.

Verknobelung ist ein Brauch am Vorabend zum Nikolaustag. In Gaststuben, Bäckereien, Heimatvereinen u. ä. werden Esswaren (Kuchen, Rosinenbrot, Hartwurst, Schinken, auch geschlachtete Hühner, Gänse) beim Knobeln mit drei Würfeln an denjenigen gegeben, der die höchste Augenzahl hat. Vorher wird vom Veranstalter ein guter Preis festgesetzt, dann wird um einen Teileinsatz so lange geworben, bis so viele Personen mitknobeln wollen, dass die geforderte Summe zusammengekommen ist. Bei einem Wert von z. B. 6 Euro und einem Einsatz von 1 Euro heißt das, dass sechs Teilnehmer mit je 1 Euro Einsatz je einmal würfeln dürfen. Normalerweise gewinnt „Hoch", das heißt, derjenige, der die höchste Augenzahl hat. Bei Gleichstand von Mitwirkenden, dem sogenannten „Mit", gibt es ein Stechen.

verknusen, verkroppen bedeutet für Ostfriesen nahezu dassselbe, nämlich verdauen, hinunterschlucken. Übertragen heißt beides verarbeiten, verwinden, verkraften, vertragen, verschmerzen sowie verbergen, verstecken.

Verkolleree ist die Erkältung.

Verlaat steht in Ostfriesland für (Kammer-) Schleuse, einen Wasserdurchlass mit – normalerweise – Verschlusstoren an beiden Seiten in einem Tief oder Kanal. Seltener kommt es in Form einer Sielanlage mit nur einem Verschlusstor vor. Ein *Verlaat* soll zunächst einmal verhindern, dass Wasser aus einem höher liegenden Gebiet in eine Niederung allzu schnell

„Verlaat" werden in Ostfriesland die kleinen Schleusen in den Fehnkanälen genannt.

und unkontrolliert abfließt. Dem Schiffsverkehr, wie er insbesondere für die Hochmoore lebensnotwendig war, dienen die *Verlaats*, um die unterschiedlichen Wasserstände zu überwinden. In den Fehnorten sind einige *Verlaats* wieder in einen funktionstüchtigen Zustand im ehemaligen Sinne hergerichtet worden. Außerdem gilt *Verlaat* als Wort für Gelass, Raum zum Speichern von Waren, für Verlass im Sinne von verlässlich und im theologischen Sinne auch für Ablass.

Vermaak nennt der Ostfriese Freude, Lust, Wohlgefallen, Augenweide, auch das Heil und das Auskommen.

vermallen bedeutet verschleudern, vergeuden, durchbringen, verschwenden.

Vermick steht für Augenmerk und Obacht. Hat ein Ostfriese einen Menschen *in't Vermick*, dann besagt das, dass er denjenigen im Visier hat.

vernarrbruken ist ein plattdeutscher Ausdruck für aufziehen, irreführen, zum Narren halten.

Versett beschreibt einen Absatz, Abstand, eine Stufe. Weiterhin ist eine Arbeitsschicht gemeint und vor allem – sehr begehrt – eine Arbeitsunterbrechung, eine Pause (auch *Versnuuv*). Im wasserreichen Ostfriesland versteht man auch ein Abtreiben in der Strömung unter dem Begriff *Versett*.

Vertellsel ist eines der plattdeutschen Wörter für eine kurze Erzählung, Kurzgeschichte, eine Anekdote. Solche *Vertellsel* sind bei den – sonst als wortkarg geltenden – Ostfriesen sehr beliebt, auch wenn sie zum 99. Male hervorgekramt werden.

Vertorfung ist ein Zersetzungsvorgang im Moor. Er findet unter Luft- bzw. Sauerstoffabschluss statt und ist damit kein Vermodern, keine Fäulnis. Durch diesen Prozess werden aus ehemaligen Pflanzen Torflagen.

Vertreck steht für Verzug, Verzögerung und für einen einfachen, zimmerartigen Verschlag z. B. auf dem Speicher (*Böhn*) des Wohnhauses oder über den bzw. in der Nähe von Pferdeställen im hinteren Giebelteil des Gulfhofes. Diese

Vertrecks waren früher die Schlafstätten z. B. für Knechte, Mägde, Lehrlinge, Gesellen, die ansonsten voll in die Familiengemeinschaft integriert waren.

Vogt Obwohl es ihn schon längere Zeit gar nicht mehr gibt, ist er noch vielerorts gegenwärtig. Ein Vogt war ein Verwaltungsbeamter z. B. für Burgen, Güter, Steinhäuser, auch für die Vorläufer der Kreise, die sogenannten Ämter, oder für Sonderaufgaben (z. B. Strandvogt) vom regierenden Haus oder beispielsweise von der Stadt Emden eingesetzt. Der Vogt gehörte oft selbst dem Adel an, er war auch stets ein enger Vertrauter der Obrigkeiten. Eine Vogtei ist ein unterer Verwaltungsbezirk eines Amtes, der Amtsbezirk eines Vogts.

Volk hat im Plattdeutschen zunächst einmal dieselbe Bedeutung wie im Hochdeutschen. Der Ostfriese hat aber noch ein anderes Verständnis für dieses Wort. Wenn er von *uns Volk* spricht, dann hat er weder das deutsche Volk noch die Ostfriesen speziell im Sinn, sondern alle zum Betrieb (zum Bauernhof) gehörenden Mitarbeiter und Hausgenossen, das Gesinde, die Angestellten und die Mitbewohner *(Huuslü)*. Diese hatten keinen Job im heutigen Sinne, sondern sie identifizierten sich mit ihrem Hof und der dazugehörenden Familie.

Vollschiff bezeichnet ein Segelschiff mit mindestens drei voll getakelten Masten.

Vöranste nennt der Ostfriese den Vordersten, den Ersten, nicht nur den, der aktuell vorne ist, sondern auch den Anführer einer Gruppe.

Vördeel bedeutet Vorteil und ebenso den vorderen Teil eines Schiffes (Bug) oder eines Gebäudes, den Wohnbereich (auch *Vörenn*).

Vordeichung (plattdeutsch *Vördieken*). Man versteht darunter die Anlage einer neuen Deichlinie seewärts des alten Landesschutzdeiches. Nach fünf Jahren der Erprobung und Bewährung wird er endgültig zum Hauptdeich (Landesschutzdeich, Seedeich, Schaudeich).

Vördiek sollte nicht mit *Vördieken* (s. Vordeichung) verwechselt werden. Der *Vördiek*, auch *Butendiek, Sömmerdiek* ist ein niedriger Deich seewärts vor dem Hauptdeich, der nur gegen die leichteren Sommer(sturm)fluten schützt.

Vorfluter heißt ein Gewässer, ein Kanal, häufig auch ein Tief, dessen Wasser durch ein natürliches Gefälle oder durch Pumpen (Schöpfwerk) abfließen kann.

Vörkind, Vörkinner gab es – trotz allem Puritanismus – auch schon immer in Ostfriesland, es sind voreheliche Kinder. *Vörollen* sind allgemein die Vorfahren.

Vorland s. Heller

Vörloop heißt Vorlauf. In Ostfriesland gibt es jedoch noch eine andere Erklärung für diesen Begriff, etwas, das in dieser Form nur hier bekannt ist. Danach sehen bestimmte Personen, die dafür empfänglich sind, plötzlich irgendwelche Vorzeichen und Ankündigungen von zumeist unangenehmen Ereignissen. Im Gegensatz zum Hellsehen kann man den *Vörloop* nicht bestellen und nicht gezielt anfordern, er kommt spontan – ohne Vorankündigung – und das zu den unterschiedlichsten Themen.

Vorwerk wird ein großer Versorgungshof für ein Kloster oder eine Burg genannt, gelegentlich auch wohl zu einer Kirchengemeinde gehörend. Normalerweise liegt es in der Marsch. Während die Klöster und auch viele der Burgen aus der Landschaft verschwunden sind, sind die Vorwerke – häufig als Staatsdomänen – noch erhalten geblieben. Der Name blieb dann für den entsprechenden Hof, mitunter sind auch ganze Siedlungen danach benannt worden, z. B. Logumer Vorwerk, heute ein Stadtteil von Emden.

Voss ist ein Fuchs und auch die Bezeichnung für Pferde mit einem rötlich-braunen Fell. Wie im Hochdeutschen versteht man auch in Ostfriesland übertragen einen schlauen, durchtriebenen Menschen als *Voss*.

Votivschipp, Votivschippkes nennt man in Ostfriesland selbst gebastelte Schiffchen, die infolge eines Gelübdes als Weihgabe einer Kirche (Gott) geschenkt wurden und dort ständigen Segen erfahren. Votivschiffe gibt es in vielen Kirchen entlang der Nordseeküste.

„Votivschippkes" findet man in vielen Kirchen entlang der gesamten Nordseeküste.

W-w

Waak heißt ein Tauloch, eine offene Stelle in der Eisdecke (auch *Spitt, Iesspitt*).

Waalrieders, Waalriederskes spielten vor allem bei ein wenig mystisch veranlagten Ostfriesen eine Rolle, es sind Nachtmahre, Nachtgespenster, diejenigen, die Alpträume verursachen. Sie sind Bestandteil so mancher ostfriesischen Sage.

Waggelmors nennt man in Ostfriesland eine Person, die beim Laufen mit dem Hintern hin- und herwackelt.

Wall steht im Plattdeutschen auch für einen Wall. Die Ostfriesen nennen so zudem ein Ufer, einen Kai. Sagt z. B. ein Schiffersmann, dass er seinen Kahn *an de Wall leggen will,* dann gibt er damit bekannt, dass er die Schifffahrt aufgeben will und endgültig an Land bleiben wird.

Wallhecke ist die Bezeichnung für einen bewachsenen Wall auf der Geest, der die Felder umgrenzt (siehe Knick). Die Wälle sind überwiegend erst nach den Gemeinheitsteilungen im 18. und 19. Jahrhundert als Grenzmarkierung, Einfriedigung, Windschutz und Holzlieferant entstanden, indem man z. B. Findlinge, aber auch Sand und Erde an die Kampränder gebracht hat und mit Büschen (besonders Brombeeren) und auch Bäumen (Birke, Eiche, Erle) bewachsen ließ. Überall auf der Geest – insbesondere um Aurich herum – sind die Wallhecken in der Landschaft zu erkennen. Sie stehen unter Naturschutz, weil sie einen ganz besonderen Lebensraum bilden. Leider wollen viele Landwirte sie heutzutage gerne wegreißen, um großzügigere Feldanlagen zu gewinnen, so werden die Wallhecken zum Teil vernachlässigt und sind oft in einem unrühmlichen Zustand.

Waltern heißt das Stampfen, Rollen und Vermischen einer Lehmmasse mit Stroh für den Hausmauerbau. Man verschmierte mit dem gewalterten Lehm das Weiden- oder Reisergeflecht in den Fächern zwischen den Fachwerkbalken vor allem auf der Geest und im Moor. In der Marsch herrscht schon seit langem der Ziegelstein dafür vor.

Wambuus, Wanbuse s. Bambuus

Wandaad [Wan-daad] bedeutet Untat, Gewalttat, Übeltat, *Wangloov* ist Unglaube, Aberglaube (siehe *Bigloov*). *Wantroen* heißt Misstrauen, Argwohn. *Wanscheppsel* beschreibt einen verwachsenen Menschen, etwas gröber als Missgeburt bezeichnet. *Wan* steht in solchen Zusammensetzungen stets für etwas Negatives, etwas Ungünstiges, Feindliches und nicht Erstrebenswertes.

Wannerplaatske bedeutet im wörtlichen Sinn kleiner Platz, auf dem man wandert oder umhergeht (auch *Loopke* genannt). Gemeint ist damit aber ein abgeteiltes, gepflastertes Stück vor dem Wohnhaus (vor allem in Städten).

Rysum ist eines der noch mustergültig erhaltenen Rundwarfendörfer.

Vielerorts sind – trotz aller Straßenverbreiterungen – solche *Wannerplaatskes* noch erhalten geblieben. Insbesondere in den beschaulichen Zeiten, bevor ständig Autos die Luft verpesteten, saßen die Menschen an Sommerabenden auf einer Bank auf ihrem *Wannerplaatske,* auch um mit den Vorbeigehenden ein kurzes Schwätzchen zu halten.

Want, Wanten ist ein seemännischer Ausdruck. Es handelt sich dabei um das Tauwerk oder auch um Drahtseile am Mastbaum eines Schiffes, die den Mast zu den Seiten hin mit verankern sollen.

Warf, Wurt, Wierde, Terp ist ein aufgeschütteter Erdhügel in der Marsch als Wohn-, Schutz- und Zufluchtstätte für Mensch und Vieh gegen Sturmfluten. Warfen wurden im Allgemeinen vor dem Beginn des Deichbaus errichtet – in Ostfriesland ab frühestens 200 vor der Zeitenwende, in der Regel aber erst seit diesem Termin. Immer wieder mussten sie erhöht werden. Sie tragen Einzelhöfe (z. B. in der Westermarsch), mehrere Höfe (Hauener Hooge) oder ganze Dörfer (mustergültig noch in Rysum nordwestlich von Emden, Gemeinde Krummhörn erhalten). Die Rundwarfen haben die Kirche und den Fething (siehe dort) in der Mitte, die Bauernhöfe sind ringsherum mit den Vorderenden zur Kirche hin angeordnet. Langwarfen (auch Wiksiedlung genannt – siehe dort) mit Burg an der einen und Kirche an der anderen Seite waren Handelswarfen (z. B. Nesse, Grimersum, Groothusen, Emden). In vielen Ortsnamen ist die Warf eingebracht, oft in Form der Endung -quard, -ward(en), -würden, -wierde u. ä.

Warfsmann ist der Ausdruck für eine mittelalterliche bäuerliche Sozialschicht, deren Mitglieder geringere Rechte und Pflichten (z. B. beim Deichbau) und weniger Landbesitz, vor allem aber keinen Anteil an den Gasten und Eschs hatten (vergleichbar mit Köttern und Kätnern anderer Regionen).

Warme Bollen s. Bollen

Warp nennt man einen kleinen Anker, zum Beispiel einen Wurfanker.

Warvel ist ein drehbarer hölzerner Riegel, der als Türverschluss dient. Außerdem nennt man einen Wirbelknochen *Warvel.*

Waterkant ist eigentlich Küste, Meeresufer, aber in ganz Deutschland versteht man mehr darunter, nämlich die Länder an der Küste in ihrer Gesamtheit. Hauptsächlich sind die Nordseeländer gemeint, aber oft bezieht man auch die Ostseeländer ein. Genau ist der Begriff nicht definiert, sieht man ihn politisch, zählen Niedersachsen, Bremen, Hamburg, Schleswig-Holstein dazu und auch Mecklenburg-Vorpommern. Landschaftlich grenzt man ihn mehr ein – bis vielleicht 60 oder 80 Kilometer ins Binnenland hinein. Ostfriesland wird damit als Ganzes auf jeden Fall zur Waterkant gerechnet, überall ist in diesem Landstrich auch die See zu spüren.

Watt ist ein Streifen an der Nordsee, der bei Niedrigwasser frei vom Wasser liegt und bei Hochwasser mit Meerwasser bedeckt ist (siehe Wattenmeer). Außerdem ist *Watt* das plattdeutsche Wort für Watte.

Wattenmeer Das Wattenmeer ist das Gebiet zwischen Festland und Inseln, es enthält Schlickwatt, Sandwatt, bei Helgoland auch Felswatt (siehe Definition für Watt). Das Wattenmeer ist von Prielen und *Baaljen* durchzogen (s. dort), diese trennen Platen und Bänke voneinander. Die *Baaljen* trennen die Inseln.

Wattpflanzen sind solche Pflanzen, die eine gewisse Zeit der Salzwasserüberflutung ertragen können, wie z. B. Queller, Schlickgras. Mitunter werden auch die Gewächse eingerechnet, die in der Spritzzone angesiedelt sind, wie beispielsweise das Andelgras.

Weel nennt man das Spinnrad.

Weer ist das Wetter und auch ein Hammel, ein kastrierter Schafbock heißt *Weer* oder *Weerling. Weerkatt* nennt man die Luftspiegelung, die Fata Morgana, die man gelegentlich auch – unter gewissen Umständen – in Ostfriesland beobachten kann.

Weerlücht bedeutet Wetterleuchten. Unter einem *nakend Weerlücht* versteht der Ostfriese allerdings etwas ganz anderes, nämlich das bloße Hinterteil eines Menschen.

Weerwicker ist ein Wetterprophet (siehe auch unter *Wickwiev, Wicker*).

Weeswark ist für Ostfriesen zunächst ein Anwesen, ein Haus. Auch eine Sache, Angelegenheit, ein Ereignis wird mit *Weeswark* beschrieben und schließlich ebenso Getue, Gehabe und das Erregen von Aufsehen.

Weiher ist nicht etwa ein kleiner Teich, das wäre hochdeutsch, sondern in Ostfriesland nennt man so eine Kornfege, eine Kornreinigungsmaschine und – einen ganz anderen *Weiher,* den windmachenden Fächer. *Weihbüx* heißt eine Schutzhose.

Weißdüne wird die noch sehr weiße (weil ohne Humusanteile) seewärtige Außenseite der Inseldünen genannt. Weißdünen sind locker bewachsen und überwiegend mit Strandhafer und Strandroggen „befestigt". Eine solche Befestigung ist wichtig, weil die Düne dadurch nicht mehr so sehr wandert und als Schutz vor Fluten bestehen kann (s. a. Primärdüne).

Weißtorf ist im Gegensatz zur Weißdüne überhaupt nicht weiß, sondern hellbraun. Als Weißtorf bezeichnet man den oberen, schwach zersetzten Torf, der zu Torfmull und Düngetorf für die Bodenverbesserung verarbeitet wird.

Well bedeutet Quelle, natürlicher Brunnen; der Begriff taucht gelegentlich in Straßennamen auf. Außerdem heißt *Well* auch Kurbelwelle, Walze, nicht aber das hochdeutsche Wort Welle, das heißt plattdeutsch *Bulg(e).*

Wellenauflauf nennt man die Höhendifferenz zwischen dem Ruhewasserstand und dem am höchsten erreichten Punkt einer auflaufenden Welle. Es gibt an vielen Stellen an der Außenseite des Deiches automatische Aufzeichnungseinrichtungen in der unauffälligen Form von eingelassenen Schienen. Der Wellenauflauf wird auch stets auf den Informationsmasten zur Wasser- und Deichhöhe aufgeführt.

Wellenbrecher sind feste mauerartige (manchmal auch schwimmende) Bauwerke, die den Seegang dämpfen sollen. Sie sind z. B. überall vor einer Hafeneinfahrt zu sehen, aber auch die Buhnen (Lahnungen) gehören dazu.

wepel ist ein schöner ostfriesischer Ausdruck für ausgelassen, übermütig, flink, munter, auch für beweglich, schlank.

Werft ist die Bezeichnung für eine Schiffsbauanlage. Es gibt Großwerften – in Ostfriesland in Emden (Thyssen-Nordseewerke, Cassens), in Leer und an der südlichen Grenze zu Ostfriesland in Papenburg (die bekannte Meyer Werft). In vielen anderen Sielhafenorten kommen kleinere Werften vor, vereinzelt auch an Binnenkanälen.

Werg heißt ein Zubereitungsabfall von der Flachs- und Hanfbearbeitung, er wird als Polstermaterial und vor allem zur Holzbootsabdichtung verwendet.

Wicht Das Wort *Wicht* darf in Ostfriesland nicht mit dem hochdeutschen Begriff gleichgesetzt werden, es bedeutet hier ein heranwachsendes Mädchen, insbesondere im westlichen Ostfriesland. Im östlichen Ostfriesland tritt an Stelle dessen mehr das Wort *Deern* für Mädchen auf.

Wickwiev, Wickerske steht in Ostfriesland für Wahrsagerin, Zauberin, Hexe. *Wicken* bedeutet wahrsagen, Wahrsagerei, die männliche Form ist *Wicker* (Hexer, Wahrsager). Nach wie vor blüht der Aberglaube und der Glaube an Wahrsagerei in manchen ostfriesischen Gemütern, was vor allem früher in den einsameren Gegenden (z. B. im Moor) einen guten Nährboden hatte.

Wiek eingedeutscht Wieke, ist ein in das Hochmoor hineingegrabener Kanal, an dem dann eine Fehnsiedlung entstand. Die Wieke war zur Entwässerung des Moores angelegt worden, sie war aber lange Zeit auch der einzig sichere Zugang zu den Fehnen und so entwickelte sich der Schiffsverkehr zwischen den Fehnkolonien und den Sielhäfen. Man unterscheidet die Hauptwieke, die davon mehr oder minder rechtwinklig abzweigende Inwieke und die davon noch wieder abgehende Achterwieke. In den 60er und 70er Jahren des 20. Jahrhunderts wurden viele Wieken verrohrt und zugeworfen, z. B. für Straßenbauten, aber glücklicherweise sind doch noch einige der typischen Wieken erhalten oder wenigstens im Ansatz erkennbar geblieben (z. B. in Großefehn, Ihlow, Moormerland, Rhauderfehn).

Wieser, Wiesder ist für Ostfriesen ein Zeiger, ein Anweiser. Der Zeigefinger heißt *Wiesfinger,* ein *Wiespahl* ist ein Wegweiser (*wiesen* = zeigen).

Wieske nennt man ein naseweises Kind oder eine kleine neugierige Person. In diesem Falle steckt das Eigenschaftswort *wies,* d. h. neugierig, vorwitzig, dahinter. *Wiesnöös* ist ein Naseweis, Neugieriger, Besserwisser und Neunmalkluger. *Wiesmakeree* gilt für Schwindelei, Vortäuschung und Hokuspokus.

Wiev ist der plattdeutsche Ausdruck für Frau, Weib, wobei letzteres wiederum nicht den negativen Touch wie im Hochdeutschen hat. Besondere Berühmtheit genossen die *Emder Oll Wieven,* man versteht darunter ein weiches, würfelförmiges Gebäck, hauptsächlich aus Sirup und Mehl.

Wiggelmors ist ein plattdeutsches Wort für einen unruhigen, nie stillsitzenden Menschen. Ein *Wiggelpahl* ist ein unzuverlässiger Zeitgenosse.

Wik, Wiek, Wyk nannte man – vor allem im Mittelalter – eine kirchliche Freistätte um eine Kirche herum (z. B. noch gelegentlich angewendet in Marienhafe). Eigentlich waren Wiks Handels- und Kaufmannsniederlassungen (siehe Wiksiedlungen) im 7. bis 9. Jahrhundert vor der Entstehung der eigentlichen Märkte und Städte. Später in christlicher Zeit waren die Wiks oft dreieckig angelegte Plätze zwischen Kirche, Rathaus und vornehmeren Bürgerhäusern, die Kaufleute und Marktbetreiber genossen den Schutz der Kirche.

Wiksiedlungen waren im frühen Mittelalter Handelsplätze friesischer Wanderhändler, die oft nur zu bestimmten Zeiten aufgesucht wurden. Sie lagen hierzulande alle nahe am Was-

Windloper sind charakteristisch für die ostfriesische Landschaft.

ser, oft innerhalb von Buchten. In den Wiksiedlungen entstanden nach und nach kleinere Händlerhäuser zu beiden Seiten einer Gasse, die über die Krone einer länglichen Warf lief (Emden, Nesse, Grimersum, Groothusen u. a.). Spätestens seit dem 11. Jahrhundert endete die Ära der Wanderkaufleute durch die beginnende städtische Konkurrenz. In Ostfriesland wurde lediglich der Handelsplatz Emden zur Stadt.

Wilde s. Unland

Wind muss sicherlich nicht erklärt werden, er ist in Ostfriesland allgegenwärtig (siehe auch *uplandig* und *oflandig Wind*). Der Ostfriese hat aber ein paar Redewendungen und Wörter entwickelt, die nicht jedem Hochdeutschen verständlich sein werden. So bedeutet *vör d' Wind anfahren* = den Wind im Rücken haben (z. B. beim Radfahren). *Windbüdel, Windmaker, Windmieger, Windsack* wird ein windiger Mensch, ein Angeber, Prahler, Snob, also ein Windbeutel genannt. Die *Windfeer* ist ein Windbrett, Firstbrett bzw. eine an beiden Seiten des Giebels herablaufende Holzleiste, die das Eindringen des Windes unters Dach verhindern soll (*Feer* = Feder).

Windloper sind ein Charakteristikum der ostfriesischen Landschaft. Man versteht darunter das Wachstum und die Neigung der Bäume nach einer Seite hin. In Ostfriesland wehen an etwa 300 bis 320 Tagen im Jahr die Winde aus westlichen Richtungen, sie formen das oben beschriebene Bild der Bäume – nach Osten geneigt – vor allem der Straßenbäume. Der hochdeutsche Ausdruck dafür ist Windschur, Windscherung. In Norden heißen auch die neuen stromerzeugenden Windmühlen *Windlopers*.

Winkel hat im ostfriesischen Plattdeutsch auch eine andere Bedeutung, als man sie vom Hochdeutschen her erwarten würde. Es ist entweder ein Verkaufsladen, ein Verkaufsraum oder die Werkstatt eines Handwerkers. Ein *Winkelburs* war ein junger (Kaufmanns-) Angestellter, eine *Winkeljüffer* ein Ladenmädchen, eine Angestellte.

Wipp, Wüpp heißt die Schaukel (auch *Wüppwapp, Bummbamm*) und ein zweirädriger, kippbarer Karren (auch *Eerdkaar*), oftmals mit einem vorderen kleineren Stützrad.

Wippke nennt man einen kleinen Schwung, einen Sprung. Übertragen steht das Wort für einen harmlosen Streich und im Plural *Wippkes* für Ausreden, Einfälle.

Wippsteert, Wüppsteert heißt die Bachstelze. Ein Mensch wird als *Wippsteert* bezeichnet, wenn er unruhig ist und sich ständig bewegt, nicht stillsitzen kann.

Wisch(er) s. Siedland

Wöhler, Wöhlmuus, Wöhlrött heißt in Ostfriesland ein ständig sich abrackernder und schwer arbeitender Mensch.

Wold(e) nennt man ein niedrig gelegenes, anmooriges Land im Übergangsbereich zwischen innerster Marsch (Hammrich) und der Geest, bisweilen etwas mit wasserliebenden Büschen und Bäumen (Erlen, Weiden u. ä.) durchsetzt.

Wolthuser Krakelings sind harte Brezeln, die beim Hineinbeißen „krachen" (*kraken*).

Wörd(e) bedeutet Lärm, Unruhe, Gewühl und hochgelegenes Land, hohes Ufer.

Wrack ist der Ausdruck für ein durch Alter oder Unfall unbrauchbar gewordenes Schiff. An der Küste bezeichnet man insbesondere so die gestrandeten Schiffe.

Wrantpott wird in Ostfriesland ein Nörgler, Grantler, verdrießlicher Mensch genannt (*wranten, franten* = nörgeln, maulen, granteln, grollen, maulen).

wriggen, wricken beschreibt sich oder etwas drehend hin- und herbewegen. Ein Boot kann man so mittels eines Ruderblattes am Heck vorwärts treiben.

Wrocker bezeichnet einen rachsüchtigen, feindseligen, boshaften Menschen, einen Hasser, Stänkerer.

Wulkje ist ein Wölkchen. Der Ostfriese versteht darunter aber ein ganz besonderes Wölkchen, nämlich das, was beim Auflegen des Rahms mittels eines speziellen Rahmlöffels auf den Tee in einer Teetasse entsteht. Die Emder nennen es *Emder Wulkje*, in allen anderen Landesteilen ist es schlicht *Wulkje*.

Wupp bedeutet Schwung, Sprung. *Wuppdi* ist ein kurzer Augenblick.

Wüpp besagt Wiege und altes Flächenmaß: 1 Wüpp = ca. 20 ha. Außerdem ist es ein Karren (siehe *Wipp*). *Wüppwapp* ist eine Wippe, eine Brettschaukel (auch *Bummbamm*).

Wur(r)acker heißt ein Wühler, ein ständig arbeitender Mensch.

Wurst bedarf wohl keiner Übersetzung. Sagt ein Ostfriese aber von einem anderen Menschen, dieser sei *'n Keerl as 'n Pund Wurst*, so drückt er damit unmissverständlich aus, dass er ihn für einen Schwächling, Feigling, einen Mann ohne Stehvermögen und ohne Rückgrat hält.

Wüstung ist ein hochdeutsches Wort, für das es kein passendes plattdeutsches gibt. Das Wort drückt aus, dass bestimmte Siedlungen oder landwirtschaftliche Flächen aufgegeben worden sind. Besonders vom 16. bis 18. Jahrhundert wurden in Ostfriesland viele kleinere Marschhöfe aufgegeben wegen Seuchen, Kriegen, Preisverfall der Produkte, Sturmfluten. Dadurch kamen einige andere Mitbewohner zu Großgrundbesitz und überstanden so Krisenzeiten (z. B. Ostermarsch, heute ein Ortsteil von Norden).

Wykvergadern, Wykversammeln nennt man mancherorts eine Dorfversammlung oder Stadtteilversammlung. *Wyk, Wik* heißt Siedlung (siehe *Wik*) und *Vergadern* ist die Versammlung.

Das „Wulkje" gehört zum Ostfriesentee.

„Zeeg" ist die Ziege; wie im Hochdeutschen auch als Schimpfwort benutzt.

Z-z

Zedel steht für Zettel und Bescheinigung.

Zeeg nennt man die Ziege und eine störrische, widerborstige Frau. Der männliche Gegenpart ist in beiderlei Hinsicht ein *Zegenbuck*.

Zichorienfabrik Dieser Begriff taucht in der ostfriesischen Wirtschaftsgeschichte immer mal wieder auf. Die Zichorie ist die Wegwarte (eine blaublühende Pflanze, die allerdings wild in Ostfriesland relativ selten zu finden ist). Immerhin wurde sie noch um 1900 herum und in den Zeiten des Ersten Weltkrieges hier angebaut und in solchen Zichorienfabriken zu Ersatzkaffee (Muckefuck) verarbeitet.

Ziepel bedeutet Zwiebel, und da die Küchenzwiebel die Augen leicht zum Tränen bringt, nennt man eine weinerliche, alberne Frau dementsprechend *Ziepelke*. Ähnlich ist es mit *Ziepeltrien(tje)*, auch ein Ausdruck für eine sehr empfindliche, wehleidige und weinerliche Frau, eine Heul- oder auch Transuse.

Zingel bedeutet Kreisgang, Wall, Allee um eine Stadt, Burg, Kirchhof. Dieser Ausdruck kommt auch in manchen Straßennamen in Ostfriesland vor, z. B. „Am Zingel" in Norden, dort war der ein Teil des Zingels zum Kloster Marienthal.

Zuckeldrafft heißt Zuckeltrab, das verhaltene Traben eines Menschen oder eines Tieres.

Zuckergood ist ein Sammelausdruck für Zuckergebäck, auch für Spekulatius.

Zuckelaa ist plattdeutsch für Schokolade.

Zuff ist eine ostfriesische Bezeichnung für weichgewordene Kekse u. ä. – nun nicht mehr „knackige" Näschereien.

Hanne Klöver:
Ostfriesland kocht
26,80 €

Heie Focken Erchinger:
Sturmfluten
24,80 €

Manno Peters Tammena:
Ostfriesische Vornamen
16,80 €

Johann Aeils/Jan Smidt:
Steinerne Zeugen in Marsch und Geest
19,80 €

In Ostfriesland zu Hause - mit Land & Leuten vertraut

Silke Arends/Martin Stromann:
Ostfriesland - Das Weite suchen und Nähe finden
14,90 €

Silke Arends/Martin Stromann:
Ostfriesland - Sehnsucht nach Weite.
Ein Panorama-Bildband
24,80 €

Johann Friedrich Dirks:
Well weet, waar´t gaud för is
28,80 €

Renke Kampen:
Veerunveertig un daarna
12,80 €

Gitta und Udo Franken:
Toornmanntjes Trick
12,80 €

Bücher aus dem Verlag Soltau-Kurier-Norden – Erhältlich in allen Buchhandlungen